Was Ihnen die CD-ROM »Kennzahlen. Unternehmen mit Erfolg führen« bietet:

Rechner

Mit ihnen ermitteln Sie schnell und unkompliziert Kennzahlen für Ihr Unternehmen:

Working capital
Cashflow
Kennzahlen zu Forderungen
Kapitalkennzahlen
Vermögenskennzahlen
Lagerkennzahlen
Produktivitätskennzahlen
Liquiditätskennzahlen
Kennzahlen zur Rentabilität
Kennzahlen zur Wirtschaftlichkeit
Leasingsatzberechnung

Tabellen

In Microsoft Excel ab 97.

Betriebsergebnis
Deckungsbeitragsrechnung
Finanzplanung
Gewinnschwellenanalyse
Investition, Barwert
Investitionsrechnung
Liquiditätssteuerung

Zusatzservice: Businessplan

Haufe Businessplan für Ihre Unternehmensplanung

Hinweise zu Systemanforderungen und Installation finden Sie auf der CD-ROM.

Weber • Kennzahlen

Kennzahlen

Unternehmen mit Erfolg führen

von

Manfred Weber

3., überarbeitete Auflage

Haufe

Freiburg · Berlin · München

Die Deutsche Bibliothek – CIP-Einheitsaufnahme

Weber, Manfred:
Kennzahlen : Unternehmen mit Erfolg führen / Manfred Weber. –
3., überarb. Aufl. – Freiburg im Breisgau : Haufe, 2002
ISBN 3-448-04944-1

1. Auflage 1999 (ISBN 3-8092-1356-X)
2. aktualisierte Auflage 2001 (ISBN 3-8092-1516-3)
3. überarbeitete Auflage 2002

Bestell-Nr. 00609-0003

Niederlassung Planegg/München
Postanschrift: Postfach, 82142 Planegg
Hausanschrift: Fraunhoferstraße 5, 82152 Planegg
Telefon (0 89) 8 95 17-0, Telefax (0 89) 8 95 17-2 50
E-Mail: online@haufe.de, Internet: http//www.haufe.de

Redaktion: Dipl. Kffr. Kathrin Menzel-Salpietro
Lektorat: Dr. Ilonka Kunow

Umschlag: CMUK Büro für Gestaltung, 65203 Wiesbaden
Satz: Color-Medienservice GmbH, 81379 München
Druck: Bosch Druck GmbH, 84004 Landshut

Zur Herstellung der Bücher wird nur alterungsbeständiges Papier verwendet.

Vorwort

Kennen Sie die Geschichte von Hase und Igel? Daß es einem bei Messungen mit Kennzahlen ähnlich ergehen kann wie dem Hasen, zeigt folgender Fall, von dem der Unternehmensberater Mark Graham Brown berichtet.

Als besonders wichtige Meßgröße erachteten die Manager einer Fast-Food-Kette, wieviel fertig gebratene Hühnchen in ihren Restaurants weggeworfen werden mußten. Die Devise, die an die Mitarbeiter ausgegeben wurde, lautete folglich: Möglichst wenig »Hühnerausschuß«! Was dabei herauskam, mag einen stark daran erinnern, wie sich der Hase vergeblich abmüht, dahin zu kommen, wo der Igel schon lange angelangt ist: Fiel es den Mitarbeitern nicht schwer, die »chicken efficiency« im grünen Bereich zu halten – die Hühnchen wurden einfach erst auf Bestellung gebraten, Engpässe in Stoßzeiten und wartende Kunden, die beim nächsten Mal ein anderes Restaurant aufsuchen würden, interessierten dabei niemanden – mußte sich der Manager wie der Hase vorkommen, der nicht nur einem, sondern einer Vielzahl von Zielen hinterherhetzt und dennoch immer zu spät kommt. Er konnte sich über die optimalen Kennzahlenergebnisse nicht lange freuen – denn mit dem Verhalten, das die »chicken efficiency« auslöste, war er seinem Ziel, ein verbessertes Gesamtergebnis zu erreichen, nicht nähergekommen.

Wer also mit Kennzahlen Ziele setzt, muß sinnvollerweise auch prüfen, welches Verhalten dies hervorruft. Umgekehrt gilt aber auch: Welches Verhalten muß denn wiederum hinter den Zahlen stehen, die angestrebt werden?

Vermeiden Sie also die Risiken, die nur allzu oft zu einem falschen Einsatz von Kennzahlen führen: So wird häufig nach einer kurzfristigen Erfolgssteigerung oder Kostensenkung geschielt, ohne zu fragen, welche Erfolgsfaktoren auch eine langfristige Verbesserung der finanziellen Performance garantieren. Was etwa bedeutet eine Umsatzsteigerung, wenn Ihre besten Mitarbeiter einer nach dem anderen abwandern, die Reklamationsquote immer höher wird und Ihr Service zunehmend unzuverlässig agiert? Oder wen interessieren noch die Lagerkosten, wenn Ihre Lieferanten eigentlich viel zu teuer sind für die Qualität, die sie bieten? Und wie ausschlaggebend ist die Durchlaufzeit, wenn der Kundennutzen Ihres Produktes vorher nicht gemessen wurde?

Messen können Sie in der Tat alle möglichen Leistungen – aber sinnvollerweise sollten Sie vorher wissen, wo die sensiblen Bereiche liegen, und wie Sie zu Ihrem Kennzahlensystem finden. Denn jedes Unternehmen ist anders, jede Zeit bringt eigene Probleme. Ein Kennzahlensystem ist nur so gut wie die Antworten, die es auf die akuten Probleme gibt.

Das vorliegende Handbuch präsentiert nach einem allgemein verständlichen Einstieg in das Thema die ganze Bandbreite wirksamer Messungen und bietet Ihnen so die Möglichkeit, für sich selbst zu entscheiden, welche Kennzahlen für Sie relevant sind und welche nicht: angefangen von Finanz- und Renditegrößen über betriebliche Prozesse, die Kompetenz Ihrer Mitarbeiter, die Lieferantenperformance bis hin zur Kundenzufriedenheit. Sie erfahren, wie Sie auch die weichen Faktoren in den Griff bekommen und warum Sie sich auf eine Auswahl von etwa 10 bis 20 Schlüsselkennzahlen beschränken sollten.

Alle Kennzahlen werden anhand praktischer Beispiele erläutert; Formulare und Fragebögen zur Erfassung weicher Daten, übersichtlich aufbereitete Checklisten und Tips für den Einsatz in der betrieblichen Praxis weisen den Weg zu effektiven und effizienten Messungen. Ergänzt wird der Leitfaden durch eine Reihe von Hinweisen, wie Sie Verbesserungen in den verschiedenen Bereichen erreichen. Der Anhang mit einem ausführlichen Stichwortverzeichnis wird durch die zweisprachigen Glossare deutsch-englischer und deutsch-französischer Wirtschaftsbegriffe abgerundet.

Manfred Weber und die Redaktion des Haufe Buchverlags

Hinweise zur Benutzung

Die Übersicht in diesem Handbuch wird Ihnen durch verschiedene Elemente erleichtert:

K Das »K« am Rand der Seite weist auf eine Kennzahl hin.

Wo Sie dieses Symbol finden, steht Ihnen auf der CD-ROM ein Rechner zur Verfügung, mit dem Sie Ihre Werte der jeweiligen Kennzahl rasch und unkompliziert ermitteln können.

Ein ausführliches Stichwortverzeichnis und sinnvolle Querverweise im Text erlauben schnelle Orientierung, wenn Sie sich über ein spezielles Thema informieren wollen.

Inhalt

1 Messen und bewerten mit Kennzahlen

1.1 Was sind Kennzahlen? – Die Grundlagen

Mit Zahlen wird gemessen und benotet, verglichen und analysiert, untermauert und bewiesen. Auf Basis harter Daten werden viele Entscheidungen gefällt, sei es im Bildungsbereich, in der Politik oder in der Wirtschaft. Mit Zahlen läßt sich alles erfassen – behauptet zumindest die Statistik.

Stoff zum Manipulieren?

Kennen Sie das Sprichwort, das behauptet, es gäbe drei Arten von Lügen: die gemeine Lüge, die Notlüge und die Statistik? Oder den Spruch eines englischen Politikers, der sagte, er glaube nur der Statistik, die er selbst gefälscht hat? Statistiken genießen tatsächlich nicht überall den besten Ruf. Die Meinung, daß sie zur Verzerrung, Verkürzung oder Manipulation von Fakten dienen, ist weit verbreitet. Doch bevor man Statistiken verteufelt, sollte man bedenken, daß sie auch einen großen Nutzen haben, weil sie Sachverhalte objektivieren können. Fälschungen oder Zahlenschwindel sind nicht der Methode selbst, sondern ihren Anwendern anzulasten. Entscheidend ist also, daß die Zahlen möglichst sachgemäß ermittelt, ausgewählt und dargestellt werden.

Wo finanzielle Ergebnisse, Leistungsvergleiche und das Erreichen von Zielen eine zentrale Rolle spielen, also im Unternehmen, sind Ergebniszahlen und Meßdaten unabdingbar. So gehört die Auswertung von betrieblich erfaßten Zahlen mit zum wichtigsten Handwerkszeug des Managers. Er muß über finanzielle Resultate informiert sein, aber auch wissen, wie effektiv und effizient z. B. bestimmte Arbeitsprozesse verlaufen. Er muß objektive Zielvorgaben formulieren können, die meßbar sind. Doch dabei helfen ihm weder eine Flut von Daten noch endlose Zahlenkolonnen, vielmehr benötigt er aussagekräftige Informationen. Diese Informationen erhält oder gewinnt er durch Kennzahlen.

Kennzahlen sind leicht faßbare, genaue Zahlenangaben über betriebliche und außerbetriebliche Tatbestände. Der Begriff »Kennzahl« soll auch die Bezeichnungen Kennziffer, Ratio, Meßzahlen, Meßziffern, Schlüsselzahlen, Standardzahlen und Standardziffern umschließen.

Informationen über das Unternehmen

Betriebswirtschaftliche Kennzahlen (im folgenden nur noch »Kennzahlen«) sind Zahlen zu betriebswirtschaftlichen Sachverhalten, zum Unternehmen und seinen Funktionen. Um sie zu ermitteln, werden die umfangreichen im Unternehmen gewonnenen Daten verarbeitet und verdichtet, wobei mehrere – häufig verschiedenartige – Größen in einen sinnvollen Zusammenhang gebracht werden.

Betriebswirtschaftliche, Bilanz- und Finanzkennzahlen

Die gebräuchlichsten betriebswirtschaftlichen Kennzahlen sind diejenigen, die den finanziellen Erfolg eines Unternehmens messen. Eine wichtige Gruppe dieser Finanzkennzahlen bilden die Bilanzkennzahlen, die auf dem Jahresabschluß mit Bilanz, Gewinn- und Verlustrechnung sowie dem Anhang basieren. Die Gesamtheit der betriebswirtschaftlichen Kennzahlen umfaßt jedoch noch viele andere Aspekte eines Unternehmens.

Kennzahlen lassen sich aus dem Zahlenmaterial folgender Unternehmensbereiche gewinnen:

- Rechnungswesen,
- Controlling,
- Finanzressort,
- Personalbereich,
- Produktion,
- Materialwirtschaft,
- Marketing/Verkauf.

Das besondere an Kennzahlen ist ihre Aussagekraft: Sie vermitteln in komprimierter Form besonders relevante Informationen über ein Unternehmen. Somit unterscheiden sie sich von der Mehrzahl der Betriebsdaten, aber auch von einfachen Ergebniszahlen der Bilanz.

WARUM ZAHLEN VERDICHTEN?

Erst der Zusammenhang zwischen verschiedenen Mengen- und Wertzahlen zeigt, wie erfolgreich ein Unternehmen wirklich ist. Kennzahlen schaffen solche sinnvollen Zusammenhänge zwischen betriebswirtschaftlichen Größen. Mit ihnen lassen sich komplexere Sachverhalte erfassen, messen und in knapper Form darstellen.

Ein Beispiel unter vielen ist die Kennzahl der Anlagendeckung 1 (siehe Seite 77 ff.): Das in der Bilanz ausgewiesene Anlagevermögen bedeutet als »nackte Zahl« für sich allein genommen, wie hoch das langfristige Vermögen des Unternehmens ist – gemessen in einem absoluten Wert. Setzt man den Betrag jedoch in Relation zum Eigenkapital, entsteht ein sinnvoller Zusammenhang, denn eine Finanzierungsregel lautet, daß das Anlagevermögen eines Unternehmens möglichst zu 100 % durch Eigenkapital gedeckt sein sollte. So läßt sich durch diese Kennzahl ein gewisser Rückschluß darauf ziehen, wie solide das Unternehmen finanziert ist.

Doch bevor wir genauer auf die Funktion der Kennzahlen im Betrieb eingehen, einige Worte zur Anwendung im volkswirtschaftlichen Bereich.

Die wichtigsten volkswirtschaftlichen Kennzahlen

Nicht nur für Unternehmen, auch für die Volkswirtschaft spielen Kennzahlen eine große Rolle und werden von Experten und der breiten Öffentlichkeit mit großem Interesse verfolgt. Nicht umsonst erfahren wir daher regelmäßig aus den Nachrichten die Eckdaten über die Gesamtwirtschaft, die auch erhebliche Relevanz für wirtschaftspolitische Entscheidungen haben. Schließlich wird auch der Erfolg oder Mißerfolg der nationalen Wirtschaftspolitik anhand solcher Zahlen beurteilt.

So wie mit betriebswirtschaftlichen Kennzahlen Daten eines Unternehmens verarbeitet werden, verdichten volkswirtschaftliche Kennzahlen das in einer Volkswirtschaft anfallende Datenmaterial.

Viele volkswirtschaftliche Kennzahlen wie die Arbeitslosenquote werden in regelmäßigen Abständen erhoben und veröffentlicht; durch den Vergleich mit den vorangegangenen Monaten oder früheren Jahren lassen sich Entwicklungen verfolgen oder Tendenzen aufzeigen.

Beispiel: Vergleich der Arbeitslosenquoten 1997–2001

	1997	1998	1999	2000	2001
Deutschland	10,0	10,1	9,8	9,2	9,0
Europäische Union	10,7	10,1	9,9	9,3	8,5
USA	4,9	4,5	4,2	4,0	4,5

Wirtschaftswachstum, Inflation und Beschäftigung

Einen hohen Stellenwert in der öffentlichen Diskussion und in der staatlichen Wirtschaftspolitik haben das Wirtschaftswachstum, die Beschäftigung und die Preisstabilität. Die hierzu ermittelten Kennzahlen werden daher genau verfolgt und in monatlichen Abständen veröffentlicht.

Das Wirtschaftswachstum wird an der Entwicklung des Bruttosozialprodukts gemessen. Das Bruttosozialprodukt umfaßt alle Güter und Dienstleistungen eines Jahres in einer Volkswirtschaft und ist damit der umfassendste Ausdruck für die volkswirtschaftlichen Aktivitäten. Beim jährlichen Wirtschaftswachstum wird der Anstieg des Bruttosozialprodukts mit dem Vorjahr verglichen, d. h. die Veränderung gegenüber dem entsprechenden Vorjahreszeitraum wird in Prozent angegeben.

K

$$\text{Wirtschaftswachstum} = \frac{\text{Anstieg des Bruttosozialprodukts} \times 100}{\text{Bruttosozialprodukt im Vorjahr}}$$

Ein echtes Wachstum liegt nur vor, wenn ein realer Zuwachs des Sozialprodukts erfolgt ist.

Eine wichtige Kennzahl für die Entwicklung der Gesamtwirtschaft ist die Inflationsrate, auch Preissteigerungsrate genannt. Darunter versteht man den Anstieg der Lebenshaltungskosten bzw. die Preissteigerung gegenüber dem Vorjahr in %. Eine Rate von 3 % bedeutet, daß die Preise gegenüber dem entsprechenden Vorjahreszeitraum um 3 % gestiegen sind.

$$\text{Inflationsrate} = \frac{\text{Anstieg der Verbraucherpreise im Jahr} \times 100}{\text{Verbraucherpreise im Vorjahr}}$$ K

Den Arbeitsmarkt schließlich können Sie anhand von vier Zahlen analysieren und beobachten:

- Gesamtzahl der Beschäftigten,
- Zahl der Arbeitslosen,
- Zahl der Kurzarbeiter,
- Zahl der offenen Stellen.

Die Arbeitslosenquote ist die wichtigste Kennziffer des Arbeitsmarktes und zeigt das Verhältnis der Zahl der Arbeitslosen (der arbeitslos Gemeldeten) zur Zahl aller Arbeitnehmer bzw. aller Erwerbspersonen.

$$\text{Arbeitslosenquote} = \frac{\text{Arbeitslose} \times 100}{\text{Arbeitnehmer insgesamt}}$$ K

Prüfen, was sich hinter den Zahlen verbirgt

Selbst solche häufig verwendeten Kennzahlen kann man oft erst einordnen und beurteilen, wenn man über ein gewisses Hintergrundwissen verfügt. So ist z. B. zu berücksichtigen, daß die Zahl der Arbeitslosen nicht mit der Anzahl aller tatsächlich arbeitslosen bzw. beschäftigungslosen Bundesbürger übereinstimmt. Vielmehr erfaßt die Zahl nur die Personen, die sich bei den Arbeitsämtern arbeitslos/arbeitssuchend gemeldet haben und damit auch in der offiziellen Arbeitsmarktstatistik erscheinen. Aus diesem Raster fallen somit z. B. »arbeitslose« Selbständige oder Schul- oder Hochschulabgänger, die sich beim Arbeitsamt (noch) nicht haben registrieren lassen.

Weitere volkswirtschaftliche Kennzahlen

Von Bedeutung für die Lage der Volkswirtschaft sind schließlich noch die Lohnquote der Arbeitnehmer, die Gewinnquote der Unternehmer und die Sparquote.

Unter der Lohnquote versteht man den Anteil der gesamten Arbeitnehmereinkommen am Volkseinkommen.

K

$$\text{Lohnquote} = \frac{\text{Löhne und Gehälter} \times 100}{\text{Volkseinkommen}}$$

Das Gegenstück zur Lohnquote ist die Gewinnquote, der Prozentanteil der Unternehmereinkommen am Volkseinkommen. Lohn- und Gewinnquote ergeben zusammen 100 %. Zu beachten ist, daß Lohn- und Gewinnquote nur die Verteilung des Volkseinkommens nach Einkommensarten anzeigen, nicht aber nach Einkommensbeziehern.

Die Sparquote ist der Anteil der Ersparnisse am verfügbaren Einkommen. Eine hohe Sparquote der privaten Haushalte führt zu einer nachhaltigen Geldvermögensbildung.

K

$$\text{Sparquote} = \frac{\text{private Ersparnis} \times 100}{\text{verfügbares Einkommen}}$$

Wie Kennzahlen gebildet werden

Absolute Kennzahlen gewinnen durch Messen und Zählen

Bei den Kennzahlen sind absolute Zahlen und Verhältniszahlen zu unterscheiden. Absolute Zahlen werden nur dann als Kennzahlen betrachtet, wenn sie besonders wichtige Informationen vermitteln.

Solche absoluten Zahlen mit hohem Informationsgehalt sind etwa:

- Umsatz,
- Gewinn,
- Bilanzsumme,
- Belegschaftsstärke.

Absolute Zahlen können auf Mengenangaben und Wertangaben basieren. So wird etwa der Höchstbestand in der Materialwirtschaft meistens in Stückzahlen angegeben, während Kundenforderungen oder die Bilanzsumme Wertangaben sind. Absolute Zahlen können auch Mittelwerte sein, d. h. mit statistischen Methoden aus mehreren Werten gebildet werden. Ein Beispiel hierfür wäre etwa der durchschnittliche Lagerbestand.

Müssen berechnet werden: Verhältniszahlen

Während es sich bei den absoluten Zahlen um zählbare Größen handelt, müssen Verhältniszahlen als Quotient aus zwei absoluten Zahlen erst errechnet werden. Der zu messende Wert erscheint im Zähler und die Bezugsgröße im Nenner. Verhältniszahlen lassen sich unterscheiden in

- Gliederungszahlen,
- Indexzahlen und
- Beziehungszahlen.

Bei den Gliederungszahlen wird das Verhältnis eines Teils zum Ganzen dargestellt, die Beziehungszahl im Zähler ist ein Teil der Bezugszahl im Nenner. Die Beziehungszahl kann damit in Prozent der Bezugszahl angegeben werden.

Beispiel

Ein Unternehmen hat folgende Umsatzzahlen in einem Jahr:

Inland	7 557 400 €
Ausland	5 308 900 €
Gesamtumsatz	12 866 300 €

Die Kennzahl Exportquote ergibt sich aus der Gegenüberstellung der Auslandsgeschäfte zur Bezugszahl Gesamtumsatz.

$$\text{Exportquote} = \frac{\text{Auslandsgeschäfte} \times 100}{\text{Gesamtumsatz}}$$

K

$$\text{Exportquote} = \frac{5\,308\,900 \times 100}{12\,866\,300} = 41{,}26\ \%$$

Gliederungszahlen entstehen immer dann, wenn eine Teilgröße zu einer Gesamtgröße in Beziehung gesetzt wird, z. B. Umsatz des Produktes X oder des Absatzgebietes Y in Prozent des Gesamtumsatzes, Lohn- und Gehaltskosten in Prozent der Gesamtkosten.

Bei den Indexzahlen wird der absolute Wert eines bestimmten Zeitpunktes bzw. ein typisches Jahr (das Basisjahr) gleich 100 gesetzt, z. B. wird die Zahl der Beschäftigten auf einen bestimmten Stichtag, gleich Basis 100, bezogen. Alle späteren oder früheren Zeitpunkte zeigen dann die prozentualen Abweichungen zu diesem Bezugszeitpunkt. Davon zu unterscheiden ist der Begriff des Gesamtindex, den man gewinnt, wenn man mehrere Kennzahlen aus einem Bereich zu einer Größe zusammenfaßt (siehe Seite 145, »Mitarbeiterzufriedenheitsindex«).

Beziehungszahlen zeigen die Verbindung zwischen zwei verschiedenen Massen (Größen), zwischen denen es einen logischen Zusammenhang gibt, z. B. Gewinn zu Kapital, Umsatz pro Kopf der Belegschaft, Umsatz je Flächeneinheit im Handel.

Quantitative und qualitative Tatbestände erfassen

Viele betriebswirtschaftliche Tatbestände sind quantitativer Natur, lassen sich also zählen (numerische Dimension). Von einem absoluten Nullpunkt ausgehend gibt es einen klaren Maßstab mit regelmäßigen Abständen, wodurch die Meßobjekte eindeutig eingeordnet werden können. So können Sie den Vermögensgegenständen, den Schulden und dem Gewinn eindeutige Werte zuordnen.

Die klare Zuordnung des kardinalen Messens ist jedoch nicht möglich, wenn Sie qualitative bzw. weiche Faktoren, also bestimmte Einstellungen wie z. B. die Kundenzufriedenheit oder die Mitarbeitermotivation messen wollen. Hierfür haben Sie die Möglichkeit des ordinalen Messens, der Zuordnung zu bestimmten Wertgrößen.

Zählen, messen, bewerten

Manche Messungen gehen ganz einfach – indem man zählt und rechnet. Das sogenannte »kardinale Messen« bedeutet, daß Sie Sachverhalte quantitativ, z. B. in Euro, ausdrücken können. Es setzt natürlich voraus, daß die untersuchten Gegenstände auch eindeutig zählbar, meßbar oder errechenbar sind.
Beim »ordinalen Messen« werden Skalen mit Rangordnungen gebildet – damit läßt sich beispielsweise die Qualität verschiedener Produkte bewerten. Eine in Zahlen ausgedrückte Bewertung (etwa »20 Fehler«) kann, muß aber den Sachverhalt nicht unbedingt genauer als eine ordinale Notengebung (»sechster Rang«) wiedergeben.

Die ordinale Messung beinhaltet einen Maßstab, der jedoch erst – nach bestimmten Kriterien – festgelegt werden muß. Kennzeichnend für die ordinale Messung ist, daß die Bewertung immer nur in einem Vergleich erfolgt und die Genauigkeit der Abstände zwischen den Notenstufen meist beschränkt ist. Da bei solchen qualitativen Messungen häufig gefühlsmäßige Einschätzungen eine Rolle spielen, ist eine hundertprozentige objektive Zuordnung nicht immer möglich. Ein Bewertungsraster mit den Noten »sehr gut«, »gut«, »befriedigend« usw. ist zwar auf viele Tatbestände anwendbar, setzt aber auch eine subjektive Einstellung voraus, zumindest immer dann, wenn nicht bereits kardinale Größen hinter den Tatbeständen stehen (etwa die Anzahl von Fehlern, aus der sich die Notenstufen dann ergeben).

Die einfachste Form der ordinalen Messung kennt nur die Trennung in »erreicht« und »nicht erreicht«. Anstelle einer Notenvergabe, die häufig die Skala von 1 (»sehr gut«) bis 6 (»ungenügend«) umfaßt, kann auch ein Punktebewertungssystem entwickelt werden.

Ergebnisse aus ordinalen Messungen, etwa bei Kundenbefragungen, können ebenso wie kardinale Messungen zur Bildung von Kennzahlen herangezogen werden oder in Kennzahlen einfließen. Dazu können Sie z. B. den Durchschnitt der Noten errechnen, die die Kunden bestimmten Leistungen erteilt haben, und diese Durchschnittszahl in eine sinnvolle Beziehung zu einer davon abhängigen Ergebnisgröße setzen.

Wozu werden Kennzahlen ermittelt?

Messen und vergleichen

Kennzahlen sind ein wichtiges Instrumentarium, um Messungen im Unternehmen durchzuführen. Kennzahlen spielen überall dort eine Rolle, wo Planungs-, Steuerungs- und Kontrollaufgaben anfallen, da mit ihnen eine objektive Beurteilung von Plan- und Ist-Werten möglich ist. Damit sind sie in vielen Unternehmen eine wichtige Informations- und Entscheidungsgrundlage. Für die Führungskräfte und die Unternehmensleitung stellen Kennzahlen ein Barometer dar, das die Stärken und Schwächen des Unternehmens anzeigt. Bei der richtigen Auswahl lassen sich Entwicklungen und Ziele leichter verfolgen und bessere geschäftliche Entscheidungen treffen.

Mit Kennzahlen können Sie die Situation eines Unternehmens für verschiedene Zwecke analysieren:

- Eine gängige Anwendung von Kennzahlen ist die innerbetriebliche Analyse mit Meßdaten, die fortlaufend im Unternehmen gewonnen werden (Zeitvergleich). Diese Messungen dienen z. B. der Feststellung des Unternehmenserfolgs, dem Controlling oder der Umsetzung von Unternehmenszielen.
- Daneben können Sie mit Kennzahlen zwischenbetriebliche Vergleiche durchführen (ab Seite 31). Diese Standortbestimmung kann auf einem Vergleich mit einem starken Konkurrenten oder mit dem Branchendurchschnitt beruhen.
- Eine wichtige Rolle spielen Kennzahlen auch im Benchmarking. Hier dienen optimale Werte, die von führenden Unternehmen erreicht werden, als Vorgabe oder Richtlinie für die eigenen Ziele.

Kennzahlen erfassen nicht nur die finanzielle Performance

Mit Kennzahlen soll in erster Linie der Gesamterfolg eines Unternehmens gemessen werden. So finden etwa die Bilanzkennzahlen bei der Auswertung von Jahresabschlüssen des eigenen, aber auch fremder Unternehmen Anwendung. Im wesentlichen geben diese Werte Auskunft über die finanzielle Stabilität und die Ertragslage des Unternehmens.

Aber auch andere erfolgsrelevante Faktoren, etwa die Effektivität einzelner Funktionen oder Abläufe, sollen mit Hilfe von Kennzahlen meßbar gemacht werden. So werden Kennzahlen in vielen einzelnen Unternehmensbereichen eingesetzt, vor allem in der Materialwirtschaft, der Fertigung, im Verkauf, bei beabsichtigten Investitionsprojekten und im Personalressort.

Kennzahlen können sich beziehen auf

- die finanzielle Performance, z. B. Cashflow,
- betriebliche Abläufe bzw. Prozesse, z. B. Durchlaufzeit,
- Qualität der Produkte und Dienstleistungen, z. B. Anzahl der Reklamationen,
- die Lieferanten, z. B. Pünktlichkeit der Lieferungen,
- die Mitarbeiter, z. B. Fluktuation,
- die Kunden, z. B. verlorene Kunden.

Den Ist-Zustand darstellen, Entwicklungen aufzeigen, Prognosen treffen

Wenn etwas gemessen wird, handelt es sich um eine Momentaufnahme, die Darstellung des aktuellen Ist-Zustandes. Dabei können Sie aufzeigen, wie das Unternehmen momentan dasteht, inwieweit Soll-Werte erreicht wurden und ob vorgegebene Ziele noch erreichbar sind. Aktuelle Messungen im Unternehmen dienen also meist der Kontrolle einer vergangenen Periode.

Auch die meisten betriebswirtschaftlichen Kennzahlen sind zunächst statisch (Momentcharakter). Das bedeutet, sie bilden einen Zustand zu einem bestimmten Zeitpunkt oder das Ergebnis in einem fixierten Zeitraum ab, etwa die Rentabilität eines Unternehmens im Geschäftsjahr 2001, gemessen am Bilanzstichtag. Doch Kennzahlen sollen nicht nur Erkenntnisse über die Gegenwart vermitteln, sondern auch Einblicke in die Vergangenheit erlauben. Eine solche Dynamisierung erreichen Sie erst, wenn Sie die Werte mehrerer aufeinander folgender Zeitpunkte bzw. Perioden miteinander vergleichen, also permanente Messungen durchführen. Dadurch lassen sich Entwicklungen aufzeigen, aber auch bestimmte Trends oder Tendenzen erkennen und damit Prognosen für die Zukunft des Unternehmens treffen. Schließlich gibt es auch spezielle Kennzahlen, die sich auf das Potential des Unternehmens beziehen – besonders Kennzahlen zu den »weichen Faktoren« (s. Kap. 1.2) können Ihnen zeigen, wo Chancen und Risiken des Unternehmens liegen. Aber auch bestimmte »harte Messungen« erlauben Prognosen für die Weiterentwicklung, etwa der Anteil eines neuen Produkts am Gesamtumsatz.

Vergangenheit, Gegenwart und Zukunft berücksichtigen

Jedes Unternehmen sollte Kennzahlen verwenden, die sich auf alle drei Perspektiven – Gegenwart, Vergangenheit und Zukunft – beziehen. Finanzkennzahlen geben meist nur Auskunft über die Vergangenheit. Um auch Informationen über die Zukunft zu gewinnen, müssen Sie Kennzahlen ermitteln, die Trends aufdecken und etwas über die Perspektiven des Unternehmens aussagen.

Voraussetzung für einen effektiven Nutzen von Kennzahlen

Kennzahlen sollen über die Lage und die Entwicklung eines Unternehmens unterrichten, sollen zu internen und externen Vergleichen anregen. Sie sollen die realen Verhältnisse richtig messen und die Führungskraft kurz und klar informieren. Doch damit dies erreicht wird, müssen einige Voraussetzungen erfüllt sein.

Mit Kennzahlen führen

Kennzahlen werden häufig vom Management als Zielvorgaben eingesetzt. Doch ohne die entsprechende Transparenz und Motivation bleibt jede Zielzahl für die Mitarbeiter nur eine leere Ziffer. Achten Sie daher darauf, daß die Kennzahlen, die Sie im Unternehmen oder in Ihrem Bereich einsetzen, für alle Beteiligten verständlich sind. Kommunizieren Sie den Sinn und Zweck der Messungen, damit Ihren Mitarbeitern auch klar wird, warum bestimmte Werte erreicht werden müssen. Nur so läßt sich ein optimaler Nutzen der Kennzahlen erreichen.

Probleme ergeben sich, wenn die Führungskräfte eines Unternehmens zu viele Daten und Kennzahlen berücksichtigen müssen. Niemand kann ganze Statistiken oder endlose Zahlenkolonnen regelmäßig überwachen und mit ihnen die Betriebsabläufe steuern. Datenfluten behindern nicht nur ein effektives Arbeiten, sondern auch das Setzen der richtigen Prioritäten. Deshalb gilt der Grundsatz, daß ein einzelner Mitarbeiter höchstens 15 bis 20 Kennzahlen verfolgen sollte – unabhängig von der Hierarchieebene, in der er tätig ist.

Checkliste: Worauf Sie bei Kennzahlen achten müssen

- Kennzahlen sollen aussagefähig, transparent, verständlich und ausgewogen sein.
- Die Lage eines Unternehmens ist durch quantitative Messungen allein nicht zu erfassen. Sie sollten daher auch qualitative Maßstäbe setzen und durch Messungen überprüfen.
- Neben Meßdaten über den finanziellen Erfolg sollten Sie auch solche Größen berücksichtigen, die diesen Erfolg beeinflussen (v. a. »weiche« Daten über Ihre Mitarbeiter und Kunden).
- Messungen regelmäßig durchführen! Zumindest die Ertragslage und die finanzielle Stabilität des Unternehmens sollten Sie permanent und in regelmäßigen Abständen überwachen.
- Berücksichtigen Sie sowohl auf die Vergangenheit, die Gegenwart als auch auf die Zukunft gerichtete Kennzahlen.
- Messen und auswerten kostet Zeit! Die Anzahl der Kennzahlen, die für das Gesamtunternehmen gelten, darf ein vernünftiges Maß daher nicht überschreiten.
- Richten Sie sich bei der Auswahl der Kennzahlen nach den kritischen Erfolgsfaktoren des Unternehmens.
- Holen Sie Ihre Mitarbeiter ins Boot – verdeutlichen Sie ihnen den Zweck der Messungen und die Ziele hinter den verwendeten Zahlen.
- Verwenden Sie Kennzahlen nicht nur für den innerbetrieblichen, sondern auch für den zwischenbetrieblichen Vergleich.

Kennzahlen sind nur dann ein sinnvolles Werkzeug, wenn sie die tatsächlichen Einflußgrößen für den Erfolg anzeigen. Das heißt, sie müssen sich immer auf erfolgsrelevante Ziele des Unternehmens beziehen. Die Vorgaben, die mit ihnen verbunden sind, sollten dabei aber nicht unrealistisch, sondern tatsächlich erreichbar sein. Gleichzeitig muß ihr Nutzen und Zweck allen, die mit den Kennzahlen befaßt sind, deutlich sein. Zahlen, die keiner versteht, können nicht motivierend wirken. Eine weitere Anforderung ist daher ausreichende Transparenz. Die Kennzahlen müssen verständlich sein – auch die Mitarbeiter sollten ihren Sinn erkennen können, um ihr Handeln entsprechend daran auszurichten. Das bedeutet, daß betroffene Mitarbeiter auch wissen sollten, welche Abläufe und Vorgänge sich hinter den Kennzahlen verbergen und welche Ziele mit den Vorgaben verbunden sind.

1.2 Harte und weiche Erfolgsfaktoren messen und beurteilen

Der finanzielle Erfolg als Maßstab

Der Erfolg, engl. »performance«, gilt als wichtigster Maßstab für die Wirtschaft – wobei sich der finanzielle Erfolg eines Unternehmens besonders leicht messen läßt. Die klassischen Kennzahlen beziehen sich daher auf die Bilanz sowie die Gewinn- und Verlustrechnung. Dafür werden die Daten des Rechnungswesens zu absoluten und relativen Größen verdichtet. Gewinn, Rentabilität, Return on Investment (ROI) und Cashflow gehören zu den bedeutendsten dieser finanziellen Kennzahlen – und finden in der Praxis bei den meisten Unternehmen auch die größte Beachtung. Die finanzielle Performance eines Unternehmens zeigt sich aber noch in einer Vielzahl von anderen Daten: Umsatzzahlen, Außenstände, Schulden, Einnahmen, Ausgaben, Aufwendungen sind nur einige von ihnen.

Für viele Unternehmen stehen der kurzfristige Gewinn und die richtige Finanzierung im Vordergrund. Die Verbesserung der Rentabilität des investierten Kapitals wird dabei häufig als primäres Unternehmensziel angesehen. Ein Unternehmen kann natürlich seinen Gewinn rasch verbessern, indem es viele Mitarbeiter entläßt und so die Kosten senkt. Die direkten Auswirkungen auf die Kosten und Ausgaben werden sich sicher schon bald zeigen, während sich mögliche negative Folgen dieser Einsparmaßnahmen, wie weniger Kundenzufriedenheit, Überlastung der Mitarbeiter und schlechtere Arbeitsmoral, erst viel später bemerkbar machen.

Die Überbetonung der kurzfristigen Finanzergebnisse jedenfalls hat zur Einführung des Shareholder Value geführt, der die langfristige Wertschöpfung für die Eigentümer und Aktionäre erfaßt (ab Seite 100). Die langfristige Perspektive kommt auch im EVA (Economic Value-Added, ab Seite 97) deutlich zum Ausdruck. EVA und Shareholder Value wollen hohe Renditen für das dem Unternehmen zur Verfügung stehenden Kapital erreichen. Die EVA gilt als umfassende Meßgröße für die Rentabilität eines Unternehmens.

Finanzielle mit nicht-finanziellen Maßstäben verbinden

So, wie eine einzelne Kennzahl die komplexe Unternehmenssituation nicht erfassen kann, reichen auch Kennzahlen, die nur die finanzielle Performance erfassen, für die Beurteilung eines Unternehmens nicht aus. Dies hat mehrere Gründe:

- Finanzielle Kennzahlen zeigen die Ergebnisse oft zu spät, weil sie auf die Vergangenheit bezogen sind: Sie geben zwar den Erfolg einer abgelaufenen Periode genau wieder, besitzen aber für die künftige Entwicklung nur wenig Aussagekraft.
- Andererseits erfassen sie nicht alle für den Erfolg maßgebenden Größen; denn sie sagen nichts darüber aus, *wie* diese Zahlen erreicht wurden, welche Faktoren den Erfolg oder Mißerfolg begründen. Sie verschleiern, daß der Erfolg auch eine nicht-finanzielle Komponente hat.
- Finanzielle Kennzahlen geben damit keine eindeutigen Hinweise darauf, mit welchen Maßnahmen der Erfolg gesteigert werden kann.
- Außerdem treffen die meisten finanziellen Kennzahlen häufig sehr globale Aussagen; damit sind sie für den Mitarbeiter im operativen Geschäft nicht praktisch einsetzbar.

Warum weiche Faktoren berücksichtigen?

Kennzahlen zur Finanz- und Ertragskraft eines Unternehmens sind schon immer ein wichtiges Handwerkszeug für den Manager gewesen. Die finanziellen Indikatoren, die das Verhältnis von Leistung und Gewinn bestimmen, nennt man harte Faktoren (»hard facts«). Nicht nur die klassischen Kennzahlen wie Rentabilität oder Cashflow erfassen solche harten Faktoren, auch der Beschäftigungsgrad, Rüstzeiten, die Durchlaufzeiten und der durchschnittliche Lagerbestand sind Beispiele für harte, meßbare Faktoren.

Heute gewinnen jedoch Kennzahlen zur Messung nicht-finanzieller Faktoren an Bedeutung. So spielen die Fähigkeit eines Unternehmens, die Bedürfnisse seiner Kunden optimal zu erfüllen, der Grad, wie stark es seine Kunden an sich binden oder seine Mitarbeiter motivieren kann, im heutigen Wettbewerb eine immer größere Rolle. Denn es besteht z. B. durchaus ein Zusammenhang zwischen der Rentabilität eines Unternehmens und der Kundenzufriedenheit.

So wichtige Fragen wie die Kundenzufriedenheit und Mitarbeitermotivation beruhen aber nicht (ausschließlich) auf harten Daten, sondern vor allem auf Verhaltensweisen und Einstellungen, sind also mit den klassischen Kennzahlen nicht erfaßbar. Viele Unternehmen suchen deshalb nach anderen Maßstäben, um die eingeführten Finanzkennzahlen um nicht-finanzielle Größen zu ergänzen. Es geht darum, eher subjektive Einflußfaktoren auf den finanziellen Erfolg offenzulegen. Solche Tatbestände werden als weiche Faktoren (»soft facts«) bezeichnet.

Weiche Faktoren betreffen Verhaltensweisen oder Einstellungen

- der Mitarbeiter,
- der Lieferanten,
- der Kunden.

Weiche Faktoren sind quantitativ nicht zu beschreiben und nicht vollständig erklärbar, haben aber eine große Bedeutung für die Unternehmensentwicklung. Sie lassen sich mit Kennzahlen, die aus ordinalen Messungen resultieren, erfassen.

Messungen der weichen Faktoren sind allerdings aufwendig, denn die Daten hierfür müssen Sie erst erheben. In der Regel werden solche qualitativen Untersuchungen, z. B. über die Kundenzufriedenheit, in Form von Befragungen durchgeführt, wie man sie aus der Marktforschung kennt. Dazu werden Fragebögen entwickelt, die man schriftlich, durch Telefonbefragungen oder in Interviews von seiner Zielgruppe beantworten läßt. In der Auswertung werden die qualitativen Ergebnisse mit geeigneten statistischen Methoden aufbereitet und quantifizierbar gemacht. Aus diesen Ergebnissen können Sie dann Ihre Kennzahlen ableiten.

Vor allem Kundenwünsche und -zufriedenheit, die Bedürfnisse Ihrer Lieferanten und die Einstellungen Ihrer Mitarbeiter sollten Sie bei den weichen Messungen berücksichtigen.

Informieren Sie sich umfassend!

Wenn Sie umfassend über die realen Verhältnisse im Unternehmen unterrichtet werden wollen, müssen Sie auch weiche Faktoren in Ihr Meßsystem aufnehmen. Dabei fragen Sie: »Welches Verhalten und welche Einstellungen bewirken das finanzielle Ergebnis, und wie können diese Faktoren gemessen werden? Wie lassen sich die Einstellungen der Kunden, der Mitarbeiter und der übrigen am Unternehmen Beteiligten beurteilen? Mit welchen Zielvorgaben erreichen wir Verbesserungen?«

Während harte Kennzahlen Ihnen anzeigen, wie gut das Unternehmen bisher war, weisen weiche Kennzahlen häufig in die Zukunft. Wenn Sie heute weiche Faktoren messen, erhalten Sie Einblicke in Trends, können Entwicklungen Ihres Unternehmens besser einschätzen und Fehlern wirksam entgegensteuern.

Eine Ausgewogenheit zwischen harten und weichen Faktoren, zwischen den leicht quantifizierbaren Ergebniskennzahlen einerseits und den nicht so leicht meßbaren und subjektiven »Leistungstreibern« andererseits strebt das Konzept der Balanced Scorecard an (ab Seite 47). Es handelt sich um ein Kennzahlenkonzept aus den USA, mit dem man das Übergewicht des finanziellen Aspekts in vielen Steuerungssystemen auszugleichen versucht. Nach diesem Kennzahlensystem spielen für jedes Unternehmen vier Erfolgsindikatoren eine wichtige Rolle: die Finanzperspektive, die Kundenperspektive, die Prozeß- und die Lern- und Entwicklungsperspektive. Die Betrachtung aller vier Bereiche verhindert, daß Kundenbedürfnisse und die Interessen der Mitarbeiter durch die Vorgabe finanzieller Ergebnisse außer acht gelassen werden. Ein Meßsystem ist demnach erst dann ausgewogen (engl. »balanced«), wenn es auch die Größen erfaßt, die hinter dem finanziellen Erfolg stehen (Prozesse, Mitarbeiterverhalten, Motivation, Kundenzufriedenheit etc.). Die Ergebnisse von Tätigkeiten der Vergangenheit sollen dabei aufzeigen, welche Leistungen in Zukunft verstärkt werden müssen.

Was Sie bei nicht-finanziellen Kennzahlen beachten sollten

Sie werden eine Menge qualitativer Aspekte finden, die langfristig die Performance des Unternehmens bestimmen. Dies kann dazu verleiten, zu viele weiche Kriterien zu messen.

- Sie sollten deshalb herausfinden, welche weichen Faktoren in Ihrem Unternehmen den größten Einfluß auf den finanziellen Erfolg haben.
- Ihre nicht-finanziellen Maßstäbe sollten Aussagen hinsichtlich »gut« und »schlecht« machen, um den Spielraum für Verbesserungen zu verdeutlichen.
- Wenn Sie die Zielwerte erreicht haben, dann sollten Sie neue Maßstäbe für weiche Faktoren einführen.

1.3 Mit Kennzahlen Vergleiche durchführen

Vergleichen bedeutet Gemeinsamkeiten und Unterschiede feststellen. Als Basis können Kennzahlen dienen, denn sie sind konkrete Meßgrößen für betriebliche Zustände und Prozesse. Sie lassen sich für unternehmensinterne und -externe Zwecke ermitteln und einsetzen: zeitpunktbezogen die sogenannten Bestandsgrößen, zeitraumbezogen die Stromgrößen. Oft ist zur abschließenden Beurteilung aber notwendig, daß ein Bezug zu einem identischen inner- oder außerbetrieblichen Tatbestand hergestellt wird.

Betriebsvergleiche sind für die Unternehmensleitung eine wertvolle Orientierungsbasis, um Stärken und Schwächen des eigenen Unternehmens objektiv herausstellen und den eigenen Standort innerhalb der Konkurrenz bestimmen zu können. Unter Betriebsvergleich wird die Anwendung systematischer Methoden verstanden, um ein Unternehmen global oder in seinen einzelnen Bereichen (z. B. Materialwirtschaft, Produktion) mit früheren Perioden oder mit anderen Unternehmen zu vergleichen.

Betriebsvergleiche können innerhalb des Unternehmens stattfinden. Hierbei werden in einem bestimmten Bereich (Werk, Abteilung etc.) unterschiedliche

Jahre verglichen (Zeitvergleich, Soll-Ist-Vergleich). Innerhalb eines Unternehmens können aber auch funktional gleichwertige Abteilungen, Profit-Center oder verschiedene Standorte miteinander verglichen werden. Beim zwischenbetrieblichen Vergleich mißt sich ein Unternehmen mit fremden Betrieben, entweder innerhalb oder außerhalb seiner Branche. Gegenstand des Betriebsvergleichs können beispielsweise Vermögensstruktur, Kapitalaufbau, Finanzierung, Ertragslage, Auftragsbestände oder Fertigungsverfahren sein.

Innerbetriebliche Vergleiche – wichtig im Controlling

Beim innerbetrieblichen Vergleich werten Sie betriebsinterne Kennzahlen aus, die Sie aus Daten im Unternehmen gewonnen haben. Diese Kennzahlen gelangen nur selten an die Öffentlichkeit, wenngleich die Unternehmensleitung im Hinblick auf den zwischenbetrieblichen Vergleich an Kennzahlen anderer Betriebe interessiert ist.

Wollen Sie einen innerbetrieblichen Vergleich durchführen, gibt es mehrere Möglichkeiten:

- sachliche Vergleiche: z. B. Beschaffung, Fertigung, Verkauf,
- zeitliche Vergleiche: z. B. Jahr 01 und Jahr 02,
- Soll-Ist-Vergleiche: bestehende oder tatsächliche Zustände mit der Soll-Entwicklung vergleichen.

Der Zeitvergleich ist ein Ist-Ist-Vergleich, es werden beispielsweise zwei oder mehrere Jahres-, Quartals- oder Monatsbilanzen einander gegenübergestellt und analysiert. Ebenso können Auftragsbestände, Fertigungszahlen oder die Kostenstruktur des laufenden Jahres mit denen des Vorjahres verglichen werden. Der Zeitvergleich ist auch ein wichtiger Aspekt des Controlling: Dabei werden die Zahlen des Vorjahres, des Plans und die Ist-Zahlen des laufenden Jahres verglichen.

Beim Soll-Ist-Vergleich werden geschätzte bzw. vorgegebene Zahlen (Planwertzahlen) mit effektiv entstandenen Zahlen (Istwerte im Abrechnungszeitraum) verglichen. Dieser Vergleich und die Analyse der Abweichungen ist ein wichtiges Führungsinstrument und hat auch eine große Bedeutung im Controlling. Während Sie kleine Abweichungen zwischen Ist- und Sollwerten oft vernachlässigen können, sind größere genau zu prüfen. Hier müssen Sie die Ursachen ermitteln und konkrete Gegenmaßnahmen einleiten.

Kennzahlen im Controlling			
Führungs-aufgaben	Planaufstellung – Problem darlegen – Durchführung – Informations-sammlung – Entwicklung und Bewertung von Lösungen Planverabschiedung (Entscheidung für eine Lösung)	Steuerung Durchführung festlegen und veranlassen, auf Abweichungen reagieren	Kontrolle Erfolgte Durchführung überprüfen und mit den Vorgaben vergleichen
Kennzahlen	Ziele formulieren, Kennzahlen auswählen und Zielwerte festlegen	Zielwerte kommunizieren und Messungen durchführen	Istwerte mit Sollwerten vergleichen

Anwendung im Rahmen solcher Aufgaben finden Kennzahlen im Controlling. Das Controllingkonzept ist ein betriebswirtschaftliches Berichts- und Steuerungssystem für interne Zwecke und umfaßt:

- Zielfestlegung und Jahresplanung
- Verknüpfung der Planung mit einer globalen Finanzvorschau
- Vergleich von Ist- und Planergebnissen, quartalsweise bzw. meistens monatlich
- Steuerungsmaßnahmen, d. h. Abweichungen von Ist und Plan müssen erklärt und Konsequenzen gezogen werden.

Controlling strebt durch eine Vernetzung von Information, Planung, Koordination und Kontrolle eine langfristige Gewinnoptimierung an. Es basiert auf einem Regelkreissystem: Durch ein Berichtswesen wird die Geschäftsentwicklung laufend überwacht; Gefahren werden frühzeitig angezeigt, wodurch rechtzeitig Gegenmaßnahmen eingeleitet werden können, um den gewünschten Soll-Zustand zu erreichen. Mit Hilfe eines effizienten Controlling soll also sichergestellt werden, daß die Unternehmensziele erreicht werden. Kennzahlen im Controlling dienen damit als eine Art Frühwarnsystem.

Den Standort durch zwischenbetriebliche Vergleiche bestimmen

Interessante Erkenntnisse liefern Kennzahlen für zwischenbetriebliche (externe/außerbetriebliche) Vergleiche mit einem oder mehreren anderen Unternehmen, insbesondere desselben Wirtschaftszweiges. So können Sie Ihre Kennzahlenwerte mit denen des härtesten Konkurrenten vergleichen, um zu sehen, wo Ihr Unternehmen besser werden muß. Beim Branchenvergleich stellen Sie die im Unternehmen ermittelten Werte den Durchschnittswerten der Branche bzw. den Branchenkennzahlen gegenüber.

Sich mit anderen messen

Vor allem, wenn es um Marktchancen geht, muß man sich einem Vergleich mit den Konkurrenten stellen. Aber auch bei der Beurteilung eines Unternehmens durch Banken werden häufig Branchenwerte herangezogen. Beim Vergleich mit dem Wettbewerb sollten Sie alle Unternehmensbereiche einbeziehen. Die zentralen Fragen lauten: »Wo stehen wir, wo die anderen? Wie schneidet unser Unternehmen im Vergleich zum besten Konkurrenten ab? Wie groß ist der Abstand? Wo liegen unsere Chancen?«

Solche Vergleiche sind für das einzelne Unternehmen auch eine Möglichkeit, den Betriebsablauf zu kontrollieren. Durch die Gegenüberstellung von Umsatz-, Leistungs-, Kosten- und Ertragszahlen lassen sich betriebliche Mängel aufdecken und Ansatzpunkte für deren Beseitigung finden. Beim externen Vergleich ist aber immer auf die Vergleichbarkeit zu achten, etwa auf die speziellen Gegebenheiten der Branche. Je nachdem, was verglichen wird, können die Messungen aussagekräftiger sein, wenn der Vergleichsbetrieb repräsentativ für die Wirtschaftssparte ist. So kann im Einzelhandel etwa die Höhe des erzielten Absatzes je beschäftigte Person oder der Absatz je Quadratmeter Geschäftsraum verglichen werden.

Wann Gliederungs- und Richtzahlen weiterhelfen

Durch die Verwendung von Gliederungszahlen (Prozentzahlen) werden auch Unternehmen unterschiedlicher Größe vergleichbar; es läßt sich beispielsweise feststellen, ob im Vergleich zum Konkurrenten die Rentabilität zu niedrig, die Verschuldung zu hoch oder das Warenlager zu groß ist. Große, mittlere und kleine Betriebe eines Wirtschaftszweiges unterscheiden sich allerdings nicht nur dadurch, daß sie unterschiedlich viel beschaffen, produzieren, verkaufen, investieren und finanzieren, sondern auch dadurch, daß sie es anders machen. Soll Ihr Betriebsvergleich vollständig sein, müssen Sie nicht nur Ergebniskennzahlen, sondern auch solche Größen ermitteln, die sich auf betriebliche Prozesse und Praktiken beziehen.

Kennzahlen aus zwischenbetrieblichen Vergleichen, vor allem der Branchendurchschnitt oder typische Werte der Branche (häufigste Werte), werden als Richtzahlen bezeichnet. Diese meist auch öffentlich zugänglichen Daten informieren über den Zustand der Branche und ermöglichen es festzustellen, wie sich die Situation eines einzelnen Unternehmens zur Branche verhält. Richtzahlen sind deshalb für die Unternehmensleitung eine wertvolle Orientierungsbasis. Sie sollten aber berücksichtigen, daß Branchenzahlen auch die Kennzahlen von schwachen Unternehmen, sogenannten Grenzbetrieben, enthalten. Deshalb sollten Sie bei Zielvorgaben immer bessere Werte als die Richtzahlen anstreben. Branchenkennzahlen erhalten Sie z. B. über große Banken, Wirtschaftsverbände oder das statistische Bundesamt.

Grenzen des Betriebsvergleichs

Wenngleich ein Betriebsvergleich der Geschäftsleitung wertvolle Informationen zur Beurteilung des eigenen Unternehmens und wichtige Impulse für Verbesserungen liefern kann, so sind auch seine Grenzen zu sehen. Schwierigkeiten können sich einmal aus den individuellen Bedingungen des Unternehmens ergeben (Fertigungsprogramm, Standort, Unternehmensstil und -geschichte), zum zweiten durch ein jeweils unterschiedlich aufgebautes Rechnungswesen und schließlich auch durch unterschiedliche Bilanzpolitik.

Was kann verglichen werden?

Gegenstand des Betriebsvergleichs können prinzipiell ganze Unternehmen, einzelne Werke, bestimmte Abteilungen sowie spezielle technische Verfahren sein.

Beim Unternehmensvergleich stehen häufig Finanzierungskennzahlen im Vordergrund, denn die finanzielle Performance ist weitgehend unabhängig vom Wirtschaftszweig. Die spezifischen Besonderheiten der einzelnen Branchen zeigen sich beim Vergleich zweier Werke oder Fertigungsverfahren deutlich. Der Werksvergleich beinhaltet einen Vergleich von Kostenarten, Kostenstellen und Kostenträgern des Werkes X mit dem Werk Y. Hier können die verschiedensten Kennzahlen zur Anwendung kommen, z. B. zur Personal- oder Materialsituation.

Der technische Aspekt des industriellen Fertigungsprozesses zeigt sich besonders deutlich bei einem Verfahrensvergleich. Dieser hat das Ziel, Schwächen bei der betrieblichen Produktion, insbesondere bei technischen Prozessen, aufzuzeigen. Er soll ermöglichen, die Produktivität im allgemeinen und die Arbeitsproduktivität im speziellen zu erhöhen. Dabei stehen meist Kennzahlen der Fertigung im Mittelpunkt.

Betriebsgruppenvergleiche liegen vor, wenn sich ein Wirtschaftszweig (z. B. Maschinenbau) mit einem anderen vergleicht. Auch der Vergleich eines Wirtschaftszweigs mit der Gesamtheit der Betriebe ist ein Betriebsgruppenvergleich. Dieser zeigt deutlich, daß die verschiedenen Bereiche nicht nur Gemeinsamkeiten, sondern auch erhebliche Unterschiede aufweisen.

Im Anschluß finden Sie ein Muster für einen Betriebsvergleich, der über die finanzielle Performance Aufschluß gibt.

Unternehmensvergleich: finanzielle Performance		
	Eigene Zahlen	**Vergleichszahlen**
Erfolg	(in % vom Umsatz)	(in % vom Umsatz)
• Betriebsergebnis	....	....
• Neutrales Ergebnis	....	....
• Gewinn vor Steuern	....	....
• Gewinn nach Steuern	....	....
Kosten	(in % vom Umsatz) ...	(in % vom Umsatz)
• Material	....	....
• Personal	....	....
• Zinsen	....	....
Finanzen	(in % vom Umsatz) ...	(in % vom Umsatz)
• Abschreibungen	....	....
• Investitionen	....	....
• Cashflow	....	....
Kapital	(in % der Bilanzsumme)	(in % der Bilanzsumme)
• Eigenkapital	....	....
• Pensionsrückstellungen	....	....
• Verbindlichkeiten	....	....

Benchmarking – sich vergleichen, um besser zu werden

Harter Wettbewerbsdruck und die Globalisierung der Märkte zwingen heute viele Unternehmen, neue Wege zu einzuschlagen, um ihre Performance zu verbessern. Wer den Erfolg steigern will, wird sich über kurz oder lang dafür interessieren, wie es die besten Unternehmen schaffen, erfolgreich am Markt zu agieren. Einen Weg, an entsprechende Informationen zu kommen, bietet Benchmarking: Es hat zum Ziel, von Spitzenunternehmen zu lernen, indem man sich an ihnen mißt, die bestehenden Abstände aufzeigt, ihr Wissen anzapft und die entsprechenden Maßnahmen ergreift, um den Leistungsrückstand aufzuholen. Hier dienen als objektive Meßgrößen Kennzahlen, die systematisch und in Abstimmung mit den Zielen des Vergleichsprojektes im eigenen und fremden Unternehmen ermittelt werden.

Im Benchmarking geht es im wesentlichen um eine erhebliche Verbesserung der wirklich erfolgsrelevanten Faktoren. Das bedeutet: Im Anschluß an den Vergleich steht immer auch die Adaption und Übernahme der Praktiken, die sich hinter den ermittelten Werten, also dem Erfolg der anderen, verbergen.

Benchmarking ist in jedem Fall ein komplexes Projekt. Eine Wettbewerbsanalyse innerhalb der Wirtschaftsbranche genügt selten, um die eigene Leistung zu steigern; und will man sich am stärksten Konkurrenten messen, steht man häufig vor dem Problem, daß man nicht an die nötigen Informationen, an das »Geheimrezept«, herankommt. Hier können Vergleiche mit den besten Unternehmen aus völlig anderen Marktsegmenten oft sehr hilfreich sein.

Beispiel

So kann die Lieferzuverlässigkeit für einen Zulieferer der Autoindustrie nach der Umstellung auf »Just in Time« auf einmal der wichtigste kritische Erfolgsfaktor sein, um den Kunden zu halten. Um seine Lieferzuverlässigkeit zu verbessern, kann sich der Zulieferer mit führenden Unternehmen aus dem Versandhandel oder dem Transportwesen vergleichen und deren Praktiken an seine Gegebenheiten anpassen.

Im Benchmarking werden sogar häufig internationale Vergleiche durchgeführt, wenn etwa ein großes Unternehmen die Marktführerschaft anstrebt.

WER IST DER RICHTIGE PARTNER?

Orientieren Sie sich im Benchmarking an den Prozeßführern. Das sind Spitzenunternehmen, die ihre erfolgskritischen Prozesse oder Schlüsselfunktionen perfektioniert haben. Doch wenn der Rückstand auf die Besten enorm hoch ist, sollten Sie sich besser Benchmarkingpartner suchen, die nur eine oder zwei Klassen besser sind. Schließlich gehört zum Benchmarking auch, daß Sie im Gegenzug Ihrem Partner etwas von Ihrem Know-how anbieten können.

1.4 Das Unternehmen mit einem Kennzahlensystem steuern

Konzentrieren Sie sich auf Schlüsselkennzahlen

Mit der Ermittlung von Zahlen will man ja auch etwas erreichen: sensible und besonders wichtige Unternehmensabläufe sicher steuern und Ergebnisse überwachen. Die Auswahl von Schlüsselkennzahlen ist ein erster Schritt, um Kennzahlen auch effektiv für die (globale) Unternehmenssteuerung nutzen zu können. So kann die Unternehmensspitze eines Dienstleistungsunternehmens den Meßwerten zur Servicequalität eine besondere Bedeutung beimessen, weil sie diese als strategisch wichtig einstuft. In einem Zuliefererbetrieb kommt es vielleicht mehr auf Zahlen aus dem Logistikbereich an. Im Einzelhandel kann einer Erhöhung der Quote der Wiederholungskäufe angestrebt werden oder auch die Qualität der Verkaufsberatung als Meßlatte für den Erfolg angelegt werden, etc.

Es empfiehlt sich, bezogen auf das Gesamtunternehmen, die Zahl der Meßgrößen unter 20 zu halten. Die Gesamtheit aller in den einzelnen Bereichen eingesetzten Zahlen kann ruhig höher sein – Sie müssen dann nur darauf achten, daß eine Hierarchie der Kennzahlen eingehalten wird. Das bedeutet, die Vorgaben untergeordneter Kennzahlen ergeben sich aus den übergeordneten Kennzahlen.

Sie können die Menge Ihrer Kennzahlen auch reduzieren, wenn Sie zusammenhängende Meßwerte zu einem Index verdichten. Im Personalbereich können Sie beispielsweise die ermittelten Kennzahlen über Krankmeldungen,

Wo liegen die Schlüsselkennzahlen?

Die Unternehmensspitze sollte sich auf wenige Kennzahlen konzentrieren. Dabei gilt es, die Meßgrößen zu erkennen, auf die es in der momentanen Unternehmenssituation am meisten ankommt. Ein Existenzgründer etwa wird zunächst einmal die Kennzahlen ermitteln, die auch die Bank interessiert, also Zahlen, die etwas über seine Finanzierung aussagen. Im laufenden Unternehmen gilt es dann vor allem, die Lage des Unternehmens und die strategischen Ziele genau zu kennen. Wohin soll das Unternehmen steuern? Welche Stärken sollen ausgebaut und welche Schwächen müssen behoben werden? Suchen Sie als verantwortliche Führungskraft nach den kritischen Erfolgsfaktoren, und setzen Sie bei der Auswahl der Zahlen entsprechende Prioritäten!

Fluktuation, Beschwerden und Umfragen zur Arbeitsmoral zu einem Index »Mitarbeiterzufriedenheit« zusammenfassen. Allerdings sollten Sie beachten, daß solche kondensierten Kennzahlen weniger aussagen als die ihnen zugrunde liegenden Meßgrößen; ein Index läßt natürlich auch die sogenannten statistischen »Ausreißer« nicht mehr deutlich erkennen. Die Zusammenfassung des Datenbestands kann also einzelne Trends überdecken.

Die Zahl Ihrer Kennzahlen können Sie auch begrenzen, wenn Sie bestimmte Meßgrößen nach dem Erreichen des Zieles nicht mehr weiterführen. Welche einzelnen Kennzahlen Sie aufnehmen oder wieder streichen, sollten Sie immer abhängig machen von den mittel- und langfristigen Zielvorgaben des Unternehmens.

Beispiel

Ist in Ihrem Unternehmen der Prozentsatz der Reklamationen ungewöhnlich hoch im Vergleich zur Konkurrenz, dann kann die Verminderung für die Unternehmensleitung ein besonderes Anliegen sein. Stellt sich nach einiger Zeit eine deutliche Besserung ein, dann kann diese Kennzahl wieder gestrichen werden.
Sind Sie beispielsweise mit Ihrem Sicherheitsstandard nicht zufrieden, dann können Sie diesen zum Unternehmensziel erklären und zu Ihren Kennzahlen nehmen. Erreichen oder übertreffen Sie durch gezielte Aktionen die Vergleichswerte anderer Unternehmen Ihrer Wirtschaftsbranche, dann können Sie in Zukunft auf diese Meßgröße wieder verzichten – solange dieser Bereich stabil bleibt.

Die Gesamtheit der gewählten Kennzahlen sollte alle Dimensionen des Unternehmens, also Kunden, Anteilseigner, Mitarbeiter und auch Lieferanten berücksichtigen.

Wozu ein Kennzahlensystem?

Neben der Auswahl der richtigen Kennzahlen kann es von Vorteil sein, über ein – möglichst ausgewogenes – Kennzahlensystem zu verfügen. Was ist darunter zu verstehen?

Betriebswirtschaftliche Kennzahlensysteme umfassen zwei oder mehrere Kennzahlen, die in einer sinnvollen Beziehung zueinander stehen, wodurch das Analyseobjekt besser erfaßt wird. Solche Kennzahlensysteme haben gegenüber einer einzelnen Kennzahl zwei Vorteile:

- Kennzahlensysteme zeigen, aus welchen »Unterkennzahlen« sich eine bestimmte Kennzahl zusammensetzt. Die Auswirkungen einer Kennzahlenänderung lassen sich an den anderen Kennzahlen ablesen.
- Ferner sind sie breiter angelegt als eine einzelne Kennzahl, erfassen somit die Komplexität eines Unternehmens umfassender.

Die Verbindung zwischen Kennzahlen und Kennzahlensystem kann auf zweierlei Art erfolgen:

- nach mathematischer Art, dann spricht man von einem Rechensystem
- nach sachlogischer Art, dann handelt es sich um ein Ordnungssystem.

Wenn ein Rechensystem vorliegt, dann wird eine Spitzenkennzahl mathematisch in weitere Kennzahlen zerlegt. Dabei wird deutlich, welche Beziehungen zwischen den einzelnen Kennzahlen bestehen. Die bekannteste globale Spitzenkennzahl ist der Return on Investment (ROI), der sich in die Teilaspekte Umsatzrentabilität und Umschlagshäufigkeit des Kapitals aufgliedert (siehe Seite 86ff.). Dieses Kennzahlensystem ist relativ weit verbreitet, berücksichtigt allerdings überwiegend den finanziellen Erfolg.

Ein Kennzahlensystem wird als Ordnungssystem bezeichnet, wenn für eine bestimmte Fragestellung verschiedene Kennzahlen zusammengestellt sind, die sachlich voneinander unabhängig sind. Die Zusammenhänge zwischen den Kennzahlen lassen sich hier nicht quantifizieren.

EVA *(Economic Value-Added)*, Tableau de Bord und Balanced Scorecard sind weitere Modelle von Kennzahlensystemen (siehe Kapitel 1.6).

Welchen Nutzen haben Kennzahlensysteme?

- Die umfangreichen Daten im Unternehmen werden zu aussagefähigen Informationen über den Gesamterfolg verdichtet.
- Daneben lassen sich mit einem sinnvollen Kennzahlensystem die Faktoren messen, die den Erfolg wesentlich mitbestimmen (kritische Erfolgsfaktoren).
- Ein Kennzahlensystem kann finanzielle Maßstäbe sinnvoll mit nichtfinanziellen verbinden. Vor allem Kennzahlensysteme nach dem Vorbild der »Balanced Scorecard« garantieren, daß dabei harte und weiche Faktoren gleichermaßen berücksichtigt werden.
- Da ein Kennzahlensystem strategisch ausgerichtet ist, lassen sich Meßgrößen der Vergangenheit und Gegenwart mit den zukünftigen Entwicklungsperspektiven verknüpfen.
- Ein Kennzahlensystem hilft, Ziele und Strategien in Aktionen umzusetzen.

Da ein Unternehmen ein sehr komplexes Gebilde ist, kann auch ein betriebswirtschaftliches Kennzahlensystem nur einen Teil der Wirklichkeit erfassen.

1.5 Kennzahlen mit der Unternehmensstrategie verknüpfen

Die Zusammenstellung und Anwendung finanzieller und nicht finanzieller Kennzahlen oder eines Kennzahlensystems ist dann verfehlt, wenn die Kennzahlen nicht mit der Unternehmensstrategie verknüpft werden oder keine entsprechende Anwendung im Planungs-, Steuerungs- und Kontrollprozeß finden. Das bedeutet, die Unternehmensleitung muß alle Kennzahlen mit den strategischen Zielen verbinden, oder umgekehrt: Die strategischen Ziele werden über finanzielle und nicht-finanzielle Kennzahlen angestrebt. Da Kennzahlen Meßgrößen sind, kann man mit ihnen Ergebnisse und Aktivitäten messen, die zur Umsetzung der Ziele durchgeführt werden müssen.

Strategie und Steuerung

Wenn Sie etwas messen können, dann können sie es auch beeinflussen. Wenn Sie ein Unternehmen erfolgreich führen wollen, dann brauchen Sie eine Unternehmensstrategie und ein Steuerungssystem für die operativen Entscheidungen. Kennzahlen stellen die Verbindung zwischen der Strategie und den Aktionen her, die eingesetzt werden, um die Zielvorgaben zu erreichen. Sie sind damit wichtige Instrumente, die Sie benötigen, um ein Unternehmen zu steuern.

Ziele, Strategien und Visionen

Unternehmerisches Handeln ist wie menschliches Handeln allgemein auf Ziele ausgerichtet. Die langfristige Maximierung des Gewinns gilt – mit gewissen Nuancierungen – als Hauptziel der meisten Unternehmen. Als Ergebnis wird eine möglichst hohe positive Differenz zwischen Ertrag und Aufwand angestrebt. Der Erfolg eines Geschäftsjahrs äußert sich aber auch in seinem Verhältnis zum investierten Kapital: in der Rentabilität. Sie spiegelt sich in einem Spektrum verschiedener strategischer Kennzahlen, angefangen von der Gesamtkapital- und Eigenkapitalrentabilität bis zur vielleicht wichtigsten Rentabilitätszahl, dem Return on Investment (ROI). Weitere strategische Zielgrößen sind Cashflow- oder Umsatzwachstumszahlen.

Strategische und operative Ziele

Strategische Ziele oder Makroziele beziehen sich auf das Gesamtunternehmen, gelten mittel- oder langfristig und sollten in wenigen Schlüssel- oder Spitzenkennzahlen zum Ausdruck kommen. Strategische Ziele unterscheiden sich damit von den operativen, die im Rahmen einzelner Aktivitäten oder Projekte in den verschiedenen Funktionen und Bereichen des Unternehmens vorgegeben sind. Erst durch operative Vorgaben können strategische Ziele umgesetzt werden. Im operativen Geschäft verwendet man entsprechend untergeordnete, diagnostische Kennzahlen. Achten Sie darauf, daß die abhängigen Vorgaben den übergeordneten Schlüsselkennzahlen nicht widersprechen dürfen.

Zum Gewinnstreben kommen andere monetäre strategische Ziele, wie die Sicherung der Zahlungsbereitschaft (Liquidität) und die Kapitalerhaltung hinzu. Bei guter Wirtschaftslage eines Unternehmens gewinnen auch nichtmonetäre Ziele wie repräsentative Verwaltungsgebäude oder Umweltschutz an Bedeutung.

Viele Unternehmen haben erkannt, daß sich hohe finanzielle Ziele besser erreichen lassen und die Belegschaft motivierter wird, wenn das Unternehmen über eine Vision verfügt. Mit einer Vision setzt sich das Unternehmen ein klares Ziel für die Zukunft und bestimmt seinen Standort. Durch eine Vision kann ein Unternehmen auch auf eine bestimmte Kernkompetenz (siehe auch Kapitel 7.4) ausgerichtet werden und gewinnt so an Profil.

Eine Vision bezeichnet ein langfristiges, konkretes Ziel, das in den nächsten fünf bis zehn Jahren erreicht werden und zu einer deutlichen Stärkung der Wettbewerbsposition des Unternehmens führen soll. Somit werden Visionen auch getragen von dem Gedanken, Werte für die Kunden (Kundenzufriedenheit) und für die Eigentümer zu schaffen. Das Ziel einer Vision kann zwar hoch gesteckt sein, sollte aber den Bezug zur Wirklichkeit nicht verlieren.

Jede Vision muß die Kundenperspektive berücksichtigen. So kann z. B. die Entwicklung einer bestimmten Technologie eine Vision darstellen, was aber nur sinnvoll erscheint, wenn diese Technologie auch einen bestimmten Kundennutzen beinhaltet. Denn sonst wird im schlimmsten Fall am Bedarf der Käufer vorbeiproduziert, was sich heute kaum ein Unternehmen mehr leisten kann. (Mehr über Kennzahlen zur Kundenperspektive erfahren Sie im Kapitel 5.6 ab Seite 182.)

Damit die Vision auch erfolgreich umgesetzt werden kann, muß sie unzweideutig kommuniziert werden. Alle, die am Unternehmen beteiligt sind, müssen darunter dasselbe verstehen. Herrscht keine einheitliche Auffassung über die Vision, kann auch keine einheitliche Ausrichtung des Unternehmens auf die Zukunft erfolgen.

Die Vision muß außerdem in der Organisation und bei der Belegschaft ankommen, da sich durch sie auch der Stellenwert einzelner Geschäftsfelder im Unternehmen verschieben kann. Wenn die Mitglieder der Unternehmensleitung sich über Vision und Strategie einig sind, dann können diese auch konkretisiert und im Unternehmen weitervermittelt werden.

KERNKOMPETENZEN FÜHREN ZUR VERWIRKLICHUNG

Eine Vision ist leichter zu finden und umzusetzen, wenn Sie danach fragen, welche Kernkompetenzen entwickelt werden müssen, damit das Unternehmen seine Ziele erreichen kann. Das bedeutet, Sie müssen die kritischen Erfolgsfaktoren für Ihre Unternehmung identifizieren.

Beispiel: Visionen

Ein fiktives Beispiel: Die Vision eines Unternehmens, das sich auf hochwertige Papiere spezialisiert hat, lautet: In 10 Jahren wollen wir Marktführer für hochwertige Papiere in Deutschland und in der Schweiz werden. Dabei wollen wir in der Herstellung so umweltfreundlich produzieren, daß wir für die Hälfte unserer Produkte den »Umweltengel« erhalten, ohne daß sich am Aussehen der Papiere etwas ändert.

Die Strategien bzw. kritischen Erfolgsfaktoren für dieses Ziel könnten lauten:

- *Entwicklung und Patentierung einer umweltfreundlichen Technik, bei der ein hoher Anteil von Altpapier zu hochwertigem Papier weiterverarbeitet werden kann.*
- *Halten des bisherigen Qualitätsstandards bei konstanten Kosten.*
- *Gewinnung eines Kundensegments, das bisher überwiegend graues Umweltpapier verwendet hat.*

Ein Managementberater könnte sich auf folgende kritische Erfolgsfaktoren konzentrieren:

Besprechung seiner Seminare in einem Top-Fachmagazin, Beratung eines großen Unternehmens, Schreiben eines Managementbuches, Weiterempfehlung durch seinen Hauptkunden. Seine Vision ist dann vielleicht, den Bekanntheitsgrad so zu steigern, daß er zum Kreis der 100 Top-Berater gerechnet wird.

Strategische und diagnostische Kennzahlen

Wenn Sie eine bestimmte Strategie verfolgen, dann sind Kennzahlen geeignete Instrumente zur Zielerreichung. Dabei können Sie zwischen strategischen und diagnostischen Kennzahlen unterscheiden, wie es die Balanced Scorecard vorsieht.

- Diagnostische Kennzahlen sollen einen ordentlichen Betriebsablauf ermöglichen. Mit ihnen können Sie den Unternehmensablauf überwachen, können feststellen, wo eine Veränderung auftritt und wo die Ursache dafür liegt. Die meisten Kennzahlen sind solche Diagnoseinstrumente. Sie zeigen Ihnen an, ob alles nach Plan läuft. Für die diagnostischen Kennzahlen findet sich auch die Bezeichnung operative Kennzahlen.

- Strategische Kennzahlen haben dagegen einen anderen Stellenwert, da sie Aussagen machen im Hinblick auf die verfolgte Strategie. Sie bilden die Makroziele des Unternehmens ab und finden sich in den Schlüssel- oder Spitzenkennzahlen wieder. Mit ihnen können Sie Ihre globalen Unternehmensziele planen, steuern und kontrollieren.

Strategische Kennzahlen steuern die Effektivität: »Tun wir die richtigen Dinge?« Operative Kennzahlen steuern die Effizienz: »Tun wir die Dinge richtig?«

Die Ergebniskennzahlen wie Rentabilität, Umsatzwachstum und bestimmte branchenspezifische Kennzahlen – z. B. Mitarbeiterqualifikationen für Kernkompetenzen – sind ganz wichtig, wenn es darum geht, anzuzeigen, ob die anvisierte Strategie und Ihre Ziele erreicht werden. Die Zahl der strategischen Kennzahlen ist klein zu halten, da sie intensiv zu überwachen sind. Strategische Kennzahlen sind besonders sorgfältig auszuwählen, da sie ja die Strategie des Geschäftsfeldes darstellen sollen. Umgekehrt sollten Sie Strategie eines Geschäftsbereiches aus den strategischen Kennzahlen erfahren können.

Wo sind Strategien und Kennzahlen anwendbar?

- Gesamtes Unternehmen, Konzern
- Tochterunternehmen
- Unabhängige Geschäftsbereiche (Profit Center)
- Zentralabteilungen in einer Unternehmensgruppe

Voraussetzungen für strategische Kennzahlen

Ein erfolgreiches Unternehmen setzt strategische Ziele und wählt die Kennzahlen aus, die eine entsprechende Umsetzung seiner Strategie in Aktionen gewährleistet. Diese Verbindung von Unternehmensstrategie und Kennzahlen muß aber bestimmte Voraussetzungen erfüllen.

Strategien beruhen auf Entscheidungen, die, aus einer Anzahl von Alternativen ausgewählt, zu einem bestimmten Ergebnis führen sollen. Diese Verbindung von Ursache und Wirkung muß durch das Kennzahlensystem zu steuern und zu überprüfen sein. Jede einzelne Kennzahl sollte die Wechselbeziehung, die zwischen Ziel und Ergebnis herrscht, aufzeigen können.

Zweitens muß das Kennzahlensystem sowohl die allgemeinen Ergebniskennzahlen wie auch spezifische Kennzahlen für das Geschäftsfeld (Wirtschaftssparte) umfassen: Rentabilität, Marktanteil, Kundenloyalität und Personalproduktivität sind Beispiele für Ergebniskennzahlen; sie sind meist Spätindikatoren, weil ihre Ergebnisse erst am Ende der Geschäftsperiode feststehen. Verschlechtern sie sich, müssen rasch Gegenmaßnahmen ergriffen werden. Dagegen sind branchenspezifische Kennzahlen in der Regel nützliche Frühindikatoren. Es handelt sich um Meßgrößen, die typisch für eine bestimmte Geschäftssparte sind, z. B. Durchlaufzeiten, Fehlerquoten, Verbesserung von Mitarbeiterfähigkeiten, Zugang und Verfügbarkeit von neuen Informationstechnologien. Verschlechtern sie sich, verschlechtern sich auch die Zukunftsaussichten des Unternehmens.

Drittens sind Kennzahlen zur Kundenzufriedenheit, Qualität und Mitarbeitermotivation wichtig, sollten aber niemals zum Selbstzweck, sondern immer im Hinblick auf finanzielle Ziele gemessen werden.

Schwierigkeiten bei der Umsetzung der Strategie in Aktionen

Vielen Unternehmen gelingt es zwar, eine Vision oder Strategie zu entwickeln und zu formulieren, doch scheitern sie, wenn es darum geht, die Ziele auch in Aktionen zu verwandeln:

- Vision und Strategie lassen sich im Unternehmen nicht konkretisieren, weil die Mitglieder der Geschäftsführung unterschiedliche Ziele verfolgen und unterschiedliche Schwerpunkte setzen.
- Viele Strategien beantworten nicht die Frage, wie sie umgesetzt werden sollen. So sagen z. B. die Strategien »Mehr Kundenorientierung« oder »Kostenreduzierung« nichts darüber aus, durch welche Aktionen und Anstrengungen sie tatsächlich erreicht werden sollen.
- Werden die Zielvorgaben für einen Prozeß nicht durch Daten und Kennzahlen gemessen, kann der Prozeß auch nicht gesteuert werden.
- Der Personalabteilung gelingt es nicht, die Unternehmensziele mit den Gruppen- und den individuellen Zielen der Mitarbeiter zu koordinieren.

- Die langfristige, strategische Planung des Unternehmens und die kurzfristige Planung (Budgetierung) sind nicht genügend aufeinander abgestimmt. Die Zuführung der flüssigen Mittel an die Abteilungen erfolgt nicht nach strategischen Gesichtspunkten.
- Die Berichterstattung und Auswertung der strategischen Kennzahlen erfolgt nur unzureichend.
- Es fehlt ein Feedback über die Umsetzung der Strategie im Unternehmen.

Strategie und Kennzahlen – worauf ist zu achten?

- Formulieren Sie Strategien so, daß zwischen ihnen und den Abteilungs- bzw. Projektzielen ein direkter Bezug besteht.
- Richten Sie die Budgets der einzelnen Abteilungen auf die Strategie aus – ohne die Bereitstellung entsprechender Mittel können die erforderlichen Maßnahmen nicht umgesetzt werden.
- Verbinden Sie alle finanziellen und nicht-finanziellen Kennzahlen mit der Strategie des Unternehmens. Nur so können die Mitarbeiter sehen, inwieweit sie zur Erreichung der strategischen Zielsetzungen beigetragen haben (Hierarchisierung ohne Zielkonflikte).
- Prüfen Sie, ob die kritischen Erfolgsfaktoren, die Sie für die Umsetzung dieser Ziele in Ihrem Unternehmen identifiziert haben, im Kennzahlensystem erscheinen.
- Überprüfen Sie regelmäßig, ob die gewählten Kennzahlen wirklich Auskunft über den Grad der Zielerreichung geben können.
- Das Kennzahlensystem muß von Zeit zu Zeit an die aktuellen Entwicklungen angepaßt werden: Kennzahlen zu erreichten Zielen scheiden aus, Kennzahlen für neue Probleme müssen aufgenommen werden.

1.6 Zwei Kennzahlensysteme: Tableau de Bord und Balanced Scorecard

Tableau de Bord in Frankreich und Balanced Scorecard in den USA sind zwei Kennzahlensysteme, die Unternehmensstrategien integrieren. Diese Instrumente können einem Unternehmen helfen, seine Ziele sicher zu erreichen. Vorausgesetzt, ein Unternehmen kennt seine Ziele und hat eine Unternehmensstrategie entwickelt, kann es mit Hilfe dieser Werkzeuge finanzielle Ergebnisbewertungen vornehmen. Beide Systeme enthalten neben den finanziellen aber auch nicht-finanzielle Kennzahlen. Letztere sind im Hinblick auf die Kundenbedürfnisse und die Beurteilung interner Prozesse notwendig.

In Frankreich gebräuchlich: Tableau de Bord

Seit 50 Jahren benutzen französische Unternehmen den Tableau de Bord. »Tableau de Bord« kann mit Armaturen- oder Instrumentenbrett übersetzt werden. Wie beim Flugzeug oder Auto das Armaturenbrett die Messung der Geschwindigkeit oder des Benzinverbrauchs ermöglicht, stehen hier unterschiedliche Meßtafeln zur Lösung von Aufgaben aus verschiedenen Unternehmensebenen zur Verfügung.

Das Tableau de Bord trifft Aussagen zu vier Sachverhalten:

- Aktivitäten,
- Kosten,
- Vorräte,
- Finanzen.

Das Tableau de Bord ist breit angelegt und umfaßt alle Organisationseinheiten. Es vermittelt jedem Manager einen periodischen Überblick über das Ergebnis seines Verantwortungsbereichs, das er an die nächste Unternehmensebene weiterleiten muß. Dadurch sollen die einzelnen Aktivitäten jeder Organisationseinheit beurteilt werden können und deutlich werden, welchen Beitrag sie zur Gesamtstrategie des Unternehmens leisten. Jeder verantwortliche Manager sollte über ein entsprechendes Tableau de Bord verfügen, um die Zielerreichung in seinem Bereich beurteilen zu können.

Die vier Stufen zum Tableau de Bord

Bei der Anwendung des Tableau de Bord wird meist folgende Vorgehensweise einschlagen:

1 Einen Organisationsplan erstellen und die Kerngeschäfte bestimmen.
2 Die charakteristischen Indikatoren auswählen.
3 Suche nach den Informationsquellen.
4 Vorschriften für die Anwendung der Regeln bestimmen.

Das Tableau de Bord hat entsprechend der Aufgabe der Organisationseinheit und ihrer Abstufung in der Unternehmensebene eine Vielzahl unterschiedlicher Tableaus, z. B.

- Tableau des immobilisations (Anlagevermögen)
- Tableau des amortissements (Abschreibungen)
- Tableau des provisions (Rückstellungen)
- Evolution des produits (Entwicklung der Produkte)
- Tableau de bord de la qualité (Produktqualität, Qualität des Herstellungsverfahrens)
- Tableau de bord de gestion (Meßtafel der Geschäftsführung): das Instrument für kurzfristige Vorgänge ist direkt verbunden mit den wichtigsten Entscheidungsfeldern des Unternehmens.
- Tableau de financement: zeigt, wie die Geschäfte der abgelaufenen Periode finanziert wurden; aus ihm läßt sich ablesen, wie sich die finanzielle Lage des Unternehmens und die in Frankreich gängige Finanzkennzahl »Fonds de roulement« verändert haben.

Den Kennzahlen entsprechen die Indikatoren *(indicateurs)*, die in direkter Verbindung mit den Unternehmenszielen stehen. Es werden Ergebnisindikatoren *(indicateurs de résultat)* und Prozeßindikatoren *(indicateurs de processus)* unterschieden. In einem Industrieunternehmen ist z. B. die täglich hergestellte Stückzahl ein Ergebnisindikator; Prozeßindikatoren sind dagegen Kennzahlen wie die Zahl der Unfälle, der Ausschuß, das Niveau der Produktqualität, die Zuverlässigkeit der Auslieferungen. Indikatoren müssen die Entwicklung eines Prozesses messen und die notwendigen Informationen für eine mögliche Verbesserung liefern können. So haben Qualitätsindikatoren *(indicateurs qualité)* etwa Verbesserungen der Produktqualität anzuzeigen. Besonders wichtig ist, daß der Qualitätsindikator die vom Kunden wahrgenommene Qualität erfaßt. Auch hier wird darauf geachtet, eine effektive Beobachtung und Auswertung zu gewährleisten: Für den Tableau de bord de la qualité etwa sollte die Zahl der Indikatoren zwischen 5 und 15 liegen.

Ein guter Indikator zeigt das zu erreichende Ziel, das gegenwärtig erreichte Niveau und die bisherige Entwicklung. Der Indikator ist auch ein Werkzeug der Kommunikation; daher sollte er auch möglichst visuell dargestellt werden können (z. B. in Stab-, Linien- und Flächendiagrammen).

Beispiel: Grafische Darstellung eines Indikators

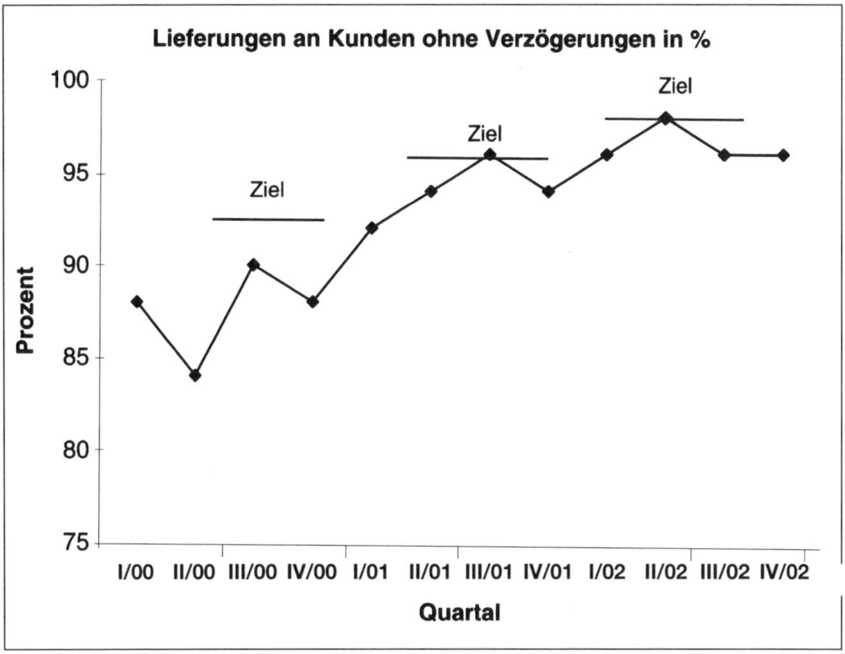

Balanced Scorecard: Strategiebildung durch ein ausgewogenes Kennzahlensystem

Seit einiger Zeit macht ein innovatives Managementsystem aus den USA von sich reden: die von Kaplan und Norton an der Havard Business School in Boston/USA entwickelte Balanced Scorecard. Der Begriff, wörtlich »ausgewogene Wertungsliste«, ist dem Sport entlehnt. Idee des Konzepts ist es, die Ziele des historischen Rechnungswesens mit solchen Faktoren zu verbinden, die zukünftige Leistungen des Unternehmens ermöglichen.

Das Konzept geht davon aus, daß finanzielle Kennzahlen zu kurzatmig sind – wohl läßt sich mit ihnen der Ist-Zustand abbilden, aber strategische Potentiale werden durch sie nicht erfaßt. Finanzielle Ergebniszahlen stehen in der Regel nicht nur zu spät zur Verfügung, sondern vernachlässigen darüber hinaus auch viele für den Erfolg maßgebende Größen. Sie zeigen nicht, welche Aktionen notwendig sind, um auch in Zukunft eine hohe Wertschöpfung zu erreichen. Daher werden in der Balanced Scorecard finanzielle mit nichtfinanziellen Leistungsmessungen verknüpft.

Die Qualifizierung »balanced« steht dabei für ein Gleichgewicht zwischen den verschiedenen Arten von Einflüssen und Leistungsperspektiven eines Unternehmens: Neben den quantifizierenden Finanzkennzahlen sollen auch eher subjektive bzw. weiche Faktoren gemessen werden, soweit sie für den Erfolg maßgeblich sind. Kaplan/Norton nennen hier mehrere Indikatoren, die im Kennzahlensystem zu berücksichtigen sind: Ausgehend vom finanziellen Ergebnis soll das Unternehmen gleichzeitig auf die Kundenbeziehungen achten, innovative Produkte und Dienstleistungen für die Zielkunden schaffen, also auch sein Innovationspotential ausbauen und Motivation und Fähigkeiten der Mitarbeiter berücksichtigen. Keiner dieser Bereich sollte dabei zugunsten eines anderen geopfert werden. Diese vier Perspektiven bilden sozusagen das Grundgerüst, an dem jedes Unternehmen sein individuelles Kennzahlensystem aufbauen kann.

Die Balanced Scorecard strebt eine Ausgewogenheit zwischen finanziellen Erfolgsgrößen und nicht-finanziellen Leistungstreibern an. Diese Leistungstreiber sind jene meßbaren Indikatoren, die auf die Ursachen des Erfolgs verweisen. Sie beziehen sich auf Kunden-, Prozeß- und Lernperspektive. Ziel des Konzepts ist es, die Lücke zu füllen, die nur allzuoft zwischen strategischen Zielen und konkreten Handlungsanweisungen besteht.

Die vier Perspektiven der Balanced Scorecard

Ausgehend von der Frage, was dem Erfolg eines Unternehmens vorangeht, unterscheidet die Balanced Scorecard neben der finanziellen Perspektive drei weitere Bereiche, in denen die Leistungen des Unternehmens gemessen werden können. So stehen auf dem Kennzahlenprogramm:

- Messungen des finanziellen Erfolgs: finanzwirtschaftliche Perspektive
- Messungen der Kundenzufriedenheit und des Kundennutzens: Kundenperspektive
- Messungen der Produktivität, Durchlaufzeiten, Mitarbeitersicherheit etc.: interne Prozeßperspektive (betriebliche Performance)
- Steigerung der Mitarbeiterkompetenzen, Patente oder Qualitätspreise für innovative Produkte: Lern- und Entwicklungsperspektive.

Wo liegen die Leistungstreiber?

In der Balanced Scorecard sind all jene Leistungstreiber von Bedeutung, die zum Erfolg beitragen, mit finanziellen Kennzahlen also in einer Ursache-Wirkungs-Beziehung stehen. Ohne Zweifel hängt der Erfolg oder Mißerfolg eines Unternehmens ganz wesentlich davon ab, ob es ihm gelingt, sich auf spezielle Bedürfnisse der Käufer einzustellen und seine Kunden in hohem Maße zufriedenzustellen. Denn nur dann kann es die Kunden auch langfristig an sich binden. Wenn also die Kundenzufriedenheit (Customer Perspective) Auswirkungen auf die Rentabilität hat, dann ist auch zu fragen, wovon diese wiederum abhängt. So etwa von der Qualität: Galt für sie früher in der Regel die Zahl der Reklamationen als einziger Maßstab, zählen heute eine Vielzahl von Anforderungen, insbesondere die Qualität der Prozesse und Serviceleistungen, Produktspezifikationen oder Qualitätsstandards wie die ISO 9001. Auf die Kundenzufriedenheit haben aber auch das Preis-Leistungsverhältnis sowie die Liefergeschwindigkeit und -zuverlässigkeit Einfluß.

Die größte Bedeutung für die Kundenzufriedenheit hat die interne Perspektive (Internal-Business-Process Perspective). Es geht dabei um die Überwachung und Verbesserung bestehender als auch um neue Verfahren. Zu prüfen ist auch, welche Wünsche die derzeitigen und die zukünftigen Kunden hinsichtlich der Produkte und der Dienstleistungen haben. Die Kernprozesse des Unternehmens sind besonders gründlich zu prüfen.

Kennzahlen in der Balanced Scorecard (Auswahl)	
Finanzielle Perspektive • Umsatzanteil/Deckungsbeitrag neuer Produkte • Anteil neuer Kunden • Anteil neuer Märkte • Umsatz pro Beschäftigter • Kosten pro Einheit	**Prozeßperspektive** • Entwicklungszeiten • Break-Even-Time (BET) • Verhältnis von Bearbeitungszeit zur gesamten Durchlaufzeit • Abfall, Nacharbeiten, Verschnitt • Gegenüberstellung von Kosten und Leistungen im Kundendienst
Entwicklungsperspektive • Mitarbeiterproduktivität • Mitarbeitervorschläge • Mitarbeiterzufriedenheit: Mitarbeiterbefragung, Fluktuation	**Kundenperspektive** • Marktanteil • Neukundenanteil • Wiederkaufsrate • Kundenzufriedenheit

Wie kann man Prozesse messen?

Ergebnisse zu messen ist einfach. Doch wie soll man feststellen, ob die Abläufe im Unternehmen effektiv und effizient sind? Dazu helfen eine Reihe prozeßorientierter Kennzahlen und solche, die Rückschlüsse auf die Qualität der Prozesse zulassen:

- Kundenzufriedenheitsindex,
- Fluktuationsrate von Kunden,
- Mitarbeiterzufriedenheit,
- Fluktuationsrate der Mitarbeiter,
- Durchlaufzeiten,
- Kapazitätsauslastung der vorhandenen Ressourcen,
- Fehlerraten und Zeitpunkt der Fehlerentdeckung,
- Effizienz der Fehlerbeseitigung.

Die Lern- und Entwicklungsperspektive befaßt sich mit dem langfristigen Wachstum der Organisation, schafft die Voraussetzungen, um die Ziele der Kunden- und der internen Prozeßperspektive zu erreichen. Hier wird gefragt: Welche Mitarbeiter und welche Technologien sind für die langfristigen Ziele notwendig? Damit haben Mitarbeiterpotentiale und -motivation, Informationstechnologien, aber auch umfassende Informationen über Kunden, interne Prozesse und Finanzen die größte Bedeutung. Die Lern- und Entwicklungsperspektive beinhaltet auch das Lernen des Managements. Die Verbindung von Vision und Strategie mit den Zielangaben für die Aktionen bewirkt einen Lernprozeß bei den Beteiligten. Über Zielsetzungen mit Kennzahlen kann eine Organisationseinheit mobilisiert werden.

Wie wird die Balanced Scorecard umgesetzt?

Erst die Verknüpfung von kurzfristigen und langfristigen Zielen mit Kennzahlen macht die Balanced Scorecard zu einem umfassenden Führungssystem. Denn Aufgabe der Balanced Scorecard ist vor allem, die strategische Führung eines Unternehmens zu unterstützen und zu optimieren – und zwar nicht durch endlose Zahlenkolonnen, sondern durch die Konzentration auf die wichtigsten Zielgrößen: die strategischen oder kritischen Erfolgsfaktoren.

Zunächst werden die Antriebskräfte für die Strategie mit strategischen Kennzahlen bewertet. Von der formulierten Vision und Strategie ausgehend, müssen dann immer eindeutig meßbare Ziele gesetzt werden. Bei den finanziellen Zielen hat sich das Management zwischen Rentabilität, Cashflow, Umsatzerlösen oder Marktanteil zu entscheiden. Nach der Festlegung der finanziellen Ziele werden die Ziele und Kennzahlen für die internen Geschäftsprozesse bestimmt. Dabei müssen diejenigen Prozesse näher geprüft werden, die für Kunden und Eigentümer wichtig sind. Dies kann z. B. eine kürzere Durchlaufzeit sein, aber auch eine Verbesserung der Kundenberatung oder ein effektiveres Mahnverfahren. All diese Ziele müssen in Kennzahlenwerte umgesetzt, also in konkreten Zahlen ausgedrückt werden. Sie werden dann in der Planung festgehalten bzw. in weitere Kennzahlen aufgeschlüsselt und schließlich in Maßnahmen umgesetzt.

Der Weg zur Balanced Scorecard verläuft in vier Phasen:

Phase 1: Vision und Strategie klären und vermitteln *(Clarifying and Translating the Vision and Strategy)*

- Die Strategie ist der Bezugspunkt im Managementsystem.
- Die Vision muß von allen Mitarbeitern getragen werden, sie ist dann die Basis im strategischen Lernprozeß.

Phase 2: Kommunikation und Verbindung der Strategie *(Communicating and Linking)*

- Unternehmensziele der Geschäftsführung den Mitarbeitern vermitteln.
- Fortbildung und Personalentwicklung auf die Strategie ausrichten.
- Finanzielle Anreize für Mitarbeiter schaffen und sie an die Strategie koppeln.

Phase 3: Planung und Zielvorgaben *(Planning and Target Setting)*

- Anspruchsvolle Ziele aufstellen, die Akzeptanz finden müssen.
- Aktionen zur Erreichung der Ziele bestimmen.
- Jahresbudgets mit den strategischen Zielen abstimmen.
- Die Höhe der Investitionen bestimmen.

Phase 4: Strategisches Feedback und Lernprozeß *(Clarifying and Translating the Vision and Strategy)*

- Feedback ist notwendig, um Wirkungen der Strategie zu prüfen.
- Problemlösung im Team durch Kooperation.
- Rückkoppelung mit Phase 1 und Erfahrungen einbringen.

Die Voraussetzungen schaffen

Eine Voraussetzung für das Arbeiten mit Balanced Scorecard, die im übrigen für jedes sinnvolle Kennzahlensystem gilt: Management und die Mitarbeiter müssen mit den entscheidenden Steuerungsgrößen vertraut gemacht werden. Über die Ziele und Konzepte müssen klare Vorstellungen und Konsens herrschen, nur dann lassen sich entsprechende Kennzahlen zuordnen. Die Ziele müssen verständlich, ihr Zweck erkennbar sein; nur so werden die Mitarbeiter auch motiviert sein, die Ziele zu erreichen. Um die finanziellen Ergebnisse messen zu können, ist eine monatliche oder vierteljährliche Berichterstattung erforderlich. Dabei wird auch geprüft, inwieweit die angestrebten Ziele im Hinblick auf Kunden, Prozesse, Mitarbeiter und Innovationen erreicht wurden.

Hohe Zielvorgaben lassen sich nur erreichen, wenn die entsprechenden Ressourcen bereitgestellt werden. Die jährlich verfügbaren finanziellen und materiellen Mittel des jeweiligen Geschäftsbereiches müssen auf die Strategie hin ausgerichtet werden. Das gilt auch für die Personalplanung.

ZEIT EINPLANEN!

Die Einführung und Umsetzung der Balanced Scorecard sind aufwendige Prozesse. Wer sich für dieses Steuerungssystem entscheidet, sollte ausreichend finanzielle Mittel und vor allem viel Zeit für die Projektierung, die Erhebung der Daten und die inhaltlichen Diskussionen einplanen.

Das Management hat die Aufgabe, die richtigen Prioritäten zu setzen; einzelne Aktionsprogramme sind immer mit der Gesamtstrategie abzustimmen. Wenn das Konzept der Balanced Scorecard konsequent umgesetzt wird, läßt sich feststellen, inwieweit einzelne Geschäftseinheiten Werte für das Unternehmen schaffen können, und ob sie für die gegenwärtigen und künftigen Kunden marktgerechte Leistungen erbringen.

Was soll mit der Balanced Scorecard erreicht werden?

Das Konzept der Balanced Scorecard schafft eine Brücke zwischen dem Shareholder-Value-Ansatz und der Kosten- und Leistungsrechnung. Die aus den Erwartungen der Kapitalgeber abgeleiteten Ziele bleiben die entscheidenden Bezugspunkte, aber sie werden über die Kunden-, Prozeß- und Lernperspektive mit dem Tagesgeschäft in den Abteilungen verbunden. Wenn Balanced Scorecard in einer Organisation praktiziert wird, dann wird auch die Verbindung zwischen Strategie und Tagesgeschäft verstärkt.

Mit der Entwicklung einer Balanced Scorecard kann ein Unternehmen seine strategischen Ziele quantifizieren und sich auf die für Erfolg und Wachstum wesentlichen Perspektiven konzentrieren. Damit geht auf der Geschäftsführungsebene ein strategischer Lernprozeß einher.

Letztlich sind die in der Balanced Scorecard geforderten Kompetenzen – Kundenorientierung, Innovationspotential, hohe Kompetenz und Motivation der Mitarbeiter, die »lernende Organisation« – heute wichtige Erfolgsfaktoren und damit notwendige Voraussetzungen für künftiges Wachstum. Balanced Scorecard liefert damit wichtige Instrumente im globalen Wettbewerb und in einer Zeit, in der Organisationen selbst dauernden Innovationen unterliegen. Neues kann so in Organisationen hineingetragen werden, Veränderungen lassen sich gezielt umsetzen. Mit Balanced Scorecard sind Kennzahlen nicht mehr nur ein Instrument, um objektive Ergebnisse zu messen, sondern können auch helfen, menschliches Verhalten im Unternehmen besser zu koordinieren und zu steuern.

Innovationen sicher steuern

Balanced Scorecard hat sich als ein wirkungsvolles Managementsystem erwiesen, wenn Unternehmen bzw. andere Organisationseinheiten neu strukturiert werden sollen. Das Management erhält Zielvorgaben, die in den kommenden drei bis fünf Jahren erreicht werden sollen. Die Zielvorgaben erscheinen nicht in einzelnen voneinander isolierten Kennzahlen, sondern in einem System von verbundenen Kennzahlen. Damit soll gezeigt werden, daß es nicht genügt, wenn z. B. der Verkauf seine Spitzenzahl erbringt, nicht aber der Kundendienst.

2 Mit Kennzahlen die Finanzierung im Griff

In den folgenden Kapiteln geht es um Kennzahlen, die Ihnen bei der Planung und Steuerung der Finanzierung nützlich sind. Jede Kapitalbeschaffung, ob nun für eine Existenzgründung oder ein betriebliches Vorhaben, aber auch die Steuerung der Einnahmen und Ausgaben im Unternehmen gehört in diesen Bereich. Eine durchdachte Finanzierung ist – ganz unabhängig von der Branche – für jeden Gründer und für jedes Unternehmen wichtig, denn letztlich bestimmt die finanzielle Lage, ob ein Betrieb überlebt oder nicht. Schließlich müssen hier auch viele Interessen berücksichtigt werden: Während die Eigentümer Interesse an einer soliden Finanzierung und einer hohen Rendite des eingebrachten Kapitals haben, möchten Mitarbeiter und Lieferanten pünktlich bezahlt werden, Kunden hingegen ein möglichst langes Zahlungsziel eingeräumt bekommen. Die Verantwortlichen im Finanzressort müssen daher darauf achten, ein finanzielles Gleichgewicht zu bewahren: Das Unternehmen muß zahlungsfähig sein, ohne daß zu viele flüssige Mittel brach liegen, um die Rendite nicht zu senken. Auch eine geschickte Kredit- und Zinspolitik gehören zur Finanzierung, etwa die Entscheidungen, in welcher Form und von welchem Kapitalgeber fremdes Kapital zu beschaffen oder eigenes Kapital anzulegen ist.

2.1 Finanzierungsentscheidungen treffen

Bestimmt das Risiko: Eigen- oder Fremdfinanzierung?

Finanzierungsentscheidungen beginnen mit der Abschätzung des wahrscheinlichen Kapitalbedarfs und der Entwicklung von Finanzierungsalternativen. Dazu müssen Sie das optimale Verhältnis zwischen Eigen- und Fremdkapital ermitteln.

Bei der Eigenfinanzierung werden die finanziellen Mittel durch die Eigentümer zur Verfügung gestellt oder durch das Unternehmen selbst erwirtschaftet. Im ersten Fall können Anteilseigner ihre Kapitaleinlage erhöhen oder auch neue Gesellschafter hinzukommen (Beteiligungsfinanzierung). Dieses

Eigenkapital steht in der Regel unbefristet und ohne Auflagen zur Verfügung. Bei Aktiengesellschaften wird das Grundkapital durch die Ausgabe neuer Aktien erhöht, die den Altaktionären zu einem Vorzugspreis angeboten werden. In der Bilanz stehen die Kapitalerhöhung auf der Passivseite und die zusätzlichen finanziellen Mittel auf der Aktivseite einander gegenüber. Nach der Erhöhung des Eigenkapitals stehen dem Unternehmen neue finanzielle Mittel für Investitionsvorhaben zur Verfügung.

Fremdfinanzierung ist die Beschaffung von Kapital über Dritte. Sie kann über Banken, Lieferanten und sonstige Gläubiger erfolgen. Je nach Rückzahlungstermin kann das Fremdkapital kurz-, mittel- oder langfristig zur Verfügung stehen. Mit langfristigem Fremdkapital (Darlehen, Anleihen) kann das Unternehmen meistens viele Jahre arbeiten; es kann wie das Eigenkapital zur Finanzierung des Anlagevermögens herangezogen werden. Anders ist die Situation beim kurzfristigen Fremdkapital, das meist in einem Zeitraum von bis zu einem Jahr fällig ist. Die kurzfristige Fremdfinanzierung kann über Bankkredite oder Lieferantenkredite (Nicht-Inanspruchnahme des Skonto) erfolgen; der Skontoabzugsverlust bei der Inanspruchnahme des Lieferantenkredits ist in der Regel allerdings teurer als ein entsprechender Bankkredit.

Welche Kennzahlen Ihnen bei der Fremdfinanzierung helfen

Zunächst einmal ist immer auf ein ausgewogenes Verhältnis zwischen Eigen- und Fremdkapital zu achten – hierbei helfen Ihnen die Kennzahlen »Anspannungsgrad« und »Eigenkapitalquote«. Dann ist der Einsatz des Fremdkapitals mit seiner Verfügbarkeit abzustimmen; kurzfristiges Fremdkapital etwa sollten Sie nur zur Finanzierung des Umlaufvermögens einsetzen. Hierbei helfen Ihnen die Kennzahlen zur Fristigkeit des Fremdkapitals.

Von wo kommt das Geld?

Bei der Außenfinanzierung erfolgt die Beschaffung des Kapitals von außerhalb der Unternehmung. Sie führt zu einem Vermögenszufluß, begründet aber auch unmittelbare Rechtsansprüche der Kapitalgeber. Außenfinanzierung kann sowohl Eigenfinanzierung (über Einlagen oder Beteiligungen) als auch Fremdfinanzierung (über Kreditgeber) sein.

Innenfinanzierung nennt man die Finanzierungsformen, bei denen das Unternehmen die benötigten Mittel aus eigener Kraft, also durch seine Betriebstätigkeit, aufbringt. Erzielt das Unternehmen Überschüsse, sind also die Erlöse höher als die Kosten, kann es Kapital aus diesem Gewinn bilden; man spricht dann auch von Selbstfinanzierung. Die offene Selbstfinanzierung führt zu einem Zuwachs des Eigenkapitals (bzw. der Rücklagen bei der AG und GmbH). Verdeckte Selbstfinanzierung liegt vor, wenn Vermögenswerte unterbewertet und Schulden überbewertet werden.

Eine weitere Form der Innenfinanzierung ist die Finanzierung aus Abschreibungen. Hier fließen die Gegenwerte aus den Abschreibungen über die Erlöse wieder ins Unternehmen zurück und stehen für Ersatzinvestitionen zur Verfügung. Die Finanzierung aus Rückstellungen ist nur möglich, wenn zuvor Rückstellungen für »ungewisse Verbindlichkeiten« gebildet werden. Zwischen ihrer Bildung und Auflösung stehen sie dem Unternehmen als Fremdkapital zur Verfügung. Sonderformen der Innenfinanzierung sind Vermögens- und Kapitalumschichtungen (Eigenfinanzierung).

Daneben können Sie aber auch noch auf andere Möglichkeiten der Kapitalbeschaffung zurückgreifen:

- Leasing: Finanzierung durch das Mieten von Objekten,
- Factoring: Finanzierung über den Verkauf von Forderungen,
- Forfaitierung: Verkauf von langfristigen Forderungen im Auslandsgeschäft.

Übersicht über die verschiedenen Möglichkeiten der Finanzierung

	Außenfinanzierung		**Innenfinanzierung**		
Möglichkeiten	Kredite	Einlagen und Beteiligungen	Gewinne	Abschreibungen	Rückstellungen
Quelle	Gläubiger	Eigentümer	Unternehmen	Unternehmen	Unternehmen
Bezeichnung	Kreditfinanzierung	Einlagen oder Beteiligungsfinanzierung	Selbstfinanzierung	Freisetzungsfinanzierung	–
Form	Fremdfinanzierung	Eigenfinanzierung	Eigenfinanzierung	Eigenfinanzierung	Fremdfinanzierung

Wie das Fremdkapital in der Bilanz ausgewiesen ist

Der Gesamtbetrag der über Fremdfinanzierung aufgenommenen Mittel wird in der Bilanz als Fremdkapital ausgewiesen.

Das Fremdkapital erscheint auf der Passivseite der Bilanz und setzt sich aus den Hauptpositionen Verbindlichkeiten, Rückstellungen und Passive Rechnungsabgrenzungsposten zusammen. Verbindlichkeiten sind Verpflichtungen des Unternehmens gegenüber Dritten, deren Bestehen, Höhe und Fälligkeit am Bilanzstichtag feststeht. Rückstellungen werden für Verpflichtungen gebildet, deren Höhe und Zeitpunkt der Fälligkeit noch unbestimmt sind. Rechnungsabgrenzungsposten sind Verbindlichkeiten in Verbindung mit dem Jahresabschluß.

Verbindlichkeiten und Rückstellungen werden in weitere Positionen untergliedert. Während große und mittelgroße Kapitalgesellschaften sämtliche Positionen ausweisen müssen, genügt bei kleinen Kapitalgesellschaften und den Personengesellschaften eine verkürzte Bilanz; Verbindlichkeiten, Rückstellungen und Rechnungsabgrenzungsposten werden dann jeweils in einer Summe ausgewiesen. Personengesellschaften, die wegen ihrer Größe unter das Publizitätsgesetz fallen, müssen wie die großen und mittelgroßen Kapitalgesellschaften sämtliche Positionen des ausführlichen Bilanzgliederungsschemas ausweisen.

Langfristige Verbindlichkeiten haben eine Laufzeit von mindestens vier Jahren. Dazu gehören insbesondere Hypotheken, Grundschulden, Anleihen, auch Wandelschuldverschreibungen, Bankdarlehen mit festen monatlichen bzw. vierteljährlichen Zins- und Tilgungsraten, Schuldscheindarlehen, Hypotheken- und Rentenschulden gegenüber Versicherungen und Pensionsrückstellungen.

Kurzfristiges Fremdkapital (fällig innerhalb eines Jahres) entsteht beim Bezug von Roh-, Hilfs- und Betriebsstoffen, Waren und Dienstleistungen und beim Kauf von Anlagegütern. In der Interpretation des § 266 HGB sind Verbindlichkeiten aus Lieferungen und Leistungen, Schuldwechsel (Tratten, Akzepte, Solawechsel), Verbindlichkeiten gegenüber Kreditinstituten mit einer Laufzeit bis zu 4 Jahren, erhaltene Anzahlungen von Kunden und sonstige Verbindlichkeiten (gegenüber Mitarbeitern, Finanzamt und anderen Gläubigern) kurzfristig. Die Bankverbindlichkeiten, auch die Verbindlichkeiten gegenüber Bausparkassen, sind in der Bilanz unter »Verbindlichkeiten

Fremdkapital in der Bilanz	
Aktivseite	**Passivseite**
A. Anlagevermögen	*A. Eigenkapital* . . *B. Rückstellungen* 1. Rückstellungen für Pensionen und ähnliche Verpflichtungen 2. Steuerrückstellungen 3. Sonstige Rückstellungen *C. Verbindlichkeiten* 1. Anleihen, davon konvertibel
B. Umlaufvermögen	2. Verbindlichkeiten gegenüber Kreditinstituten 3. Erhaltene Anzahlungen und Bestellungen 4. Verbindlichkeiten aus Lieferungen und Leistungen 5. Verbindlichkeiten aus der Annahme gezogener Wechsel und eigener Wechsel 6. Verbindlichkeiten gegenüber verbundenen Unternehmen 7. Verbindlichkeiten gegenüber Unternehmen, mit denen ein Beteiligungsverhältnis besteht 8. Sonstige Verbindlichkeiten davon aus Steuern davon im Rahmen der sozialen Sicherheit
C. Rechnungsabgrenzungsposten	*D. Rechnungsabgrenzungsposten*

gegenüber Kreditinstituten« auszuweisen. Das HGB verlangt keine Trennung von langfristigen und von Kontokorrentkrediten. Nach § 268 Abs. 5 Satz 1 HGB sind aber die Beträge gesondert anzugeben, die eine Restlaufzeit von nur noch einem Jahr haben. Darlehen und Anleihen mit kurzer Restlaufzeit sind damit dem kurzfristigen Fremdkapital zuzuordnen, auch wenn sie ursprünglich langfristige Finanzierungsmittel waren.

Bei der Bilanzposition »sonstige Verbindlichkeiten« handelt es sich wie bei den »sonstigen Vermögensgegenständen« auf der Aktivseite um einen Sammel- und Restposten für verschiedene Buchungsfälle. Beispiele hierfür sind Gehälter und Löhne, soweit sie noch nicht ausbezahlt sind, fällige Provisionen, einbehaltene Abgaben (Arbeitnehmeranteil Renten-, Kranken- und Arbeitslosenversicherung), der Arbeitgeberanteil zur Sozialversicherung, Steuerschulden der Gesellschaft (sofern keine Rückstellung gebildet wurde), einbehaltene und abzuführende Steuern (Lohnsteuer, Kirchensteuer, Kapitalertragssteuer) und auszuschüttender Gewinn (noch nicht abgehobene Dividende).

Rückstellungen sind ebenfalls Fremdkapital, unterscheiden sich aber von den Verbindlichkeiten dadurch, daß der Zeitpunkt der Fälligkeit und die genaue Höhe nicht feststehen. Sie werden für ungewisse Verbindlichkeiten und für drohende Verluste gebildet, etwa für fällige Steuern, Prozeßaufwendungen und Garantieverpflichtungen. Sie schmälern ebenso wie Abschreibungen den Gewinn. Überhöhte Rückstellungen sind deshalb eine Möglichkeit, Steuern und auszuschüttende Beträge einzusparen und für die Finanzierung von Investitionsprojekten einzusetzen.

Die Finanzierung aus Pensionsrückstellungen spielt eine wichtige Rolle bei Großunternehmen, die über beträchtliche Fonds für die Altersvorsorge verfügen. Pensionsrückstellungen sind meist erst in vielen Jahren fällig und können damit auch zur Finanzierung langfristiger Projekte herangezogen werden.

Bedingtes Fremdkapital oder Eventualverbindlichkeiten sind Verbindlichkeiten, die nur unter bestimmten Bedingungen und mit wenig Wahrscheinlichkeit (nach dem Bilanzstichtag) eintreten; damit ist weder eine Verbindlichkeit zu passivieren noch eine Rückstellung zu bilden. Beispiele sind Bürgschaften für weitergegebene Wechsel oder Verbindlichkeiten aus Gewährleistungen. Nach § 251 HGB sind sie unter der Bilanz auszuweisen.

Die Fremdfinanzierung bietet gegenüber der Eigenfinanzierung einige Vorteile: Mit ihr lassen sich Liquiditätsengpässe beheben; der Kapitalgeber muß nicht am Gewinn beteiligt werden. Bei guter Ertragslage profitieren auch die Eigentümer: Die Rendite des eingebrachten Kapitals erhöht sich (sogenannter Leverage-Effekt).

Warum bei der Kreditaufnahme gute Kennzahlenwerte gefragt sind

Da Fremdfinanzierung hauptsächlich über Kreditaufnahme erfolgt, spricht man auch von Kreditfinanzierung. Der Kredit ist in der Regel ein Geldkredit, nur in seltenen Fällen geht es um die Überlassung von Sachen oder die Einbringung von bestimmten Leistungen. Banken geben in der Regel keinen Kredit ohne Sicherheit; nur beim sogenannten Personalkredit liegt diese allein in der Person des Kreditnehmers. Bei höheren Beträgen und einer langfristigen Finanzierung verlangen die Kreditinstitute in der Regel eine dingliche Absicherung, also eine zusätzliche Sicherheit aus dem Vermögen des Schuldners, etwa in Form einer Hypothek oder Grundschuld (Realkredite). Der Übersicht auf Seite 61 können Sie entnehmen, welche Kredite es gibt und welchen Beschränkungen die einzelnen Formen unterliegen.

Ein paar Punkte sollten Sie generell bei der Kreditaufnahme bedenken:

- Durch die Zuführung flüssiger Mittel verbessert sich zunächst die Liquidität des Unternehmens. Die Kreditaufnahme führt aber zu fixen Kosten: zu Zinsbelastungen und Tilgungsverpflichtungen.
- Es kann auch ein gewisses Mitspracherecht durch den Kreditgeber entstehen (wenn er auch in der Regel wenig Einfluß auf die Geschäftsführung nimmt).
- Ziehen Sie bei jeder Kreditaufnahme auch die Gefahr der vorzeitigen Kündigung in Erwägung.
- Übermäßig hohes Fremdkapital schränkt den Handlungsspielraum eines Unternehmens in einer Krise stark ein (Anspannungsgrad beachten!).

Kann über die Vergabe entscheiden: die Bonitätsprüfung

Bei Krediten an Unternehmen kommt es oft vor, daß die Bank eine Bonitätsprüfung vornimmt (siehe Kasten Seite 62), also die Kreditwürdigkeit ihres

Kurz- und mittelfristige Bankkredite	Langfristige Bankkredite
Kontokorrentkredit: Kunde kann je nach Bedarf den Kredit bis zum Kreditlimit beanspruchen.	**Grundschuldkredit:** Die Grundschuld ist ein Realkredit, der durch ein Pfandrecht an einem Grundstück (unbewegliche Sache) gesichert ist. Er läuft ausgesprochen langfristig; die Grundschuld wird ins Grundbuch eingetragen. Der Kreditnehmer haftet nicht persönlich.
Diskontkredit: Bank kauft Wechsel des Kunden vor ihrer Fälligkeit unter Abzug des Diskonts an (bis zur eingeräumten Höhe).	
Akzeptkredit: Kunde kann Wechsel auf die Bank ziehen, wird aber nur erstklassigen Kunden erlaubt.	**Hypothekarkredit:** Zur Finanzierung von Wohnhäusern und Wirtschaftsgebäuden werden neben Grundschuldkrediten auch Hypothekarkredite gewährt. Bei der Hypothek dient einmal das Grundstück als Sicherheit, und der Schuldner haftet persönlich. Hypotheken werden wie Grundschulden ins Grundbuch eingetragen.
Lombardkredit: Bank gewährt ein kurzfristiges Darlehen, das durch die Verpfändung von Wertpapieren abgesichert wird.	
Bürgschaftskredit: Hier haftet noch eine weitere Person außer dem Schuldner für die Rückzahlung des Kredits.	**Schuldscheindarlehen** oder Schuldverschreibungen sind Darlehen, die durch Urkunden verbrieft sind. Die Wertpapiere können dann am Kapitalmarkt plaziert werden. Dieser Kredit ist meist nur für Großunternehmen möglich.
Zessionskredit: Zur Absicherung des Kredits werden vom Kreditnehmer Forderungen an Dritte an die Bank abgetreten.	

Kunden untersucht. Bei dieser Prüfung spielen Kennzahlen aus dem Jahresabschluß eine wichtige Rolle, aber auch andere Werte, die die künftige Zahlungsfähigkeit beeinflussen (Erfolgsaussichten, allgemeine Lage der Branche, Auftragslage etc.). Schlechte Zahlen werden hier ganz generell die Chancen, daß der Kredit genehmigt wird, schmälern.

Was Banken bei der Bonitätsprüfung berücksichtigen

Im Rahmen der Kreditvergabe an Unternehmen, insbesondere bei langfristigen Krediten, prüft eine Bank mittels entsprechender Kennzahlen nicht nur die Sicherheiten, sondern zieht auch die Daten der Bilanz in die Untersuchung mit ein (Analyse der Jahresabschlüsse). Hierbei interessieren sie:

- Vermögenslage des Unternehmens (z. B. die Liquidierbarkeit der Vermögensgegenstände) und Kapitalaufbau (etwa Verhältnis von Eigen- zu Fremdkapital)
- Liquiditätsverhältnisse (künftige Zahlungsfähigkeit)
- Ertragslage des Unternehmens (z. B. Umsatzentwicklung, Beschäftigtenzahl)

Daneben wird die Bank auch die Produktpalette berücksichtigen und Informationen über Forschung und Entwicklung und das Management einholen. Daher sollte man vor der Verhandlung mit der Bank sicherstellen, daß das Unternehmen die Kreditkosten sowie die vereinbarten Rückzahlungen aufbringen kann und trotzdem noch einen angemessenen Gewinn erzielt.

Die für die Kreditwürdigkeitsprüfung notwendigen Informationen erhält die Bank übrigens nicht nur über Analysen Ihrer Geschäftsunterlagen (Bilanzen, Jahresabschlüsse, Finanzpläne), sondern auch durch Auskünfte von Dritten (z. B. Auskunfteien, Lieferanten).

Wann die Finanzierungsvariante Leasing?

Bei manchen Investitionsvorhaben bietet sich Leasing an. Hier muß der Betrag für das Objekt nicht auf einmal aufgebracht werden, da sich die Leasingzahlungen über die gesamte Mietzeit verteilen und so aus den erwirtschafteten Erträgen des Investitionsobjektes getätigt werden können. Die Zahlungen lassen sich als Betriebsausgaben verrechnen. Diese Finanzierungsalternative zum Darlehen erspart auch einen Gang zur Bank, da die eingeräumte Kreditlinie nicht erhöht werden muß. Allerdings kann auch der Leasingpartner seinen Kunden einer Bonitätsprüfung unterziehen.

Leasing bietet den großen Vorteil, die Liquidität und die Bilanzstruktur des Leasingnehmers nicht zu belasten. Die jährliche Finanzierungsbelastung kann aus dem Ertrag finanziert werden. Leasing hilft daher ertragsstarken Unternehmen (hoher Cashflow) mit schwacher Eigenkapitalbasis, ihre Unternehmensexpansion fortzusetzen.

Liquiditätssicherung – ein wichtiges Ziel der Finanzplanung

Die Aufgaben der Finanzplanung in Kürze

Die Planung, Steuerung und Kontrolle der Einnahmen und Ausgaben erfolgt durch das Finanzwesen; alle Entscheidungen über die Kapitalbeschaffung, Investitionen und den Zahlungs- und Kreditverkehr haben darauf Auswirkungen. Die Finanzplanung ermittelt den künftigen Finanzbedarf und zeigt Finanzierungsalternativen auf. Die ständige Zahlungsbereitschaft erfordert es, einen Finanzplan zu erstellen, der eng mit der Absatz-, Fertigungs- und Investitionsplanung angestimmt sein sollte. Der Finanzdisponent muß mit der Liquiditätssteuerung die Liquiditätsentwicklung in den kommenden Wochen beurteilen, d. h. alle zu erwartenden Einnahmen den bevorstehenden Ausgaben gegenüberstellen. Zahlungseingänge und liquide Mittel müssen ausreichen, die laufenden Verpflichtungen zu erfüllen. Die ständige Zahlungsbereitschaft jedoch zu möglichst geringen Kosten einzuhalten, ist mit die oberste Aufgabe des Finanzmanagements.

Finanzplan: Einnahmen und Ausgaben	
Mittelzufluß (= Einnahmen)	Mittelabfluß (= Ausgaben)
• Barverkäufe	• Bareinkäufe
• Forderungseingänge	• Löhne und Gehälter
• Mieteinnahmen	• Mieten, Steuern und Zinsen
• Zinseinnahmen	• weitere Verbindlichkeiten
• Kapitaleinzahlungen	• Tilgung von Krediten
• Verkauf von Anlagegütern	• Kauf von Anlagegütern
• Vermögensumschichtungen	• Gewinnausschüttungen

Jedes Unternehmen muß auf sein finanzielles Gleichgewicht achten. Dazu gehört es, für eine ausreichende Liquidität zu sorgen, um immer zahlungsbereit zu sein (»liquide«, lateinisch »flüssig«). Das bedeutet, Einzahlungen und Auszahlungen so aufeinander abzustimmen, daß die flüssigen Mittel ausreichen, um die fälligen Verbindlichkeiten zu tilgen und betriebsnotwendige Güter und Dienstleistungen fristgerecht bezahlen zu können. Liquiditätssicherung bedeutet insbesondere, die nahen Fälligkeiten einhalten zu können.

Liquidität bezeichnet die Fähigkeit, zu einem bestimmten Zeitpunkt allen Zahlungsverpflichtungen und -notwendigkeiten fristgerecht und in voller Höhe nachkommen zu können.

Die Liquiditätssicherung hat große Bedeutung, weil Zahlungsstockungen nicht nur kostspielige Umfinanzierungen erfordern, sondern auch das Vertrauen der Lieferanten und Kreditgeber in das Unternehmen erheblich herabsetzen können – von den Auswirkungen auf das Image des Unternehmens ganz zu schweigen. Ist die Zahlungsbereitschaft über einen längeren Zeitraum nicht gewährleistet, ist sogar die Existenz des Unternehmens bedroht: Zahlungsunfähigkeit wird in der letzten Konsequenz von der Rechtsordnung mit der Eröffnung des Konkursverfahrens geahndet. Die Liquiditätssicherung steht deshalb als gleichrangiges Ziel neben der Gewinnerzielung.

Die Liquidität im Griff

Eine Unterliquidität, d. h. eine nicht genügende Versorgung mit liquiden Mitteln, sollten Sie unbedingt verhindern. Unterliquidität kann zur Illiquidität führen, sei es als vorübergehende Zahlungsstockung oder als Überschuldung. Auch eine Überliquidität sollten Sie vermeiden, denn sie bedeutet im Prinzip Zinsverluste.

Wie eingangs schon erwähnt, sind die Unternehmensziele Liquidität und Rentabilität – letztere wird v.a. von den Inhabern und Gesellschaftern angestrebt – in der Finanzdisposition gegeneinander abzuwägen. Das Sicherheitsstreben verlangt eine möglichst hohe Liquidität, also hohe Bestände auf den laufenden Konten. Aus Rentabilitätserwägungen wäre aber lediglich eine Mindestreserve zu unterhalten, da auf laufenden Konten nur geringe Zinserträge erwirtschaftet werden. Festgeldkonten wiederum bieten zwar wesentlich höhere Erträge, aber die Beträge sind erst nach bestimmten Fristen verfügbar, z. B. zum Monatsende oder Quartalsende. Nicht alle Vermögenswerte des Unternehmens also sind rasch in liquide Mittel umzuwandeln.

Die Liquiditäts- und Finanzplanung muß einen Kompromiß zwischen den Zielen Liquidität und Rentabilität finden. Die Zahlungsbereitschaft des Unternehmens muß ständig gesichert sein, ohne daß dies zu viele liquide Mittel bindet.

Wie schnell ist das Vermögen in liquide Mittel umzuwandeln?

Zwischen den verschiedenen Vermögenspositionen in der Bilanz bestehen Unterschiede, wie schnell sie verflüssigt werden können. Daraus ergibt sich eine unterschiedliche Liquiditätsqualität der Vermögensgegenstände.

1 Die Liquidität im engsten Sinne ist die Barliquidität, man spricht auch von den liquiden Mitteln erster Ordnung. Zu den liquiden Vermögenswerten, die in der Finanzdisposition unmittelbar verfügbar sind, zählen Kassenbestand, Postscheckguthaben, Giroeinlagen bei Banken, Schecks und diskontfähige Kundenwechsel. Über Kundenwechsel, die erst in 90 Tagen fällig und nicht von Bezogenen erster Adresse sind, läßt sich schon nicht mehr so flexibel verfügen.

2 Zu den liquiden Mitteln zweiter Ordnung (einzugsbedingte Liquidität) gehören Vermögenswerte, die zwar ebenfalls gut verflüssigt werden können, aber bis zur Veräußerung kann doch eine gewisse Zeit verstreichen. Kurzfristige Forderungen aus Warenlieferungen und Leistungen, Aktien und Obligationen sowie gegebenenfalls leicht verkäufliche Warenvorräte sind hier zu berücksichtigen. Die Warenforderungen können Sie nach Fristigkeit und Bonität gliedern.

3 Die liquiden Mittel dritter Ordnung (umsatzbedingte Liquidität) beinhalten die gesamten Roh-, Hilfs- und Betriebsstoffe sowie fertige und unfertige Erzeugnisse. Der Fertigwarenbestand dürfte normalerweise erst innerhalb von einigen Wochen oder Monaten zu verflüssigen sein. Der eiserne Bestand an Materialien darf wie das zur Aufrechterhaltung der Fertigung notwendige Anlagevermögen nicht berücksichtigt werden. Diese letzte Gruppe kann nämlich erst bei der Betriebsaufgabe verflüssigt werden.

Liquide Mittel erster Ordnung	Liquide Mittel zweiter Ordnung	Liquide Mittel dritter Ordnung
• Kasse • Postscheckguthaben • Sicht- und Termin-einlagen bei Banken • Schecks • diskontfähige Wechsel	• kurzfristige Forderungen aus Warenlieferungen • Aktien • Anleihen	• Roh-, Hilfs- und Betriebsstoffe • unfertige Erzeugnisse • fertige Erzeugnisse

Ein nicht ausgenutzter Kontokorrentkredit ist eine Liquiditätsreserve für Zahlungsspitzen.

Einer zeitweiligen Zahlungsunfähigkeit müssen Sie schon frühzeitig durch gezielte Maßnahmen begegnen. In der folgenden Checkliste finden Sie einige Maßnahmen, die Sie sofort einleiten können.

Checkliste: So können Sie eine zeitweilige Zahlungsunfähigkeit verhindern

- Stundung von Lieferantenschulden
- Wechsel ausstellen
- Wechselprolongation
- Kreditlinie erhöhen
- Vermögensumschichtungen
- Kapitaleinlagen erhöhen
- neue Gesellschafter aufnehmen

Das Management kann bei einem finanziellen Engpaß gezwungen sein, Maßnahmen zu treffen, die mit dem Ziel der Gewinnmaximierung nicht vereinbar sind, denn Rentabilitätsargumente und Kostenüberlegungen verlieren mit zunehmender Verschlechterung der finanziellen Lage an Bedeutung. In Ausnahmesituationen werden auch Verluste in Kauf genommen, z. B. ein Verkauf der Fertigwarenbestände unter den Selbstkosten, Aufnahme von Krediten zu ungünstigen Zinssätzen etc.

2.2 Mit Bilanzkennzahlen die optimale Liquidität ansteuern

Die absolute Höhe der liquiden Mittel, ausgedrückt in Euro, sagt allein noch nicht viel über die Liquidität aus. Ein Unternehmen kann durchaus über geringe liquide Mittel verfügen und dennoch liquide sein, dann nämlich, wenn seine kurzfristigen Verbindlichkeiten noch kleiner sind. Das heißt, die optimale Liquidität ist abhängig von der Höhe der kurzfristigen Verbindlichkeiten.

Die Liquidität wird erst vom Verhältnis der liquiden Mittel zu den kurzfristigen Verbindlichkeiten bestimmt.

So wie die einzelnen Aktiva der Bilanz einen unterschiedlichen »Liquiditätswert« (1., 2. und 3. Ordnung) haben, ist auch die Dringlichkeit bei den Passiva unterschiedlich hoch: von Tagesgeld, das dem Unternehmen nur einen Tag bis wenige Wochen zu Verfügung steht, bis zu den langfristigen Verbindlichkeiten (z. B. langfristige Kredite), mit denen das Unternehmen meist viele Jahre arbeiten kann.

Mit den Liquiditätsgraden die Lage beurteilen

Um die Liquidität eines Unternehmens beurteilen zu können, setzen Sie Kennzahlen ein, die Sie aus der Bilanz gewinnen. Die sogenannten Liquiditätsgrade werden auch im Rahmen einer externen Bilanzanalyse häufig verwendet, um die Liquiditätslage eines Unternehmens abzuschätzen. Hier wird geprüft, inwieweit die kurzfristigen Verbindlichkeiten durch liquide Mittel verschiedener Ordnung gedeckt sind.

Unterschieden werden:

- Liquidität 1. Grades oder Bar- bzw. Kassenliquidität,
- Liquidität 2. Grades oder einzugsbedingte Liquidität,
- Liquidität 3. Grades oder Liquidität des Umlaufvermögens.

Sind die kurzfristigen Verbindlichkeiten größer als die jeweiligen Vermögenspositionen, liegt der Grad der Deckung unter 100 %.

Die Liquidität 1. Grades stellt die flüssigen Mittel in Beziehung zu den kurzfristigen Verbindlichkeiten. Kasse, Sicht- und Termineinlagen bei Banken sowie diskontfähige Wechsel werden dabei allen kurzfristigen Verbindlichkeiten gegenübergestellt. In der Bilanzanalyse wird die Liquidität 1. Grades aus den Bilanzpositionen »flüssige Mittel« und »kurzfristige Verbindlichkeiten« errechnet. Die Summe der kurzfristigen Verbindlichkeiten kann vereinfacht aus den beiden Bilanzpositionen »Verbindlichkeiten« und »sonstige Rückstellungen« ermittelt werden.

K

$$\text{Liquidität 1. Grades} = \frac{\text{flüssige Mittel} \times 100}{\text{kurzfristige Verbindlichkeiten}}$$

Ziel: Die Liquidität 1. Grades sollte 20 % nicht unterschreiten.

Die Liquidität 2. Grades setzt das kurzfristige Umlaufvermögen zu den kurzfristigen Verbindlichkeiten ins Verhältnis. Das kurzfristige Umlaufvermögen umfaßt flüssige Mittel und kurzfristige Forderungen.

K

$$\text{Liquidität 2. Grades} = \frac{\text{kurzfristiges Umlaufvermögen} \times 100}{\text{kurzfristige Verbindlichkeiten}}$$

Ziel: Die Kennzahl sollte bei 100 % oder darüber liegen, 50 % sollten auf keinen Fall unterschritten werden.

Die Liquidität 3. Grades stellt den kurzfristigen Verbindlichkeiten das gesamte Umlaufvermögen gegenüber. Diese umsatzbedingte Liquidität wird auch als langfristige Zahlungsfähigkeit bezeichnet und entspricht dem Working capital.

K

$$\text{Liquidität 3.Grades} = \frac{\text{gesamtes Umlaufvermögen} \times 100}{\text{kurzfristige Verbindlichkeiten}}$$

Ziel: Diese Kennzahl sollte ein Verhältnis von 2:1 bzw. 200 % erreichen, das Verhältnis 1:1 ist auf jeden Fall zu knapp.

KEINE ZUKUNFTSGERICHTETEN KENNZAHLEN

Die Liquiditätskennzahlen, die aus der Bilanz abgeleitet sind, informieren Sie über die Liquiditätsverhältnisse am Bilanzstichtag. Sie sind damit auf einen bestimmten Zeitpunkt bezogen und geben keine Auskunft über die künftige Liquiditätsentwicklung des Unternehmens. Daher sollten Sie diese Kennzahlen mit Vorsicht interpretieren und nicht zur Grundlage zukünftiger Planungen machen! Wie zahlungskräftig ein Unternehmen in Zukunft sein wird, hängt vor allem von der Qualität der zu erwartenden Einnahmen gegenüber den zu erwartenden Ausgaben ab.

Wie läßt sich die Liquidität eines Unternehmens noch beurteilen?

Die Liquidität eines Unternehmens zu einem bestimmten Zeitpunkt kann mit Hilfe des folgenden Schemas leicht beurteilt werden:

	Kurzfristige Forderungen (Warenforderungen usw.)	.... €	
+	liquide Mittel (Kasse, Bankguthaben usw.)	.... €	
	kurzfristige Mittel	.... €	
–	kurzfristige Verbindlichkeiten	.... €	100 %
=	Liquidität I	.... €	..... %
+	Vorräte	.... €	..... %
=	Liquidität II	.... €	..... %

Hier werden die kurzfristigen Verbindlichkeiten in den Mittelpunkt gestellt. Die kurzfristigen liquiden Aktiva sollen bereits zur Finanzierung der kurzfristigen Verbindlichkeiten ausreichen.

Die Angabe von Liquidität I und Liquidität II in Prozentzahlen der kurzfristigen Verbindlichkeiten zeigt, in welchem Verhältnis die Größen zueinander stehen. Eine negative Liquidität I ist wenig problematisch, wenn ein Unternehmen über leicht zu veräußernde Warenvorräte verfügt.

Eine negative Liquidität II entsteht, wenn die kurzfristig liquidierbaren Vermögenswerte einschließlich Warenvorräte kleiner sind als die kurzfristig fälligen Verbindlichkeiten, d. h. das gesamte Umlaufvermögen ist kleiner als das kurzfristige Fremdkapital. Ein mehr oder weniger großer Teil des Anlagevermögens ist also mit kurzfristigem Fremdkapital finanziert. Das Anlagevermögen ist jedoch dazu bestimmt, auf Dauer im Unternehmen zu verbleiben.

Beispiel

Liquiditätslage eines Unternehmens zum Bilanzstichtag:

Kurzfristige Forderungen	1 112 200 €	
+ *liquide Mittel*	198 300 €	
kurzfristige Mittel	1 310 500 €	
– *kurzfristige Verbindlichkeiten*	1 388 400 €	(100%)
= *Liquidität I*	–77 900 €	–5,6%
+ *Vorräte*	596 900 €	43,0%
= *Liquidität II*	519 000 €	37,4%

Die kurzfristig liquiden Aktiva sollen bereits zur Finanzierung der kurzfristigen Verbindlichkeiten ausreichen. Dieses Ziel wird im Beispielfall nicht ganz erreicht, da die Liquidität I mit –77 900 € negativ ist. Die Liquidität II, die auch die Warenvorräte einbezieht, ist aber positiv.

Nur begrenzte Aussagekraft

Beachten Sie, daß eine solche Gegenüberstellung, insbesondere in der externen Bilanzanalyse, eine sehr globale Aussage trifft. Wichtige Momente wie die zeitliche Verteilung der einzelnen Fälligkeitsdaten des kurzfristigen Fremdkapitals, die Höhe der eingeräumten Kontokorrentkreditlinie, Möglichkeiten der Verschuldung bei Lieferanten usw. sind nicht zu erkennen. Primär geht es auch nicht um eine Gegenüberstellung der gesamten liquiden Masse und der gesamten kurzfristigen Verbindlichkeiten, sondern um die Frage, ob die Verbindlichkeiten zu den jeweiligen Fälligkeiten in voller Höhe getilgt werden können.

2.3 Vermögen und Finanzierung bewerten

Grundsätze zur Finanzierung und zum Kapitalaufbau

Den Kapitalaufbau und die Finanzierung eines Unternehmens können Sie mit Kennzahlen, die aus Bilanzposten gebildet werden, untersuchen. Solche Bilanzkennzahlen geben nicht nur Auskunft über die Struktur von Vermögen und Kapital, sondern zeigen auch, inwieweit Finanzierungsgrundsätze bzw. -regeln eingehalten werden.

WOZU FINANZIERUNGSGRUNDSÄTZE?

Finanzierungsgrundsätze sind Leitlinien, die zeigen, ob die finanziellen Mittel eines Unternehmens seinem Geschäftsumfang entsprechen. Sie sind wichtige Instrumente im Rahmen der Kreditwürdigkeitsprüfung der Banken. Investitionsvorhaben müssen unterbleiben, wenn die notwendige Finanzierung nicht gesichert ist.

So lautet etwa ein Grundsatz, langfristig im Unternehmen investiertes Vermögen auch mit langfristigen Mitteln – entweder mit Eigenkapital oder langfristigem Fremdkapital – zu finanzieren. Ist der Anteil des Anlagevermögens am Gesamtvermögen hoch, erfordert dies ebenfalls einen hohen Anteil an langfristigem Kapital. Umgekehrt kann in einer Branche mit hohem Umlaufvermögen auch in größerem Umfang mit kurzfristigem Fremdkapital gearbeitet werden. Damit werden spezifische Aspekte der einzelnen Wirtschaftszweige in diesem Finanzierungsgrundsatz berücksichtigt. Mit den entsprechenden Kennzahlen können Sie überprüfen, inwieweit ein Unternehmen die Finanzierungsgrundsätze einhält.

Die verschiedenen Positionen der Bilanz werden zunächst zu Hauptpositionen zusammengefaßt: Sachanlagen, Vorräte, Forderungen und flüssige Mittel auf der Aktivseite, entsprechend auf der Passivseite Eigenkapital, Rückstellungen und Fremdkapital. Die Hauptpositionen werden dann in Prozent der Bilanzsumme angegeben.

Mit den Kennzahlen Anlagenintensität, Eigenkapitalquote und Verschuldungsgrad werden Vermögensstruktur und Kapitalaufbau des Unternehmens erkennbar. Auch die Kennzahl Anlagendeckung ist zur Beurteilung der Finanzierung unerläßlich. Die Liquiditätssicherung kommt in den verschiedenen Liquiditätsgraden zum Ausdruck.

Beispiel: Bilanz (Kurzfassung)

Aktiva			*Passiva*
Anlagevermögen	25 791 000	*Eigenkapital*	26 972 000
		Rückstellungen	14 226 000
Umlaufvermögen	29 381 000	*Verbindlichkeiten*	13 974 000
	55 172 000		55 172 000

Die Kennzahlen zum Vermögen eines Unternehmens

Die Vermögenslage eines Unternehmens zeigt die Aktivseite der Bilanz mit ihrer Trennung in Anlage- und Umlaufvermögen. Folgende Kennzahlen können Sie einsetzen, wenn Sie den Vermögensaufbau eines Unternehmens beurteilen möchten.

Anlagen- und Umlaufintensität: Wo liegen die Schwerpunkte?

Die Anlagenintensität ist das Verhältnis von Anlagevermögen zum gesamten Vermögen, also Anlagevermögen in Prozent der Bilanzsumme. Die Sachanlagenintensität mißt die Sachanlagen (Gebäude, Betriebs- und Geschäftsausstattung, Maschinen) in Prozent der Bilanzsumme und wird v. a. bei Produktionsbetrieben eingesetzt. Beträgt der Wert 50 % oder mehr, gilt das Unternehmen als anlagenintensiv.

K

$$\text{Anlagenintensität} = \frac{\text{Anlagevermögen} \times 100}{\text{Gesamtvermögen (= Bilanzsumme)}}$$

Im Beispielfall beträgt das Anlagevermögen 25 791 000 €, 55 172 000 € das Gesamtvermögen. Anhand dieser Daten ergibt sich die Anlagenintensität wie folgt:

$$\text{Anlagenintensität} = \frac{25\,791\,000 \times 100}{55\,172\,000} = 46{,}7\,\%$$

Die Anlagenintensität ist vom jeweiligen Wirtschaftszweig und von individuellen Faktoren abhängig. Chemische Industrie und Fahrzeugbau gelten beispielsweise als anlagenintensiv. Je höher das Anlagevermögen im Verhältnis zum Umlaufvermögen ist, desto höher ist die Belastung mit fixen Kosten, insbesondere Abschreibungen, Zinsen. Verändert sich diese Kennzahl, verändert sich auch die Fristigkeit des Kapitals; so können Sie Rückschlüsse auf die Liquiditätsentwicklung ziehen.

Mit zunehmender Anlagenintensität steigt auch das finanzielle Risiko, und die finanzielle Flexibilität des Unternehmens nimmt ab.

Hohes Anlagevermögen, gemeint ist hier hohe Anlagenintensität, erfordert einen hohen Anteil an Eigenkapital und langfristigem Fremdkapital. Umgekehrt können Sie in einer Branche mit hohem Umlaufvermögen auch in größerem Umfang kurzfristiges Fremdkapital einsetzen. Sie müssen also die unterschiedlichen Strukturen einzelner Wirtschaftszweige bei der Finanzierung berücksichtigen und die entsprechenden Kennzahlen einsetzen.

Die Vermögenskonstitution (Vermögensaufbau) ist das Verhältnis zwischen Anlagevermögen und Umlaufvermögen. Ein Vergleich dieser Kennzahl über mehrere Perioden ist hier sinnvoll.

$$\text{Vermögenskonstitution} = \frac{\text{Anlagevermögen} \times 100}{\text{Umlaufvermögen}}$$ K

Setzt man das Anlagevermögen im Beispielfall ins Verhältnis zum Umlaufvermögen, ergibt sich folgende Berechnung:

$$\textit{Vermögenskonstitution} = \frac{25\,791\,000 \times 100}{29\,381\,000} = 87{,}8\,\%$$

Die Kennzahl Umlaufintensität ergibt sich, wenn das Umlaufvermögen (flüssige Mittel, Forderungen, Vorräte) in Beziehung zum Gesamtvermögen gesetzt wird. Ein Unternehmen mit einer hohen Umlaufintensität kann sich in stärkerem Umfang mit kurzfristigem Fremdkapital finanzieren, da das Umlaufvermögen eine kürzere Verweildauer im Unternehmen aufweist als das Anlagevermögen.

K

$$\text{Umlaufintensität} = \frac{\text{Umlaufvermögen} \times 100}{\text{Gesamtvermögen}}$$

Mit den Zahlen aus dem Bilanzbeispiel ergibt sich folgende Umlaufintensität:

$$\textit{Umlaufintensität} = \frac{29\,381\,000 \times 100}{55\,172\,000} = 53{,}3\,\%$$

Vorrats- und Forderungsintensität

Anhand der Zusammensetzung von Vorrats- und Gesamtvermögen, der Kennziffer Vorratsintensität, können Sie feststellen, ob die Branche des Unternehmens eher vorrats- oder forderungsintensiv ist. Materialintensive Betriebe haben in der Regel einen hohen Lagerbestand und sind daher vorratsintensiv. Lagerhaltungskosten spielen hier eine wichtige Rolle, so auch im Einzelhandel, wo ein hoher Anteil der Bilanzsumme auf das Warensortiment und das Warenlager (Vorräte) entfällt.

K

$$\text{Vorratsintensität} = \frac{\text{Vorräte} \times 100}{\text{Gesamtvermögen}}$$

Im Handel ist aber ein weitaus größerer Teil des gesamten Vermögens in den Forderungen gebunden, denn er macht seine Geschäfte mit dem Umlaufvermögen. Hier wird die Kennzahl Forderungsintensität eingesetzt.

K

$$\text{Forderungsintensität} = \frac{\text{Kundenforderungen} \times 100}{\text{Gesamtvermögen}}$$

Mit Kennzahlen Kapitalstruktur und Risiko bewerten

Eine Untersuchung der Passivseite zeigt den Kapitalaufbau, die Gliederung des Kapitals in Eigenkapital, Rückstellungen und Fremdkapital. Zum Eigenkapital gehören Grundkapital (Stammkapital), Rücklagen und Gewinn (Gewinnvortrag). Ein an die Aktionäre auszuschüttender Gewinn ist dagegen dem Fremdkapital zuzuordnen. Beim Fremdkapital ist die Gliederung in langfristiges und kurzfristiges Kapitel wichtig.

Eigenkapitalquote und Anspannungsgrad

Die Eigenkapitalquote besagt, wie hoch der Prozentsatz der eigenen Mittel an der Finanzierung ist.

$$\text{Eigenkapitalquote} = \frac{\text{Eigenkapital} \times 100}{\text{Gesamtkapital (= Bilanzsumme)}}$$

K

26 972 000 € beträgt das Eigenkapital im Beispiel, 55 172 000 € das Gesamtkapital. Daraus ergibt sich folgende Eigenkapitalquote:

$$\textit{Eigenkapitalquote} = \frac{26\,972\,000 \times 100}{55\,172\,000} = 48{,}9\,\%$$

> Je höher die Eigenkapitalquote, desto unabhängiger und krisenfester ist ein Unternehmen.

Beim Anspannungsgrad wird das Fremdkapital in Relation zur Bilanzsumme gesetzt. Entscheidend ist, daß das Risiko zunimmt, wenn der Anteil des Fremdkapitals am Gesamtkapital größer wird.

$$\text{Anspannungsgrad} = \frac{\text{Fremdkapital} \times 100}{\text{Gesamtkapital}}$$

K

Im Beispiel erhalten Sie das Fremdkapital, wenn Sie die Verbindlichkeiten von 13 974 000 € und die Rückstellungen von 14 226 000 € addieren:

$$\textit{Anspannungsgrad} = \frac{28\,200\,000 \times 100}{55\,172\,000} = 51{,}1\,\%$$

Fristigkeit des Fremdkapitals und Verschuldungsgrad

Die Fristigkeit des Fremdkapitals hat für die Finanzierung große Bedeutung, weil das Anlagevermögen nur mit langfristigen Mitteln finanziert werden sollte. Daher sind die Anteile von langfristigem und kurzfristigem Kapital am Gesamtkapital zu ermitteln. Darlehen mit einer Laufzeit von über vier Jahren zählen wie Anleihen und Pensionsrückstellungen zum langfristigen Fremdkapital.

K

$$\text{Langfristiges Fremdkapital in \%} = \frac{\text{Langfristiges Fremdkapital} \times 100}{\text{Gesamtkapital}}$$

Das kurzfristige Fremdkapital ist innerhalb eines Jahres fällig. Dazu zählen Wechselverbindlichkeiten, Verbindlichkeiten aus Warenlieferungen, Kontokorrentkredite, sonstige Verbindlichkeiten, Rückstellungen und Rechnungsabgrenzungsposten. Auch Rückstellungen für schwebende Verbindlichkeiten, die dem Grunde, aber nicht der Höhe nach feststehen, sind hier zu erfassen, z. B. Rückstellungen für Steuern. Pensionsrückstellungen nehmen eine Sonderstellung ein, da sie meist erst in vielen Jahren fällig werden. Folgende Kennzahl beurteilt das Finanzierungsrisiko:

K

$$\text{Kurzfristiges Fremdkapital in \%} = \frac{\text{Kurzfristiges Fremdkapital} \times 100}{\text{Gesamtkapital}}$$

Der Anteil des langfristigen am gesamten Fremdkapital ist ebenfalls von Interesse.

K

$$\text{Langfristiger Fremdkapitalanteil} = \frac{\text{Langfristiges Fremdkapital} \times 100}{\text{Gesamtes Fremdkapital}}$$

Ein hoher Anteil an langfristigem Fremdkapital bedeutet mehr Sicherheit. Je mehr sich ein Unternehmen durch langfristiges Kapital finanziert, desto sicherer kann es seine Zahlungsverpflichtungen erfüllen. Die Umwandlung von kurzfristigen Bankverbindlichkeiten in längerfristige bedeutet daher für Ihre Finanzierung einen Erfolg. Ähnlich ist die Ablösung von Lieferantenschulden durch mittel- und langfristige Bankkredite zu beurteilen.

Der Verschuldungsgrad oder Verschuldungskoeffizient ist eine Gegenüberstellung von Fremdkapital zu Eigenkapital. Ein Verschuldungskoeffizient von kleiner als 1 besagt, daß das Fremdkapital niedriger als das Eigenkapital ist.

> Je höher der Verschuldungsgrad, um so geringer ist die finanzielle Unabhängigkeit, was auch mehr Machteinfluß durch Dritte bedeutet.

K

$$\text{Verschuldungsgrad} = \frac{\text{Fremdkapital}}{\text{Eigenkapital}}$$

Im Beispiel erhalten Sie den Verschuldungsgrad, wenn Sie das Fremdkapital von 28 200 000 € ins Verhältnis zum Eigenkapital von 26 972 000 € setzen:

$$\text{Verschuldungsgrad} = \frac{28\,200\,000}{26\,972\,000} = 1{,}05$$

Die klassische Finanzierungsregel

Der Verschuldungsgrad ist die umgekehrte Relation der sogenannten klassischen Finanzierungsregel. Diese setzt eine Relation von »Eigenkapital : Fremdkapital« von mindestens 1 : 1 voraus, d. h. die Schulden dürfen nicht größer sein als das Eigenkapital. Im Kreditgeschäft der Banken sind aber Relationen von 1 : 3 keine Seltenheit. Bedenken Sie in jedem Fall, daß mit einer steigenden Relation, also Zahlen, die über 1 liegen, das allgemeine Risiko größer wird. Das Eigenkapital, die haftenden Mittel, sind dann zu gering, wenn Verluste eintreten.

Die Relation von Eigenkapital zu Fremdkapital reicht aber zur definitiven Beurteilung der finanziellen Situation eines Unternehmens nicht aus, weil noch andere Faktoren zu berücksichtigen sind, z. B. stille Reserven, Fristigkeit des Fremdkapitals, Verhältnis zur Hausbank (Kreditspielraum) sowie zu den Lieferanten. Auch die allgemeine Vermögenslage und Risikobereitschaft der Eigentümer spielt eine Rolle.

Die Kennzahlen zur Anlagendeckung

Wichtige Maßstäbe, wie solide ein Unternehmen finanziert ist, sind die Kennzahlen zur Anlagendeckung, auch Deckungsgrade genannt. Dazu werden Posten aus der Aktivseite der Bilanz in Beziehung zu Posten der Passivseite gesetzt. Die Anlagendeckung I (Deckungsgrad A) bezeichnet das Verhältnis von Eigenkapital zum Anlagevermögen.

$$\text{Anlagendeckung I} = \frac{\text{Eigenkapital} \times 100}{\text{Anlagevermögen}}$$

K

Die Anlagendeckung I erhalten Sie im Beispiel, wenn Sie das Anlagevermögen von 25 791 000 € in Beziehung zum Eigenkapital setzen.

$$\textit{Anlagendeckung I} = \frac{26\,972\,000 \times 100}{25\,791\,000} = 104{,}6\,\%$$

Die Anlagendeckung II (oder Deckungsgrad B) ist eine Gegenüberstellung von Anlagevermögen und langfristigem Kapital.

K

$$\text{Anlagendeckung II} = \frac{(\text{Eigenkapital} + \text{langfristiges Fremdkapital}) \times 100}{\text{Anlagevermögen}}$$

Die goldene Bilanzregel

Nach der »goldenen Bilanzregel« ist das gesamte Anlagevermögen durch Eigenkapital bzw. langfristiges Fremdkapital zu finanzieren. Der Wert der Anlagendeckung II sollte daher mindestens 100% betragen.

Nicht nur das Anlagevermögen sollte jedoch mit langfristigen Mitteln finanziert werden, sondern auch der Teil des Umlaufvermögens, der entweder zur Aufrechterhaltung der Fertigung notwendig ist oder kurzfristig nicht verflüssigt werden kann: der sogenannte eiserne Bestand (= Mindestbestand) an Roh-, Hilfs- und Betriebsstoffen und der Mindestbestand an Vorräten. Die Anlagendeckung III oder der Deckungsgrad C bezieht dieses langfristig gebundene Umlaufvermögen in die Analyse ein.

K

$$\text{Anlagendeckung III} = \frac{(\text{Eigenkapital} + \text{langfristiges Fremdkapital}) \times 100}{\text{Anlagevermögen} + \text{langfristiges Umlaufvermögen}}$$

Die goldene Finanzierungsregel

Die goldene Finanzierungsregel, die mit der goldenen Bilanzregel verwandt ist, verlangt Fristenkongruenz. Das bedeutet, die Fristen der Kapitalverwendung (=Investierung) sollen mit den Fristen der Kapitalbeschaffung (=Finanzierung) übereinstimmen. Sowohl das Anlagevermögen als auch das dauernd gebundene Umlaufvermögen (eiserner Bestand) sind daher durch Eigenkapital und/oder langfristiges Fremdkapital zu finanzieren.

Welche Aussagen »Fonds de roulement« und »Working capital« treffen

Der Fonds de roulement entspricht dem langfristigen Kapital, das nicht durch das Anlagevermögen absorbiert wird. Er wird in der französischen Wirtschaftspraxis stark beachtet und auch im Tableau de Bord regelmäßig kontrolliert.

Der Fonds de roulement setzt sich wie folgt zusammen:

	Eigenkapital	.... €
+	langfristiges Fremdkapital	.... €
=	langfristige Mittel	.... €
–	Anlagevermögen	.... €
=	Fonds de roulement	.... €

K

Bei einem positiven Fonds de roulement gilt das finanzielle Gleichgewicht als gesichert.

Dem Fonds de roulement entspricht in die Kennzahl Working capital, die in den USA zur Analyse der Liquiditäts- und Finanzanlage herangezogen wird. Dabei handelt es sich um den Saldo zwischen dem Umlaufvermögen und den kurzfristigen Verbindlichkeiten eines Unternehmens (siehe auch Seite 68).

3 Den finanziellen Erfolg messen

3.1 Renditekennzahlen belegen den Ertrag

Jedes Unternehmen strebt nach Gewinn und versucht, mit hohem Ertrag bzw. rentabel zu wirtschaften. Wie rentabel, darüber geben die Rentabilitätskennzahlen Auskunft. Dabei geht es um das Verhältnis Gewinn zu Kapitaleinsatz bzw. Umsatz. Bei der Kapitalrentabilität können das Eigenkapital, das betriebsnotwendige Kapital und das Gesamtkapital Bezugsgrößen sein, wobei immer das im Geschäftsjahr durchschnittlich eingesetzte Kapital in Beziehung zum Reingewinn gesetzt wird. Die Umsatzrentabilität ergibt sich aus dem Verhältnis von Gewinn zum Umsatz.

Die häufigsten Renditekennzahlen

Eigenkapital-, Gesamtkapital- und Betriebsrentabilität

Die auch als Unternehmerrendite bezeichnete Kennzahl Eigenkapitalrentabilität (oder -rendite) gibt Auskunft über die Verzinsung des Eigenkapitals; daher ist sie die von den Eigentümern, aber auch von den Aktionären am meisten beachtete Kennzahl. Die Eigentümer eines Unternehmens sind nicht nur an der absoluten Höhe des Gewinns interessiert, sondern noch mehr daran, wie rentabel ihr Kapitaleinsatz war.

K

$$\text{Eigenkapitalrentabilität} = \frac{\text{Gewinn (Verlust)} \times 100}{\text{Eigenkapital}}$$

Beachten Sie bei der Berechnung: Den in dem betreffenden Jahr entstandenen Gewinn (oder Verlust) dürfen Sie dem Eigenkapital natürlich nicht zurechnen, da die Kennziffer ja gerade das Verhältnis zu diesem zeigen soll. Ist allerdings in diesem Jahr eine Kapitalerhöhung erfolgt, muß sie im Eigenkapital berücksichtigt werden. Dann setzen Sie in den Nenner des Bruchs das durchschnittlich im Jahr arbeitende Kapital ein (also den Schnitt zwischen dem Eigenkapital vor und nach der Erhöhung).

Was Sie bei der Eigenkapitalrentabilität beachten sollten

- Die Eigenkapitalrentabilität informiert den Unternehmer, die Gesellschafter und die Aktionäre über die Verzinsung des im Unternehmen investierten Kapitals.
- Bei jeder Kapitalanlage sind Rendite, Sicherheit und Liquidität zu beachten. Ein weiteres Anlageziel ist die Flexibilität, das heißt die Möglichkeit, sich an veränderte Marktverhältnisse rasch anpassen zu können. Sie ist für den Anleger in Zeiten steigender Zinsen und Zinserwartungen wichtig.
- Die Rendite steht oft in direkter Beziehung zum Risiko. Eine überdurchschnittlich hohe Rendite ist meistens mit hohem Risiko verbunden.
- Langfristige Kapitalanlagen haben in der Regel eine höhere Rendite als kurzfristige.

Betriebswirtschaftlich informativer als die Rendite des Eigenkapitals ist die Gesamtkapitalrentabilität. Diese Renditezahl verweist, weil Unterschiede in der Finanzierung unberücksichtigt bleiben, deutlicher auf die Leistungsfähigkeit des Unternehmens. Der Unternehmenserfolg geht ja nicht nur auf den Einsatz des Eigen-, sondern auch auf den des Fremdkapitals zurück.

Bei dieser Kennzahl ist der Reingewinn einschließlich Zinsaufwand (Erfolg + Fremdkapitalzinsen) zum Gesamtkapital ins Verhältnis zu setzen:

$$\text{Gesamtkapitalrentabilität} = \frac{(\text{Gewinn} + \text{Fremdkapitalzinsen}) \times 100}{\text{Gesamtkapital}}$$

K

Weder die Zusammensetzung von Eigen- und Fremdkapital noch unterschiedliche Zinssätze für das Fremdkapital (»billiges« oder »teures Geld«) haben einen Einfluß auf die Höhe der Gesamtkapitalrendite, da die Kosten für das Fremdkapital im Zähler addiert werden. Bei zwischenbetrieblichen Vergleichen sollten Sie diese wichtige Kennziffer immer heranziehen.

Beispiel: Eigenkapital- und Gesamtkapitalrentabilität

Die Ettwein & Co hat im abgelaufenen Wirtschaftsjahr einen Gewinn von 250 000 € erreicht. Das Eigenkapital beträgt 2 000 000 € und das Fremdkapital 1 000 000 €. Es wurden 9 % Fremdkapitalzinsen in Höhe von 90 000 € bezahlt.

$$\text{Eigenkapitalrentabilität} = \frac{250\,000 \times 100}{2\,000\,000} = 12{,}5\,\%$$

$$\text{Gesamtkapitalrentabilität} = \frac{(250\,000 + 90\,000) \times 100}{3\,000\,000} = 11{,}3\,\%$$

Die Eigenkapitalrentabilität ist mit 12,5 % höher als die Gesamtrentabilität. Letztere liegt aber mit 11,3 % über dem Zinsfuß für Fremdkapital von 9 %. Die Eigenkapitalrentabilität des Unternehmens hat sich also durch die Aufnahme von Fremdkapital erhöht.

Was Sie bei der Gesamtkapitalrentabilität beachten sollten

- Die Gesamtkapitalrentabilität zeigt die Ertragskraft eines Unternehmens besser als die Eigenkapitalrentabilität.
- Die Ertragskraft kann aber durch den Ausweis von außerordentlichen Aufwendungen und Erträgen in der Gewinn- und Verlustrechnung sowie durch die Bildung stiller Reserven im abgelaufenen Geschäftsjahr verzerrt werden.

Während sich die Gesamtkapitalrentabilität auf das gesamte Unternehmen erstreckt, sind bei der Betriebsrentabilität Betriebsgewinn und betriebsnotwendiges Kapital die Bezugsgrößen. Das Betriebsergebnis ist das Gesamtergebnis, bereinigt um das neutrale Ergebnis. Das betriebsnotwendige Kapital entspricht in seiner Höhe dem Betriebsvermögen, das aus dem Gesamtvermögen herausgerechnet wird. Kalkulatorische Zinsen für das Betriebsvermögen sind dabei jedoch einzurechnen.

K

$$\text{Betriebsrentabilität} = \frac{(\text{Betriebsgewinn} + \text{Fremdkapitalzinsen}) \times 100}{\text{Betriebsnotwendiges Kapital}}$$

Umsatzrentabilität und Kapitalumschlag

Die Umsatzrentabilität ist das Verhältnis von Unternehmensgewinn bzw. -verlust zum Jahresumsatz (=Nettoumsätze). Sie zeigt, in welcher Relation der Gewinn zum Geschäftsvolumen steht. Eine hohe Umsatzrentabilität bedeutet somit, daß das Unternehmen im Hinblick auf die Größe seines Geschäftsvolumens einen hohen Gewinn erzielt. Sie können sowohl die Brutto-Umsatz-Rentabilität (=Erfolg vor Zinsen und vor Steuern) als auch die Netto-Umsatz-Rentabilität (=Erfolg nach Steuern und Zinsen) berechnen.

> Die Unternehmensleitung sollte bestrebt sein, nicht nur einen hohen Umsatz, sondern auch eine hohe Umsatzrendite zu erzielen.

$$\text{Umsatzrentabilität} = \frac{\text{Gewinn (Verlust)} \times 100}{\text{Umsatz}}$$

K

Beispiel

Ein Unternehmen erzielte bei einen Umsatz von 8 526 700 € einen Gewinn von 712 930 €. Im Vorjahr wurden ein Umsatz von 7 543 720 € und ein Gewinn von 544 600 € erreicht. Die Umsatzrendite entwickelte sich damit folgendermaßen:

Vorjahr

$$\textit{Umsatzrendite} = \frac{544\,600 \times 100}{7\,543\,720} = 7{,}2\,\%$$

Berichtsjahr

$$\textit{Umsatzrendite} = \frac{712\,930 \times 100}{8\,526\,700} = 8{,}36\,\%$$

> Die Umsatzrentabilität ist eine Kennziffer, die im Return on Investment (ROI) enthalten ist.

Wie Sie die Umsatzrentabilität erhöhen können, erfahren Sie im Kapitel »Wie die Kapitalrendite (der ROI) verbessert werden kann« (ab Seite 88).

Die Kennziffern zum Kapitalumschlag informieren, in welchem Zeitraum das Kapital (Eigen- oder Gesamtkapital) einmal durch den Umsatz umgeschlagen wird, oder anders ausgedrückt: »Wie lange dauert es, bis sich das

Kapital einmal im Umsatzprozeß (Ertrag) umgesetzt hat?« Berechnet werden kann sowohl die Umschlagsdauer als auch die Umschlagshäufigkeit, wobei meistens das durchschnittliche Gesamtkapital als Bezugsgröße herangezogen wird.

Die Formeln zur Umschlagsdauer lauten:

K

$$\text{Umschlagsdauer des Gesamtkapitals} = \frac{\text{durchschnittliches Gesamtkapital}}{\text{Umsatz}}$$

Es empfiehlt sich jedoch, nicht von Jahren, sondern von Tagen auszugehen. Sie müssen dann den obigen Bruch mit 360 multiplizieren.

K

$$\text{Umschlagsdauer des Gesamtkapitals} = \frac{\text{durchschnittliches Gesamtkapital} \times 360}{\text{Umsatz}}$$

Die Umschlagsdauer des Gesamtkapitals hängt zum einen vom Wirtschaftszweig ab; Unternehmen mit einer hohen Anlagenintensität wie Elektrizitätswerke oder Unternehmen der Stahlindustrie zeichnen sich durch eine niedrige Umschlagsdauer aus. Zum zweiten kommt es aber auch darauf an, wie rationell der einzelne Betrieb – unabhängig von der Branche – produziert.

Bei der Umschlagshäufigkeit werden die Größen im Zähler und Nenner vertauscht:

K

$$\text{Umschlagshäufigkeit des Kapitals} = \frac{\text{Umsatz}}{\text{Kapital}}$$

Dann bezieht sich die Kennzahl auf die Häufigkeit, mit der das (Gesamt-) Kapital in einem Geschäftsjahr umgeschlagen wurde. Wollen Sie die Umschlagshäufigkeit bezogen auf Tage ausrechnen, müssen Sie das Ergebnis noch durch 360 teilen.

Je höher der Kapitalumschlag, desto intensiver ist die Nutzung des Kapitals und desto besser sind auch Rentabilität und Liquidität.

Auch die Umschlagshäufigkeit ist eine Kennzahl, die in der Spitzenkennzahl ROI enthalten ist.

Was der »Leverage-Effekt« für die Rentabilität bedeutet

Wenn die Gesamtkapitalrentabilität (oder interne Rendite) des Unternehmens höher als der zu zahlende Zinssatz für das Fremdkapital ist, dann wird durch eine weitere Verschuldung, also Aufnahme von zusätzlichem Fremdkapital, eine Steigerung der Eigenkapitalrendite erreicht. Man bezeichnet diesen Vorgang als Leverage-Effekt (engl. *leverage effect* = Hebelwirkung).

> Der Leverage-Effekt hängt von der Ertragskraft des Unternehmens und der Höhe des Zinses für Fremdkapital ab.

Das folgende Beispiel zeigt Ihnen, wie durch die Aufnahme von zusätzlichem Fremdkapital die Eigenkapitalrentabilität erhöht werden kann.

Beispiel: Höhere Eigenkapitalrentabilität durch mehr Fremdkapital

Die Firma Bantle & Co erreichte eine Eigenkapitalrentabilität von 23,3 % und eine Gesamtkapitalrentabilität von 18,5 %. Das Unternehmen tätigt nun eine Investition von 2 000 000 € und finanziert sie mit einem Darlehen. Es sind 10 % bzw. 200 000 € Zinsen zu zahlen. Die Rentabilität der Investition beträgt 25 % im Jahr. Der Ertrag erhöht sich folglich um 25 % von 2 000 000 €, also um 500 000 €. Der Gewinn des Investitionsprojektes beträgt 300 000 €, nämlich 500 000 € Erträge abzüglich 200 000 € Zinsaufwendungen.

Die gesamten Zinsbelastungen erreichen jetzt 270 000 € zuzüglich 200 000 €. Der Gesamtgewinn beträgt nach der Durchführung der Investition 1 400 000 € plus 300 000 €, folglich ergibt sich 1 700 000 €. Das Gesamtkapital erhöht sich von 9 000 000 € um 2 000 000 auf 11 000 000 €.

$$\text{Gesamtkapitalrentabilität} = \frac{(1\,400\,000 + 270\,000 + 300\,000 + 200\,000) \times 100}{6\,000\,000 + 3\,000\,000 + 2\,0000000} =$$

$$\frac{2\,170\,000 \times 100}{11\,000\,000} = 19{,}7\,\%$$

$$\text{Eigenkapitalrentabilität} = \frac{1\,700\,000 \times 100}{6\,000\,000} = 28{,}3\,\%$$

Es wird deutlich, daß durch die zusätzliche Aufnahme von 2 000 000 € Fremdkapital die Gesamtrentabilität von 18,5 auf 19,7 % gestiegen ist. Die Zunahme der Eigenkapitalrentabilität ist noch ausgeprägter. Dort ist ein Anstieg von 23,3 auf 28,3 % zu verzeichnen.

Was Sie beim Leverage-Effekt beachten sollten

- Die Frage, ob der zusätzliche Kapitalbedarf eines Investitionsprojekts mit Eigen- oder Fremdkapital finanziert werden soll, hängt meistens von den Bilanzstrukturdaten, den vorhandenen Sicherheiten und den Rentabilitätsüberlegungen ab.
- Der Eigentümer, auch der Aktionär, wird zur Fremdfinanzierung neigen, wenn sich durch sie der Gewinn und damit die Eigenkapitalrentabilität erhöht.
- Der Leverage-Effekt kann auch negativ wirken, und zwar dann, wenn die Gesamtrentabilität unter den Fremdkapitalzins fällt. Die Eigenkapitalrentabilität sinkt dann mit der Zunahme des Fremdkapitals am Investitionsprojekt.
- Der Leverage-Effekt vermindert nicht das Risiko. Denn immer noch ist das Eigenkapital eines Unternehmens und nicht das Fremdkapital haftend. Steigt der Anteil des Fremdkapitals, dann erhöht sich das Investitionsrisiko und das Kapitalrisiko für alle Beteiligten. Mit steigendem Verschuldungsgrad wachsen Risiko und Abhängigkeit von den Gläubigern.

Besonders aussagekräftig: Return on Investment (ROI)

Die Kapitalrentabilität wird als das Verhältnis des erzielten Gewinns (Verlustes) in der Rechnungsperiode zum eingesetzten Kapital bestimmt:

K

$$\text{Kapitalrentabilität} = \frac{\text{Gewinn} \times 100}{\text{Kapital}}$$

Wenn Sie in der Formel nun noch den Umsatz im Zähler und Nenner einsetzen, erhalten Sie eine der wichtigsten Kennzahlen zur Beurteilung der Rendite, den Return on Investment (ROI). Diese Kennzahl ist noch weit aussagekräftiger als die Kapitalrenditen.

K

$$\text{ROI} = \frac{\text{Gewinn} \times 100}{\text{Umsatz}} \times \frac{\text{Umsatz}}{\text{Kapital}}$$

Das Ergebnis bleibt gegenüber der ersten Formel unverändert, der Erkenntniswert der erweiterten Formel ist aber größer. Die erweiterte Formel zeigt Ihnen einmal die Umsatzrentabilität an und zum anderen die Umschlagshäufigkeit des Kapitals.

Return on Investment (ROI)

Umsatzrentabilität	×	Umschlagshäufigkeit des Kapitals
Erfolg : Umsatz	×	Umsatz : Gesamtvermögen

Der Return on Investment entspricht zwar der Kapitalrentabilität, zeigt aber bereits die Ursachen für eine Verbesserung oder Verschlechterung der Rendite, wie das folgende Beispiel zeigt.

Beispiel: Return on Investment

Jahr	*Gewinn*	*Kapital*	*Umsatz*
1	160 000	2 000 000	4 000 000
2	240 000	2 000 000	4 000 000
3	360 000	2 500 000	6 000 000

Jahr	*Umsatzrentabilität*	×	*Kapitalumschlag*	=	*Return on Investment*
1	4		2		8
2	6		2		12
3	6		2,4		14,4

Der Return on Investment ist im Jahr 2 höher als im Jahr 1. Die Zunahme ist auf den Anstieg der Umsatzrentabilität auf 6 % zurückzuführen. Im Jahr 3 blieb die Umsatzrentabilität zwar unverändert, aber die Kapitalumschlagsdauer hat sich auf 2,4 erhöht.

Wie den ROI einsetzen?

Die Kapitalrentabilität wird meist für das gesamte Unternehmen ermittelt. Diese Kennzahl läßt sich aber auch für einzelne Geschäftsbereiche oder Profit-Center errechnen. Sie können auch eine Ermittlung nach Produktgruppen und einzelnen Produkten vornehmen.

Wie die Kapitalrendite (der ROI) verbessert werden kann

Der ROI wird nach der erweiterten Formel vom Gewinn, dem Umsatz und dem Kapital bestimmt. Wenn Sie seinen Wert erhöhen wollen, dann können Sie bei jedem dieser drei Hebel ansetzen.

Der Gewinn ergibt sich aus den Umsatzerlösen minus Aufwand (Herstellungs-, Vertriebs- und Verwaltungsaufwendungen). Als Gewinn kommt der »Gewinn vor Ertragssteuern« oder der »Gewinn nach Ertragssteuern« in Betracht. Für die Ermittlung der Kapitalrentabilität ist aber der Nettogewinn, der Gewinn nach Abzug der Ertragssteuern sinnvoller.

Der Umsatz ergibt sich aus der Menge und dem Preis je Einheit. Hier ist es angebracht, von den Bruttoumsatzerlösen die Erlösschmälerungen (Nachlässe, Frachtkosten, Rücksendungen) herauszurechnen. Damit sind die Nettoumsatzerlöse die Bezugsbasis für Ihre Berechnungen.

Das Kapital umfaßt die Finanzierungsmittel des Unternehmens, das auf der Passivseite der Bilanz ausgewiesene Eigen- und Fremdkapital. Das investierte Kapital wird im Anlage- und Umlaufvermögen eingesetzt.

Eine höhere Kapitalrentabilität kann sowohl über eine gestiegene Umsatzrentabilität als auch über einen höheren Kapitalumschlag angestrebt werden.

Die Umsatzrentabilität erhöhen

Wollen Sie die Umsatzrentabilität beeinflussen, dann muß sich der Umsatz erhöhen oder Sie müssen die Kosten reduzieren. Es kommt auf die Differenz von Umsatz und Kosten an.

GEWINN = UMSATZ – KOSTEN

Zu den Kosten gehören:
- Herstellkosten,
- Lagerkosten,
- Vertriebskosten,
- Verwaltungskosten.

Wenn bei unveränderten Kosten eine Preiserhöhung am Markt durchgesetzt werden kann, dann führt das über einen höheren Umsatz zu einem größeren Gewinn und so zu einer höheren Umsatzrendite.

Beispiel

	Umsatz – Kosten = Gewinn
Gewinn vor Mengenerhöhung	100 000 – 95 000 = 5 000
Gewinn nach Mengenerhöhung	103 000 – 95 000 = 8 000

Eine Verbesserung erreichen Sie auch dann, wenn es Ihnen gelingt, über eine Mengenerhöhung einen Umsatzanstieg, der größer als der Kostenanstieg ist, durchzusetzen.

Beispiel

	Umsatz – Kosten = Gewinn
Gewinn vor Preiserhöhung	100 000 – 95 000 = 5 000
Gewinn nach Preiserhöhung	102 000 – 96 000 = 6 000

Die Umsatzrentabilität kann auch gesteigert werden, wenn bei unverändertem Umsatz die Kosten vermindert werden. Eine Reduzierung der Kosten läßt sich z. B. über einen billigeren Einkauf von Rohstoffen oder modernere Fertigungsverfahren erreichen.

Die Kapitalumschlagshäufigkeit verbessern

Der Kapitalumschlag ist der Quotient aus Umsatz und Gesamtvermögen (siehe Seite 84). Die Umsatzerhöhung ist eine bereits gezeigte Alternative, diese Kennzahl zu verbessern; eine andere ist die Reduzierung des Kapitals. Hier können Sie beim Anlage- oder Umlaufvermögen ansetzen.

Eine Reduzierung beim Anlagevermögen ist seltener möglich, denkbar wäre etwa, unrentable Fertigungsanlagen zu schließen oder nicht benötigte Anlagegüter zu verkaufen.

Mehr Möglichkeiten gibt es meistens beim Umlaufvermögen. So können Sie durch ein verbessertes Mahnwesen und die Gewährung von Skonto die Außenstände verkleinern. Weniger Kapitalbindung wird auch erreicht, wenn die Bestände an Roh-, Hilfs- und Betriebsstoffen sowie unfertigen und fertigen Erzeugnissen gesenkt werden. Hier kann der Einsatz von Lagerkennzahlen zu deutlichen Fortschritten führen. (Mehr hierzu erfahren Sie im Abschnitt »Kennzahlen in der Materialwirtschaft«, ab Seite 192.)

3.2 Cashflow – die Zahl zur Finanz- und Ertragskraft eines Unternehmens

Der Cashflow (engl. »Geldzufluß«) ist ein wichtiger Maßstab zur Beurteilung des Finanz- und Ertragspotentials eines Unternehmens. Es handelt sich um den umsatzbedingten Liquiditätszufluß in einer Periode, also den Überschuß (oder Verlust) der sich aus allen Einnahmen und Ausgaben ergibt, die liquiditätswirksam sind.

Der Cashflow ist eine finanzielle Stromgröße: Sie zeigt die aus dem Betriebsprozeß erwirtschafteten, erfolgswirksamen Überschüsse auf. Eine große Rolle bei dieser Kennzahl spielen die Abschreibungen und Rückstellungen.

Die Kennzahl informiert Sie darüber, in welcher Höhe dem Unternehmen Mittel aus seiner Umsatztätigkeit zur Verfügung stehen. Diese Mittel braucht das Unternehmen für verschiedene Zwecke, etwa um:

- liquide Mittel aufzustocken,
- Schulden zu tilgen,
- Investitionen zu finanzieren (im Sach- und Finanzanlagevermögen und im Umlaufvermögen, z. B. höhere Warenbestände),
- Gewinne auszuschütten oder
- Rückstellungen abzubauen

Ein Unternehmen kann also mit dem Cashflow Ersatz- und Erweiterungsinvestitionen finanzieren, ohne Eigen- oder Fremdkapital aufnehmen zu müssen. Mit steigendem Cashflow nimmt damit mittelfristig auch das Ertragspotential eines Unternehmens zu.

Cashflow – ein Barometer für die Selbstfinanzierungskraft

Der Cashflow ist ein Maßstab für den Erfolg und die Selbstfinanzierungskraft eines Unternehmens. Mit dieser Kennzahl läßt sich der Spielraum der Innenfinanzierung abschätzen. Analytikern zeigt er, ob das Unternehmen auch in Zukunft mit Überschüssen rechnen kann. Daher setzt man ihn nicht nur für Finanzanalysen, z. B. die Jahresabschlußanalyse ein, sondern auch zur Prüfung der Kreditwürdigkeit.

Direkte und indirekte Methode der Berechnung

Um den Cashflow zu berechnen, werden hier zwei Möglichkeiten vorgestellt. Für die direkte Methode brauchen Sie die Daten aus der Kapitalflußrechnung.

> In der Kapitalflußrechnung werden die Finanzbewegungen in Einnahmen (= Kapitalherkunft) und Ausgaben (= Kapitalverwendung) unterteilt. Diese Berechnung unterrichtet über die liquiditätswirksamen Vorgänge in der Geschäftsperiode und zeigt die Ursachen von Liquiditätsveränderungen auf.

Der Cashflow errechnet sich nun aus der Differenz zwischen den liquiditätswirksamen Erträgen und den liquiditätswirksamen Aufwendungen. Das bedeutet, daß vom Umsatz (der die »liquiditätswirksamen Einnahmen« erfaßt) Materialausgaben, Personalausgaben, Zinsen und andere Ausgaben abgezogen werden (auch diese Positionen sind »liquiditätswirksam«). Der Saldo ist damit ein Nettokassenzufluß.

Direkte Ermittlung

liquiditätswirksame Erträge	...... €
– liquiditätswirksame Aufwendungen	...... €
= Cashflow	...... €

K

Die indirekte Methode leitet den Cashflow über den Gewinn her; zu diesem werden die liquiditätsunwirksamen Aufwendungen addiert und die liquiditätsunwirksamen Erträge abgezogen:

Indirekte Ermittlung

Gewinn/Verlust	
+ liquiditätsunwirksame Aufwendungen	...... €
– liquiditätsunwirksame Erträge	...... €
= Cashflow	...... €

K

Aus dem Brutto-Cashflow entsteht nach Abzug der Gewinnausschüttungen und Steuern der Netto-Cashflow.

Vorteil der indirekten Methode

Der Cashflow wird in der Praxis nach der indirekten Methode über den Nettogewinn und die Abschreibungen ermittelt. Die direkte Methode hat den Nachteil, daß man Daten aus der Erfolgsrechnung heranziehen und die Kennzahl über die Kapitalflußrechnung berechnen muß.

Cashflow in der vereinfachten Form

Der Cashflow und Kennzahlen, die auf ihm basieren, informieren umfassender als die Kapital- und Umsatzrentabilität. Der Cashflow in seiner einfachen Form liefert bereits wichtige Hinweise zur Finanz- und Ertragskraft eines Unternehmens.

  Jahresüberschuß
+ Abschreibungen
+ Zuführungen zu den langfristigen Rückstellungen
= Cashflow

K

Die Position »Abschreibungen« umfaßt:

- Abschreibungen auf immaterielle Vermögensgegenstände,
- Abschreibungen auf Sachanlagen,
- Abschreibungen auf Finanzanlagen und Wertpapiere des Umlaufvermögens,
- außerplanmäßige Abschreibungen bei einer voraussichtlich dauernden Wertminderung von Vermögensgegenständen des Anlagevermögens.

Werden langfristige Rückstellungen aufgelöst, wird der Cashflow vermindert. Zuschreibungen auf Vermögensgegenstände des Anlagevermögens und des Umlaufvermögens führen ebenfalls zu einer Verminderung.

Reinverlust und Cash loss

Ein negativer Cashflow (= Cash loss oder Cash drain) führt zu einer Abnahme der Liquidität durch den Umsatzprozeß. Ein Reinverlust hingegen führt »nur« zu einer Abnahme des Nettovermögens und muß nicht zwangsweise mit einem Cash loss verbunden sein. Ein Cash loss ist seltener als ein Reinverlust.

Cashflow in der weiteren Form (nach DVFA)

Der Cashflow umfaßt den ausgewiesenen Reingewinn, die Zuweisungen zu den Rücklagen, die Abschreibungen auf Sachwerte und Beteiligungen sowie die Bildung von langfristigen Rückstellungen. Keine Einigkeit besteht, ob er außerordentliche Aufwendungen (vermindert um außerordentliche Erträge) umfassen soll. Die Deutsche Vereinigung für Finanzanalyse und Anlageberatung, bekannter unter ihrer Abkürzung DVFA, nimmt beim einfachen Cashflow gewisse Korrekturen vor:

  Cashflow in der vereinfachten Form
+ außerordentliche Aufwendungen
– außerordentliche Erträge
+ Zuführungen in den Sonderposten mit Rücklageanteil
– Erträge aus der Auflösung des Sonderpostens mit Rücklageanteil
= Cashflow in der weiteren Form

Wann ist der Einsatz des Cashflow sinnvoll?

Der Cashflow sollte insbesondere angewendet werden, wenn bei mittleren Unternehmen Jahre mit starken Schwankungen in der Investitionstätigkeit miteinander verglichen werden. Die Beurteilung der Ertragslage einzelner Jahre erfolgt durch den Cashflow objektiver als durch den Gewinn, da er auch die Abschreibungen umfaßt.

Wenn Sie mehrere aufeinanderfolgende Geschäftsjahre in die Auswertung einbeziehen, zeigt Ihnen der Cashflow deutlich Veränderungen der Finanz- und Ertragskraft des Unternehmens. Durch die Berücksichtigung der Abschreibungen werden die Auswirkungen unterschiedlich hoher jährlicher Investitionen auf die Ertragslage erfaßt. In den ersten beiden Jahren nach der Fertigstellung eines Investitionsprojektes sind die Abschreibungen sehr hoch, insbesondere bei der degressiven Methode. Dies hat Auswirkungen auf die Ertragslage. Die Abschreibungen wirken in dieser Zeit stark gewinnreduzierend bzw. verlusterhöhend.

Was Ihnen die Cashflow-Analyse nicht sagt

- Es erfolgt keine Trennung nach finanzwirksamen und nicht-finanzwirksamen Aufwendungen und Erträgen.
- Der Cashflow erfaßt nicht alle Finanzvorgänge. So führt eine Aufstockung der Vorräte von Roh-, Hilfs- und Betriebsstoffen – die in der betreffenden Periode erfolgt und bezahlt wird – zwar zu einem Geldmittelabgang, aber zu keiner Veränderung beim Cashflow.
- Er zeigt auch die Ertragskraft nur eingeschränkt. Die Bildung stiller Reserven im Anlagevermögen wird nicht erkannt, z. B. die Anschaffung geringwertiger Wirtschaftsgüter und ihre Verrechnung als Aufwand.
- Er erfaßt ebenfalls nicht die Entstehung und Auflösung kurzfristiger Rückstellungen.
- Der Cashflow läßt, wenn ein Unternehmen durch Außenstehende untersucht wird, keine Aufschlüsse über die verfolgte Bewertungspolitik und ihre Auswirkungen auf das Umlaufvermögen zu.

Verhältniskennzahlen mit dem Cashflow

Die Aussagekraft der absoluten Höhe des Cashflow ist beim Unternehmensvergleich begrenzter als beim innerbetrieblichen Vergleich. Jedes Unternehmen hat seine eigene Bilanzpolitik und bildet in unterschiedlichem Umfang stille Reserven. Kennziffern, die auf dem Cashflow basieren, eignen sich für den Vergleich mit anderen Unternehmen daher besser als der absolute Cashflow.

Das Verhältnis von Cashflow zu Eigenkapital oder Gesamtkapital unterrichtet, wieviel Prozent des Eigen- oder Gesamtkapitals in einer bestimmten Geschäftsperiode als Finanzierungsmittel zugeflossen sind.

K $$\text{Cashflow-Eigenkapitalrendite} = \frac{\text{Cashflow} \times 100}{\text{Eigenkapital}}$$

K $$\text{Cashflow-Gesamtkapitalrendite} = \frac{\text{Cashflow} \times 100}{\text{Gesamtkapital}}$$

Die Kennzahl »Cashflow zu Umsatzerlösen« ist ein weiteres Führungsinstrument zur Beurteilung der Ertrags- und Selbstfinanzierungskraft eines Unternehmens.

$$\text{Cashflow-Umsatzrendite} = \frac{\text{Cashflow} \times 100}{\text{Umsatzerlöse (= Verkaufsumsatz)}}$$ K

Beispiel: Cashflow-Umsatzrendite

Die Ott GmbH erreichte bei einem Umsatz von 7 328 549 € einen Cashflow von 610 793 €. Im Vorjahr betrug bei 6 957 230 € Umsatz der Cashflow 520 736 €. Die Berechnung zeigt, wie sich die Cashflow-Umsatzrendite entwickelt hat:

$$\textit{Berichtsjahr: Cashflow-Umsatzrendite} = \frac{610\,793 \times 100}{7\,328\,549} = 8{,}3\,\%$$

$$\textit{Vorjahr: Cashflow-Umsatzrendite} = \frac{520\,736 \times 100}{6\,957\,230} = 7{,}5\,\%$$

Die Cashflow-Umsatzrendite hat sich im Berichtsjahr von 7,5 % auf 8,3 % erhöht. Diese Zunahme war relativ stärker als die Umsatzzunahme.

Verschuldungsfaktor – eine weitere Cashflow-Kennzahl

Der Verschuldungsfaktor ist eine andere Cashflow-Kennzahl und zeigt, wievielmal der letzte Cashflow zur Abzahlung der Gesamtverschuldung bzw. Nettoverschuldung benötigt wird.

$$\text{Verschuldungsfaktor} = \frac{\text{Gesamtverschuldung (Nettoverschuldung)}}{\text{Cashflow}}$$ K

Die Nettoverschuldung ergibt sich, wenn vom gesamten kurz-, mittel- und langfristigen Fremdkapital die liquiden Mittel und Forderungen abgezogen werden.

> Je geringer der Verschuldungsfaktor, desto schneller kann die Verschuldung abgebaut werden. Dies bedeutet natürlich mehr Sicherheit für die Gläubiger.

Eine Verschlechterung der finanziellen Lage eines Unternehmens tritt allgemein ein, wenn die Verschuldung wächst und der Cashflow sinkt. Die Verschuldung im Zähler des Bruchs steigt, gleichzeitig sinkt der Cashflow im Nenner des Bruchs. Wenn Sie für die letzten Jahre den Verschuldungsfaktor Ihres Unternehmens ermitteln, dann sehen Sie leicht, ob die Sicherheit oder das Risiko zugenommen hat.

Investitionen und Jahresumsatz, Investitionen und Cashflow

Die Bruttoinvestitionen setzen sich aus den Ersatz- und den Erweiterungsinvestitionen zusammen. Die Abnützung des Produktionsapparats wird in den Abschreibungen erfaßt, die somit die Ersatzinvestitionen ermöglichen. Die Anlagenzugänge (brutto) sollen größer sein als die Anlagenabgänge plus Abschreibungen. Die jährlichen Neuanschaffungen müssen über den Abschreibungen liegen, wenn ein Unternehmen ein langfristiges Unternehmenswachstum erreichen will. Wenn die Bruttoinvestitionen um die Ersatzinvestitionen vermindert werden, dann erhält man die Nettoinvestitionen (Erweiterungsinvestitionen). Zu ihrer Finanzierung können einbehaltene Gewinne verwendet werden (= Selbstfinanzierung).

Die Kennzahl »Investitionen zu Umsatz« ist ein Maßstab dafür, in welchem Umfang ein Unternehmen investiert und damit künftig wächst. Werden finanzielle Mittel in Sachanlagen investiert, dann werden die Voraussetzungen für ein späteres internes Unternehmenswachstum geschaffen, d. h., das Wachstum erfolgt aus dem Unternehmen heraus und nicht über Firmenaufkäufe.

K

$$\frac{\text{Investitionen eines Jahres}}{\text{Jahresumsatz}} = \%$$

Diese Kennziffer sollte über mehrere Jahre gebildet werden. Sie ist auch eine wichtige Hilfe beim Vergleich mit der Branche und wichtigen Konkurrenten.

Die nächste Kennziffer, »Investitionen zu Cashflow« gibt an, inwieweit ein Unternehmen die Ersatz- und Erweiterungsinvestitionen im Rahmen der Innenfinanzierung, also aus dem Umsatzprozeß heraus, finanzieren kann.

K

$$\frac{\text{Investitionen (Nettoinvestitionen)}}{\text{Cashflow}} = \%$$

Die Kennzahl »Nettoinvestition zu Cashflow« zeigt Ihnen, in welchem Umfang die Erweiterungsinvestitionen aus dem Cashflow bezahlt werden können.

3.3 Die Kennzahlen »Market Value Added« und »Economic Value Added«

Seit einigen Jahren schauen die Aktionäre verstärkt darauf, welche Manager in ihren Unternehmen Werte schaffen. Erhöht das Management den Unternehmenswert? Die beiden Kennzahlen »Market Value Added« (MVA) und »Economic Value Added« (EVA) beantworten diese Frage auf jeweils verschiedene Art.

Market value added (MVA)

Bei dieser Kennzahl wird die Differenz zwischen dem Marktwert eines Unternehmens und dem Wert seines Geschäftsvermögens ermittelt. Der Market value added beziffert damit den vom Unternehmen geschaffenen Wert.

Marktwert des Unternehmens – Geschäftsvermögen = MVA

K

Der MVA ist positiv, wenn ein Unternehmen seinen Wert erhöht hat. Ein negativer MVA zeigt, daß ein Unternehmen Werte vernichtet hat.

Der MVA ergibt sich, genauer gesagt, wenn vom derzeitigen Börsenwert des Unternehmens der Betrag abgezogen wird, den Aktionäre und Banken insgesamt in das Unternehmen investiert haben. Der Markt- bzw. Börsenwert unterliegt Schwankungen: Beurteilen die Aktionäre die Geschäftspolitik eines Unternehmens günstig, dann kaufen sie Aktien, die Kurse und der Börsenwert des Unternehmens steigen. Der MVA schwankt also mit dem Kurs der Aktie. Er kann deshalb niemals eine Grundlage für operative Entscheidungen des Unternehmens sein.

Economic value added (EVA)

Der MVA bedarf der Ergänzung durch die Kennzahl Economic Value Added (EVA). Diese Kennzahl gibt an, inwieweit das Management Wohlstand für die Eigentümer des Unternehmens schaffen konnte.

Der EVA errechnet sich aus der Differenz zwischen dem Gesamtergebnis und den Kapitalkosten, wobei sich das Gesamtergebnis aus der Gewinn- und Verlustrechnung ergibt; das Geschäftsvermögen der Bilanz bildet die Bezugsbasis für die Kapitalkosten (Kosten für Eigen- und Fremdkapital). Der Zinssatz für Fremdkapital ist in der EVA-Rechnung niedriger als der für das Eigenkapital anzusetzen, denn der Aktionär »verlangt« für Aktien eine höhere Rendite als für Anleihen (Risikozuschlag).

Denken Sie auch bei der Berechnung des EVA daran: Stille Reserven erhöhen das Eigenkapital.

Die Kennzahl EVA wird folgendermaßen errechnet:

K

Geschäftsergebnis – Kapitalkosten = EVA

bzw.

Betriebsergebnis – Steuern – Kapitalkosten = EVA

Der EVA ist eine absolute Zahl, die positiv oder negativ sein kann. Ein positiver Wert bedeutet, daß es dem Unternehmen gelungen ist, die Fremdkapitalzinsen für die Gläubiger und die Renditeforderungen der Aktionäre am Markt erwirtschaftet zu haben. Der EVA zeigt damit, welche Werte ein Projekt, ein Geschäftsbereich oder das ganze Unternehmen in einem Jahr geschaffen haben.

Der EVA zeigt die echte Leistung von Managern und erlaubt auch einen Vergleich mit Konkurrenzunternehmen.

Sie können das EVA-Verfahren noch verfeinern, wenn Sie Ihre Daten der Bilanz und der Gewinn- und Verlustrechnung durch bestimmte Korrekturen noch mehr an die Wirklichkeit anpassen. In der Bilanz ist das ausgewiesene investierte Vermögen um Kundenanzahlungen und Verbindlichkeiten aus Lieferungen und Leistungen zu vermindern, weil diese Beträge dem Unternehmen zinslos zur Verfügung stehen. Andererseits sind gewisse aktivierte Vorleistungen zum Geschäftsvermögen zu addieren, weil diese Beträge in der Handelsbilanz als Aufwand erfaßt wurden, obwohl sie Investitionen sind. Ausgaben für Forschung und Entwicklung und bestimmte Maßnahmen im Bereich von Marketing und Werbung gehören hierher.

Geschäftsvermögen aus korrigierter Bilanz:

	Investiertes Vermögen laut Bilanz	... €
–	Kundenanzahlungen	... €
–	Verbindlichkeiten aus Lieferungen und Leistungen	... €
+	Aktivierte Vorleistungen	... €
±	außerordentliche Gewinne (Verluste) aus der Veräußerung von Geschäftsanteilen oder Restrukturierungsmaßnahmen	... €
+	Abschreibungen auf Forderungen, Abnahme von Vorräten	... €
=	Geschäftsvermögen	... €

Aus der Gewinn- und Verlustrechnung werden zunächst die Zinsaufwendungen für Fremdkapital herausgerechnet, da im EVA-Verfahren Kosten der Finanzierung für Eigenkapital und Fremdkapital anzusetzen sind. Ferner sind Gewinne und Verluste aus der Veräußerung von Unternehmen und Beteiligungen, die das Geschäftsergebnis einmalig stark belasten können, herauszurechnen.

Geschäftsergebnis aus korrigierter Gewinn- und Verlustrechnung:

	Geschäftsvermögen vor Steuern	... €
+	Zinsaufwendungen aus der Fremdfinanzierung	... €
±	außerordentliche Gewinne (Verluste) aus der Veräußerung von Geschäftsanteilen, Restrukturierungsmaßnahmen	... €
=	Geschäftsvermögen vor Steuern	... €
–	Steuern	... €
=	Geschäftsergebnis	... €

Die Vorteile des EVA

- Anknüpfung an das Rechnungswesen und die aktuelle Berichterstattung im Unternehmen.
- Die Konzeption des Geschäftswertbeitrages schafft eine Kommunikation von Führungskräften und Sachbearbeitern.
- Der EVA enthält weniger Schätzgrößen als der Discounted Cashflow (DCF).

3.4 Wertschöpfung und Shareholder-Value-Ansatz

Die betriebliche Wertschöpfung ist ein wichtiger Maßstab für die Bedeutung und Leistungsfähigkeit eines Unternehmens. Sie entsteht durch die im betrieblichen Prozeß geschaffenen Mehrwerte, steht also für die wirtschaftliche Leistung, die das Unternehmen selbst geschaffen hat. Das Ergebnis dieses Mehrwerts verteilt sich auf die am Unternehmen Beteiligten (Mitarbeiter, Eigentümer), die Kreditgeber und den Staat. Die Wertschöpfung kann nicht nur für ein Unternehmen, sondern auch für die gesamte Volkswirtschaft oder eine Wirtschaftsbranche errechnet werden. Der Shareholder Value geht in die gleiche Richtung; er bezeichnet den Wert, der für die Aktionäre geschaffen wurde. Auch diese Kennzahl ist heute – neben der Kapital- und Umsatzrentabilität – zu einem sehr wichtigen Erfolgsmaßstab für ein Unternehmen geworden.

Was Wertschöpfung bedeutet und wie sie errechnet wird

Die betriebliche Wertschöpfung ist der von einem Unternehmen in einer Periode geschaffene Wertzuwachs. Im Rahmen der Bilanzanalyse kann sie aus der Gewinn- und Verlustrechnung hergeleitet werden. Sie errechnet sich aus der Differenz zwischen der Gesamtleistung des Unternehmens und den Vorleistungen von Lieferanten sowie der Abschreibungen. Die Wertschöpfungsrechnung kann aber auch von der Verteilungsseite ausgehen: Dann entspricht die betrieblichen Wertschöpfung der Summe aller Einkommen der am Produktionsprozeß Beteiligten zuzüglich Steuern und Kreditzinsen. Die Wertschöpfungsrechnung zeigt damit deutlich, welche materiellen Leistungen ein Unternehmen jeweils für seine Mitarbeiter, Staat und Gesellschaft, Kapitalgeber und Eigentümer erbringt.

Vorteile der Wertschöpfungskennzahl

Die Wertschöpfung, auch »Veredlungsleistung« genannt, kann dann Maßstab für die Produktivitätsmessung sein, wenn keine eindeutige Aussage über die mengenmäßige Gesamtleistung möglich ist, z. B. aufgrund einer sehr differenzierten Produktpalette. Der Vorteil der Wertschöpfung liegt auch darin, daß sie für verschiedene Wirtschaftszweige angewandt werden kann und die Ergebnisse trotzdem miteinander vergleichbar sind.

Die Wertschöpfung ergibt sich folgendermaßen:

	Gesamtleistung
–	Lieferungen
–	Dienstleistungen
–	Sonstige Aufwendungen
–	Abschreibungen
=	Wertschöpfung

Zur Berechnung der Gesamtleistung brauchen Sie die Umsatzerlöse und die Bestandsveränderungen; wenn Sie alle sonstigen Erträge hinzurechnen, erhalten Sie die Unternehmensleistung (auch als Produktionswert bezeichnet). Davon werden die von anderen Unternehmen bezogenen Vorleistungen abgezogen. Es handelt sich dabei vor allem um die Aufwendungen für Roh-, Hilfs- und Betriebsstoffe sowie für Fertigteile, die von anderen Unternehmen bezogen wurden. Auch Dienstleistungen von Dritten sind bei den Vorleistungen zu berücksichtigen. Von der so ermittelten Bruttowertschöpfung müssen Sie dann die Abschreibungen auf Sachanlagen abziehen, um die Nettowertschöpfung zu erhalten. Die Nettowertschöpfung gibt den genauen Betrag über den geschaffenen Mehrwert (»zu Marktpreisen«) wieder.

Und so ermitteln Sie die Wertschöpfung genau:

	Umsatzerlöse
+	Erhöhung des Bestands an fertigen und unfertigen Erzeugnissen (Verminderung –)
+	selbsterstellte Anlagen
=	**Gesamtleistung**
+	alle anderen Erträge
=	**Unternehmensleistung**
–	Aufwendungen für Roh-, Hilfs- und Betriebsstoffe
–	fremde Aggregate
–	Dienstleistungen
=	**Bruttowertschöpfung**
–	Abschreibungen
=	**Wertschöpfung (Nettowertschöpfung)**

Der Jahreswert der Wertschöpfungsrechnung besitzt für sich bereits Aussagekraft; diese wird aber erhöht, wenn die einzelnen Werte mit früheren Jahren verglichen werden. Wenn Sie die Wertschöpfung über mehrere Jahre messen wollen, z. B. Anstieg in Prozent gegenüber dem Vorjahr, dann müssen Sie aus den in Geldeinheiten festgestellten Produktionsergebnissen die Preisschwankungen herausrechnen.

So kann die Wertschöpfung verwendet werden

Unternehmen selbst	• Bildung von offenen Rücklagen (= offene Selbstfinanzierung) • Bildung von stillen Reserven (= stille Selbstfinanzierung)
Eigentümer	• Gewinn
Gesellschafter	• Gewinnanteile
Aktionäre	• Dividenden
Mitarbeiter	• Löhne, Gehälter • soziale Aufwendungen • Aufwendungen zur betrieblichen Altersversorgung • Maßnahmen zur Aus- und Weiterbildung
Darlehensgeber	• Zinsen
Öffentliche Hand	• Steuern vom Einkommen, Ertrag und Vermögen • Abgaben

Mit dem Shareholder Value den Unternehmenswert bestimmen

Shareholder Value und Performance-Analysen sind im angelsächsischen Raum weit verbreitet. Die Shareholder-Value-Idee, die seit den achtziger Jahren in den USA bekannt ist, wird auch in Europa zunehmend populärer. Was ist unter Shareholder Value zu verstehen?

Shareholder Value ist der Wert, den ein Unternehmen für seine Eigentümer hat, und zwar in einer langfristigen Perspektive gesehen. Shareholder Value ist aber mehr als nur eine Kennzahl: Dahinter steht ein Managementkonzept, dessen Ziel ist, diesen Wert zu erhöhen. Dabei werden die Aktionäre in den Mittelpunkt gerückt; sie finanzieren das Unternehmen und tragen das Risiko, für sie muß der Unternehmenswert langfristig gesteigert werden. Ein Unternehmen, das sich um die Wertentwicklung des Vermögens kümmert, zieht (neue) Aktionäre und damit Anlagegelder an – was sich wiederum positiv auf das Unternehmen auswirkt, da mit dem erhöhten Kapital expandiert werden kann. Der Shareholder Value ist damit vornehmlich auf Aktiengesellschaften anzuwenden.

Wenn die langfristige Wertsteigerung eines Unternehmens hoch ist, dann ist auch die durchschnittliche jährliche Kurssteigerung der Aktie hoch.

Die Grundformel des Shareholder Value

Der Wert eines Unternehmens ergibt sich aus der Summe des Eigenkapitals (»Eigentümerwert«) und des Fremdkapitals.

Unternehmenswert = Eigenkapital + Fremdkapital

Da der Shareholder Value dem Eigenkapitalanteil entspricht, errechnet er sich aus der Differenz zwischen Unternehmenswert und Fremdkapital. Den Shareholder Value erhalten Sie, wenn Sie vom Unternehmenswert das Fremdkapital abziehen.

Shareholder Value = Unternehmenswert – Fremdkapital

Wenn Sie den Shareholder Value bestimmen wollen, dann müssen Sie zuerst den Wert des Gesamtunternehmens bzw. der Geschäftseinheit errechnen. Da mit Shareholder Value jedoch ein Wert gemeint ist, der über mehrere Jahre geschaffen wird, können Sie ihn nicht einfach gleichsetzen mit dem von den Eigentümern eingebrachten Kapital oder den Anteilen der Aktionäre. Sie müssen den Unternehmenswert aus dem Gegenwartswert der betrieblichen Cashflows (= Discounted cashflows) und dem Residualwert errechnen. Dazu müssen Sie auch den Kapitalkostensatz ermitteln. Alle drei Berechnungen werden im folgenden genau erläutert.

Wie Sie die betrieblichen Cashflows ermitteln

Die Kennzahl Cashflow erhalten Sie, wenn Sie von den jährlichen Einzahlungen die Auszahlungen abziehen (siehe Seite 91). Die Differenz sind die verfügbaren Zahlungsmittel des betreffenden Geschäftsjahrs.

Für die Ermittlung des Shareholder Values müssen Sie die Cashflows mehrerer Jahre heranziehen. Die Cashflows der einzelnen Jahre sind dann auf die Gegenwart abzuzinsen, und zwar mit dem Kapitalkostensatz. Der Kapitalkostensatz ist das gewogene Mittel von Eigenkapital- und Fremdkapitalkosten (Berechnung siehe Seite 105).

Das folgende Beispiel zeigt Ihnen die betrieblichen Cashflows eines Unternehmens in einem Prognosezeitraum von vier Jahren. Die Cashflows werden mit einem Kapitalkostensatz von 15 % auf die Gegenwart abgezinst.

Beispiel: Abzinsung der betrieblichen Cashflows auf die Gegenwart

Jahr	*Cashflow*	*Kapital-kostensatz*	*Cashflow*	*Summe der Cashflows*
		15 %	abgezinst	abgezinst
1	100 000	0,86957	86 957	86 957
2	140 000	0,75614	105 860	192 817
3	180 000	0,65752	118 354	311 171
4	200 000	0,57175	114 350	425 521

$$\textit{Diskontierungsfaktor} = \frac{1}{(1+0{,}15)^n}$$

Die gesamten diskontierten Cashflows des Unternehmens betragen 425 521 €.

Wenn eine Investition eine Rendite erwirtschaftet, die über den Kapitalkosten liegt, dann wird Shareholder Value geschaffen. Erzielt eine Investitionen aber nur eine Rendite, die unter den Kapitalkosten liegt, dann führt dies zu einer Vernichtung von Shareholder Value.

Wie wird der Kapitalkostensatz bestimmt?

Der Kapitalkostensatz erfaßt die Renditeanforderungen der Eigenkapitalgeber und der Kreditgeber, seine Höhe ist zum einen von den Kosten für Eigen- und Fremdkapital abhängig und zum anderen vom Verhältnis Eigenkapital zu Fremdkapital, der Kapitalstruktur.

Für den Shareholder Value sind die derzeitigen Marktwerte für Eigenkapital und Fremdkapital anzusetzen, d. h. die Fremdkapitalkosten für eine Investition sind aus den zukünftigen, nicht aus den Kosten der Vergangenheit zu bilden. Sie können die Fremdkapitalkosten nach Steuern nehmen, weil Fremdkapitalzinsen steuerlich abzugsfähig sind. Die Eigenkapitalkosten sind schwieriger zu ermitteln, weil hier keine Vertragsgrundlage hinsichtlich der

Höhe besteht. Eine sinnvolle Ausgangsbasis ist die Rendite für langfristige Bundesanleihen. Hier ist das Zinsrisiko niedrig eingestuft und die erwartete Inflationsrate ist im Zinssatz berücksichtigt. Da das Risiko einer Investition im Unternehmen jedoch größer ist, kommt noch eine Risikoprämie als Entschädigung hinzu.

Eigenkapitalkosten (Schätzwert) = Rendite für Bundesanleihen + Risikoprämie

Wenn etwa der Zinssatz für Bundesanleihen 6 % beträgt und die Anleger für den Einsatz des Kapitals in einem risikobehafteten Investment 4 % ansetzen, dann ergeben sich Eigenkapitalkosten von 10 %.

Beispiel: Berechnung des Kapitalkostensatzes

Es werden Fremdkapitalkosten von 8 % nach Steuern und Eigenkapitalkosten von 16 % zugrunde gelegt. Das Verhältnis von Eigenkapital zu Fremdkapital beträgt 60 % zu 40 %.

	Gewichtung	*Kosten*	*gewichtete Kosten*
Eigenkapital	60 %	16 %	9,6 %
Fremdkapital	40 %	8 %	3,2 %
Kapitalkostensatz			12,8 %

Der Kapitalkostensatz beträgt damit 12,8 %.

Was Residualwert bedeutet und wie er ermittelt wird

Der Unternehmenswert setzt sich aus den diskontierten Cashflow-Werten der Planperiode und dem Residualwert zusammen.

Der Residualwert wird von der Wettbewerbsposition des Unternehmens am Ende der Prognoseperiode bestimmt. Er ist notwendig anzusetzen, weil ein Unternehmen Reserven schaffen kann, die nicht durch die betrieblichen Cashflows der einzelnen Jahre erfaßt werden. Ein hoher Residualwert ergibt sich, wenn ein Unternehmen im Prognosezeitraum erhebliche finanzielle Mittel in seine langfristige Wettbewerbsfähigkeit investiert hat. So kann es die Entwicklung neuer Produkte stark fördern, die Marketingausgaben steigern, Kapazitäten ausbauen und eine aggressive Preispolitik betreiben. Alle diese Maßnahmen stärken die langfristige Wettbewerbsfähigkeit des Unternehmens, zeigen sich aber nur begrenzt im Cashflow.

Der Residualwert ist in der Regel größer als die diskontierten Cashflow-Werte der gesamten Planperiode. Den Residualwert können Sie zwar nicht nach einer bestimmten Formel berechnen, aber es gibt verschiedene Verfahren zu seiner Schätzung. Die Methode der »ewigen Rente« führt meistens zu brauchbaren Ergebnissen.

Diese Schätzmethode geht von der realistischen Annahme aus, daß sich überdurchschnittlich hohe Renditen im Laufe der Zeit abbauen. Hohe Renditen, die wesentlich über dem Kapitalmarkt liegen, werden erreicht, wenn ein Unternehmen in einer neueren Branche tätig ist oder völlig neue Produkte entwickelt hat. Die anfänglich hohen Renditen werden aber im Laufe der Zeit abgebaut, weil sich weitere Wettbewerber für dieses Segment interessieren. Es entstehen zusätzliche Kapazitäten, und Preiswettbewerb setzt ein. Das Ergebnis ist, daß die Rendite aller Marktteilnehmer auf das Niveau des Kapitalkostensatzes fällt.

Ein Unternehmen mit besonders hohen Cashflows und Renditen in den ersten Jahren muß mit einem Rückgang bis zum Ende der Planperiode, z. B. im fünften Jahr, rechnen. Der Markteintritt der Konkurrenten drückt die Rendite auf die Höhe des Kapitalkostensatzes. Der Cashflow entspricht damit den Kapitalkosten und verbleibt dann auf diesem Niveau.

Der »ewige Cashflow«, der dem Niveau des Kapitalkostensatzes entspricht, erfüllt die Voraussetzungen der »ewigen Rente«. Den Barwert der ewigen nachschüssigen Rente erhalten Sie, wenn Sie die Summe der Barwerte der einzelnen Rentenzahlungen addieren. Die zukünftigen Zahlungen erhalten ein immer geringeres Gewicht.

Die ewige Rente stellte einen Grenzfall dar, weil der Ertrag aus dem Kapital genau der Rentenzahlung entspricht. Trotz jährlich gleicher Abhebungen für die Rentenzahlung – über beliebig viele Jahre – bleibt der Kapitalstock unverändert.

Beispiel

Herr Sigg legt 300 000 € zu einem festen Zinssatz von 4% an. Die ewige Rente, die er jährlich am Jahresende erhält, errechnet sich wie folgt:

Ewige Rente = 4% von 300 000 € = 12 000 €

Der »ewigen Rente« entspricht der »ewige Cashflow«, wenn jährlich ein Cashflow in genau der Höhe der Kapitalkosten für eine Investition anfällt. Nach der folgenden Formel erhalten Sie den Gegenwartswert einer ewigen Rente:

$$\text{Gegenwartswert der ewigen Rente} = \frac{\text{Jährlicher Cashflow}}{\text{Rendite}}$$

Nach der Methode der »ewigen Rente« können Sie auch den Gegenwartswert des Residualwertes ermitteln, indem Sie den »ewigen Cashflow« durch den Kapitalkostensatz dividieren.

$$\text{Residualwert} = \frac{\text{Ewiger Cashflow}}{\text{Kapitalkostensatz}}$$

Beispiel

Angenommen, ein Unternehmen erwirtschaftete im letzten Jahr einen Cashflow von 7 Mio. €. Wenn das Unternehmen auch in Zukunft jährlich diesen Betrag erzielt (»ewiger Cashflow«), dann ergibt sich bei einem Kapitalkostensatz von 10 % ein Residualwert von 70 Mio. €.

$$\textit{Residualwert} = \frac{7\,000\,000}{0{,}10} = 70\,000\,000\ €$$

Diese Berechnung gilt für den Fall, daß das Unternehmen fortgeführt wird. Trifft dies nicht zu, dann ist der Liquidationswert anzusetzen.

Wie Sie den Shareholder Value ermitteln

Nun haben Sie alle Komponenten, die Sie für die Berechnung des Shareholder Value brauchen. Auf der nächsten Seite wird die Vorgehensweise, den Shareholder Value zu ermitteln, anhand eines Beispiels nochmals Schritt für Schritt erläutert.

> Der geschaffene Shareholder Value zeigt die Wertveränderung während der Planperiode.

Beispiel: Gegenwartswert von Cashflow und Residualwert

Cashflow und Residualwert mit Kapitalkostensatz 20 % abgezinst, alle Angaben in 1 000 €:

Jahr	*Cashflow*	*Cashflow abgezinst*	*Cashflow abgezinst Summe*	*Residualwert abgezinst*	*Summe Residualwert Cashflow*	*Wertsteigerung*
	Spalte 1	*Spalte 2*	*Spalte 3*	*Spalte 4*	*Spalten 3+4*	
1	1800	1500,000000	1500,00000	30500	32000,0000	500,000000
2	1900	1319,444440	2819,44444	29670	32489,4444	489,444444
3	2100	1215,277780	4034,72222	28930	32964,7222	475,277778
4	2200	1060,956790	5095,67901	28254	33349,6790	384,956790
5	2300	924,318416	6019,99743	27691	33710,9974	361,318416
						2210,997430
		Wertpapiere des Umlaufvermögens			2500,0000	
		Unternehmenswert			36210,9974	
		abzüglich Fremdkapital			15000,0000	
		Shareholder Value			**21210,9974**	

Das Beispiel zeigt Ihnen in einer Planperiode von 5 Jahren die jeweils anfallenden Cashflows. Diese werden mit einem Kapitalkostensatz von 20 % abgezinst, womit Sie den Gegenwartswert erhalten.

Spalte 3 informiert Sie über die Summe der abgezinsten Cashflows. Die Summe der abgezinsten Cashflows nach 5 Jahren beträgt laut Tabelle 6 019 997 € (siehe Spalte 3 im fünften Jahr). Dieser Betrag ist der kumulierte Gegenwartswert der Cashflows der 5 Jahre. Den Gegenwartswert des Residualwertes nach 5 Jahren können Sie in Spalte 4 im 5. Jahr ablesen, er beträgt 27 691 000 €. Die Gesamtsumme der abgezinsten Cashflow-Werte und des Residualwertes beträgt nach Spalte 5 € 33 710 997.

Wenn Sie die Wertpapiere des Umlaufvermögens von 2 500 000 € berücksichtigen, erhalten Sie den Unternehmenswert von 36 210 997 €. Wird hiervon das Fremdkapital in Höhe von 15 000 000 € abgezogen, dann erhalten Sie den Sharehoder Value von 21 210 997 €.

Die letzte Spalte zeigt die jährlichen Wertsteigerungen. So wurde z. B. im 2. Jahr eine Wertsteigerung von 489 444 € erzielt. Über die gesamte Planperiode wurde eine Wertsteigerung von 2 210 997 € erreicht.

Checkliste: Berechnung des Shareholder Value Schritt für Schritt

1 Cashflows der einzelnen Jahre des Prognosezeitraumes berechnen.
2 Cashflows mit dem Kapitalkostensatz auf die Gegenwart abdiskontieren.
3 Summe der abgezinsten Cashflows ermitteln.
4 Gegenwartswert des Residualwertes berechnen.
5 Cashflow-Summe zuzüglich Gegenwartswert des Residualwertes bilden.
6 Börsenfähige Wertpapiere zur gebildeten Summe hinzuzählen.
7 Fremdkapital abziehen.
Der verbleibende Betrag ist der Shareholder Value.

Wie den Shareholder Value beeinflussen?

Auf die Schaffung von Shareholder Value haben das laufende Geschäft, Investitionsmaßnahmen und Finanzentscheidungen Einfluß.

Die Höhe des betrieblichen Cashflow ist abhängig von Operating- und Investitionsentscheidungen, ob diese nun das Umlaufvermögen, den Lagerbestand oder das Anlagevermögen betreffen. Das Produktionsprogramm, Werbung, Preispolitik und Service beeinflussen den Gewinn und die Umsatzrendite.

Operating (laufendes Geschäft):

- Gewinn,
- Umsatzrendite,
- Investitionen,
- Umlaufvermögen,
- Anlagevermögen.

Der geschaffene Shareholder Value hängt aber nicht nur von den jährlichen Cashflows ab, sondern auch vom Kapitalkostensatz, zu dem die Cashflows abdiskontiert werden. Die Höhe der Kapitalkosten wird vom langfristigen Fremdkapitalzinssatz am Kapitalmarkt, dem Geschäftsrisiko des Unternehmens und dem Verhältnis von Eigenkapital zu Fremdkapital bestimmt.

Konsequenzen des Shareholder Value

Die Optimierung des Unternehmenswerts im Sinne des Shareholder Value findet bei Publikumsgesellschaften verstärkt Beachtung. Aktionäre haben naturgemäß ein starkes Interesse an einem hohen Shareholder Value. Dazu vergleichen sie die Unternehmen einer Wirtschaftsbranche inzwischen auch weltweit. Angelsächsische Eigentümer üben dabei übrigens eine noch viel stärkere Kontrolle aus als deutsche Aktionäre. Die europäische Einigung, die Konkurrenz der Finanzplätze und die Tatsache, daß es zu immer mehr Firmenübernahmen kommt, verstärken den Druck noch.

Unternehmen, die eine Wertsteigerung des Shareholder Value im Blick haben, werden, wie eingangs bereits erwähnt, mehr Anleger anziehen als andere. Dies führt zu einer Erhöhung des Kapitals, mit dem das Unternehmen arbeiten kann. Je besser sein Unternehmenswert ist, desto höher ist auch seine Bonität.

Was Shareholder Value für das Management bedeutet

Vor diesem Hintergrund beurteilen institutionelle Anleger – wie ausländische Pensionsfonds, Investmentfonds und Versicherungen – Manager zunehmend danach, inwieweit sie langfristig den Unternehmenswert steigern können. Sie erwarten hohe Renditen und langfristige Strategien. Daher versuchen die Unternehmen, den Wert einzelner Geschäftsbereiche zu maximieren, um so den Gesamtwert des Konzerns zu steigern. So werden Geschäfts- bzw. Unternehmensbereiche nach dem Cashflow-Rückfluß des eingesetzten Kapitals beurteilt. Die Rentabilitätskennzahlen werden den Kapitalkosten gegenübergestellt, wobei von einem risikoreicheren Geschäftsbereich auch eine höhere Rendite erwartet wird.

> Das Shareholder-Value-Prinzip bedeutet die konsequente Anwendung eines Wertmanagements. Im Zentrum der Überlegungen steht, daß das eingesetzte Gesamtkapital eine höhere Rendite als die Kapitalkosten abwirft. Maßstab dafür ist der Cashflow in Prozent des investierten Kapitals.

Wie die Unternehmensleitung den Wert des Unternehmens steigern kann

Unternehmenswert und Shareholder Value können durch verschiedene Maßnahmen erhöht werden:

- Das Unternehmen wird in strategische Geschäftseinheiten aufgeteilt. Jede Geschäftseinheit ermittelt für mehrere Jahre den Cashflow.
- Für jede Geschäftseinheit werden die Kapitalkosten errechnet (Eigenkapital und Fremdkapital berücksichtigen!). Den Wert einer Geschäftseinheit können Sie feststellen, wenn Sie die erwarteten Cashflows und die Kapitalkosten abdiskontieren. Der derzeitige Wert jeder Geschäftseinheit bildet dann die Bezugsbasis für die Strategien.
- Die Höhe des Cashflow jeder Geschäftseinheit wird durch bestimmte Schlüsselfaktoren, sogenannte Key Performance Indicators, bestimmt. Ein solcher Key Performance Indicator ist im Einzelhandel z. B. der Umsatz pro Quadratmeter Verkaufsfläche.
- Diese Schlüsselfaktoren müssen Sie durch Ihr Berichtswesen erfassen und laufend beobachten.
- Für die Mitarbeiter schaffen Sie einen Anreiz, wenn Sie die Bezahlung an die Entwicklung der Schlüsselfaktoren anbinden. Je erfolgsabhängiger das Management bezahlt wird, desto mehr wird es sich um Erfolg und damit Gewinn bemühen.

> Manager, die den Unternehmenswert langfristig steigern können, sind in der sichersten Position.

Chancen und Grenzen des Shareholder Value

Unternehmen, die den Shareholder-Value-Ansatz zum Prinzip erhoben haben, betreiben eine aktionärsorientierte Unternehmenspolitik mit dem Ziel der langfristigen Unternehmenswertsteigerung. Ein solches Unternehmen muß sich nach dem Kapitalwert orientieren, um einen positiven Beitrag zum Unternehmenswert zu erbringen. Auch beim Shareholder-Value-Ansatz behalten Kundenorientierung, Qualitätsmanagement und Mitarbeitermotivation jedoch ihren Stellenwert.

Ein Unternehmen, das langfristig seinen Unternehmenswert steigern will, muß sich auf die Geschäftsbereiche konzentrieren, in denen es besonders erfolgreich ist. Die geschäftlichen Aktivitäten müssen immer wieder neu nach den kritischen Erfolgsfaktoren und Kernkompetenzen ausgerichtet werden. Geschäftsbereiche, die den langfristigen Unternehmenserfolg gefährden oder gar Werte zerstören, sind zu restrukturieren oder zu veräußern.

Die Grenzen des Shareholder Value liegen auf der Hand. Monetäres Kapital ist nicht das einzige Potential, über das ein Unternehmen verfügt. Das heißt, über die Interessen der Aktionäre dürfen die der Mitarbeiter, Lieferanten und Kunden nicht vergessen werden.

Erhöhte Gewinne für Aktionäre sind aber auch ein Vorteil für die Mitarbeiter. Untersuchungen in der Praxis belegen, daß Unternehmen mit guter Ertragslage meist auch die Zahl der Mitarbeiter erhöhen und größere Lohnsummen zahlen können. Wo Shareholder Value vernichtet wird, werden in der Regel auch Arbeitsplätze abgebaut. Unternehmen, die keine Werte schaffen, werden langfristig nicht überleben. Bei einer schlechten Eigenkapital- und Umsatzrendite gehen Manager kaum Wagnisse ein und scheuen es, Innovationen zu finanzieren, weil das Unternehmen bei nachlassenden Auftragseingängen rasch in die Verlustzone gerät. Investieren Unternehmen jedoch wenig in Forschung und Entwicklung, sparen sie zwar kurzfristig Kosten, langfristig schwächen sie aber ihre Marktposition noch mehr.

3.5 Mit der kurzfristigen Erfolgsrechnung arbeiten

Nach EVA und Shareholder Value geht es nun um ein Controllinginstrument, das Führungskräfte im operativen Geschäft aktuell über den Stand des Unternehmens unterrichten kann: die kurzfristige Erfolgsrechnung.

Die kurzfristige Erfolgsrechnung zeigt Ihnen in übersichtlicher und aussagefähiger Form das kurzfristige Betriebsergebnis. In der Regel wird die kurzfristige Erfolgsrechnung monatlich oder quartalsweise erstellt. Damit haben Sie ein wichtiges Instrument zur Steuerung und Planung im Unternehmen an der Hand, mit dem Sie aktueller informiert werden als durch die Bilanz oder die Gewinn- und Verlustrechnung. Voraussetzung für eine realitätsnahe kurzfristige Erfolgsrechnung ist eine Kostenrechnung, möglichst in Form einer Teilkostenrechnung. Nur mit Hilfe einer Kostenstellen-, Kostenarten- und Kostenträgerrechnung kann die kurzfristige Erfolgsrechnung die zur Unternehmensführung notwendigen Informationen liefern.

Wo Gesamterfolg und Betriebsergebnis ermittelt werden

Den Gesamterfolg eines Unternehmens ermittelt die Gewinn- und Verlustrechnung, die in der Finanzbuchführung durchgeführt wird. Der Gesamterfolg umfaßt sowohl betriebsbedingte als auch betriebsfremde Aufwendungen und Erträge.

Die Kosten- und Leistungsrechnung wiederum gliedert den Gesamterfolg in das eigentliche Betriebsergebnis und das neutrale Ergebnis. Für die Beurteilung des eigentlichen Betriebszwecks ist es nämlich notwendig, die außerordentlichen, periodenfremden und betriebsfremden Aufwendungen und Erträge abzugrenzen. Der Betriebserfolg ist also rein betriebsbezogen und übernimmt aus der Finanzbuchführung auch nur die entsprechenden Aufwendungen und Erträge. Diese Trennung betriebsbedingter und neutraler Aufwendungen/Erträge wird – meist außerhalb der Buchführung – statistisch in der Abgrenzungstabelle durchgeführt.

In der Kostenträgerrechnung werden die einzelnen Kosten den Produkten zugerechnet. Sie gliedert sich in die Kostenstückrechnung (= Kalkulation) und die Kostenträgerzeitrechnung (= Erfolgsrechnung). In der Kalkulation wird ermittelt, wie hoch die Kosten einzelner Waren oder ganzer Warengruppen sind. Je nachdem, ob auch die Gemeinkosten auf die Kostenträger zugerechnet werden, liegt eine Vollkostenrechnung oder Teilkostenrechnung vor.

Kosten- und Leistungsrechnung

Kostenartenrechnung – *Welche* Kosten sind angefallen?
Kostenstellenrechnung – *Wo* sind die Kosten entstanden?
Kostenträgerrechnung – *Wofür* sind die Kosten angefallen?
- Kostenträgerstückrechnung (= Kalkulation)
- Kostenträgerzeitrechnung (= Erfolgsrechnung)

Während die Kalkulation die Kosten für einzelne Produkte ermittelt, berechnet die kurzfristige Erfolgsrechnung die Gesamtperiodenkosten nach Kostenträgern gegliedert und stellt ihnen die Gesamtperiodenleistung gegenüber (Kosten vs. Umsatzerlöse = kurzfristiger Betriebserfolg). Sie ist ein wichtiges Steuerungsinstrument im Controlling und bezieht sich stets auf einen Zeitraum, meist einen Monat oder ein Quartal. Während in der Gewinn- und Verlustrechnung die gesamten Aufwendungen von den gesamten Betriebserträgen abgezogen werden, geht die kurzfristige Erfolgsrechnung von den gesamten Umsatzerlösen aus und subtrahiert unter Berücksichtigung der Bestandsveränderungen die gesamten Kosten. Die Gegenüberstellung der Verkaufserlöse und der angefallenen Kosten zeigt die Ertragskraft des Unternehmens insgesamt und die der einzelnen Kostenträger.

In der kurzfristigen Erfolgsrechnung ist eine Aufgliederung nach Produktgruppen, Verkaufsgebieten und Kundengruppen möglich.

Gesamtkostenverfahren und Umsatzkostenverfahren

Gesamtkostenverfahren

Beide Instrumente, die Gewinn- und Verlustrechnung sowie die kurzfristige Erfolgsrechnung, können Sie nach dem Gesamtkostenverfahren durchführen. Es ist als Vollkostenrechnung und als Deckungsbeitragsrechnung möglich (siehe auch Kapitel 5.3, ab Seite 156).

Die kurzfristige Erfolgsrechnung auf Vollkostenbasis nach dem Gesamtkostenverfahren geht nach den gleichen Kriterien wie die Gewinn- und Verlustrechnung der Finanzbuchführung vor. Bezugsbasis ist in beiden Fällen die Gesamtleistung des Unternehmens. Nachteilig bei diesem Verfahrens ist, daß sich die Umsatzerlöse auf die verkauften Mengen beziehen, die Kosten dagegen auf die hergestellte Menge. Deshalb sind die Bestandsveränderungen an fertigen und unfertigen Erzeugnissen zu berücksichtigen.

Vollkostenrechnung	**Deckungsbeitragsrechnung**
Umsatzerlöse der Periode	Umsatzerlöse der Periode
± Bestandsveränderungen an fertigen und unfertigen Erzeugnissen	± Bestandsveränderungen an fertigen und unfertigen Erzeugnissen
= Gesamtleistung der Periode	= Gesamtleistung der Periode
– Kosten der Periode	– variable Kosten der Periode
= Betriebsergebnis der Periode	= Deckungsbeitrag der Periode
	– fixe Kosten der Periode
	= Betriebsergebnis der Periode

Die Vollkostenrechnung wird für die Bestandsbewertung in der Bilanz und die Ermittlung des Betriebserfolges benötigt. Die Deckungsbeitragsrechnung eignet sich dagegen besser für die Wirtschaftlichkeitskontrolle und fundierte unternehmerische Entscheidungen.

Vollkostenrechnung in der Unterbeschäftigung – Vorsicht vor Fehlentscheidungen

Die Vollkostenrechnung geht von Vollbeschäftigung aus und strebt zumindest Kostendeckung bei den einzelnen Produkten an. Da bei Vollbeschäftigung alle Fixkosten zugleich Nutzkosten sind, liefert die Vollkostenrechnung hier – abgesehen von Fehlerquellen bei der Kostenumlage – brauchbare Ergebnisse. Die Vollkostenrechnung nimmt aber keine Trennung in fixe und variable Kosten vor. Dies bedeutet, daß die fixen Gemeinkosten auch aus den Erlösen der Kostenträger gedeckt werden müssen, wenn der Absatz stark rückläufig ist. Bei rückläufiger Nachfrage müßten bei der Vollkostenrechnung eigentlich die Verkaufserlöse erhöht werden, da die vorhandenen fixen Kosten jetzt auf weniger Produkte verteilt werden. Dies läßt aber die Marktlage gerade in schwierigen Zeiten nicht zu.

Die Vollkostenrechnung eignet sich bei Unterbeschäftigung des Unternehmens nicht als Grundlage für betriebswirtschaftliche Entscheidungen. Dann belastet sie nämlich die einzelnen Erzeugnisse ebenfalls mit anteiligen Leerkosten, was die Produkte unsachgemäß verteuert. Die Folge können Fehlentscheidungen sein. Produkte mit Verlust werden aus dem Fertigungsprogramm gestrichen oder Zusatzaufträge, die unter den Selbstkosten liegen, nicht hereingenommen. Mit der Vollkostenrechnung können Sie nicht erkennen, ob diese Produkte noch positive Deckungsbeiträge erwirtschaften.

Die Schwächen der Vollkostenrechnung

- Die Verteilung der Gemeinkosten auf die Kostenstellen und die Weiterverrechnung der Kostenstellengemeinkosten auf die Kostenträger ist schwierig und ungenau. Die Problematik liegt in den Verteilungsschlüsseln.
- Fixe und variable Kostenträgergemeinkosten werden mit Hilfe von Zuschlagssätzen auf die Kostenträger verteilt. Es wird so eine direkte Verbindung zwischen Zuschlagsbasis (z. B. Fertigungsmaterial) und Materialgemeinkosten angenommen.
- Vollkostenrechnungssysteme verteilen stets die fixen Kosten auf die hergestellten Produkte, auch dann, wenn diese Leerkosten sind.

Umsatzkostenverfahren

Das Umsatzkostenverfahren geht von der abgesetzten Leistung der Periode aus und rechnet ihr die entstandenen Kosten zu (verkaufte Produkte vs. entsprechende Kosten). Dies ermöglicht einen Einblick in die Ertragskraft der einzelnen Produkte. Das Umsatzkostenverfahren eignet sich daher besser zur Steuerung des Unternehmens.

Für die Entscheidungsfindung eignet sich besonders das Umsatzkostenverfahren in Verbindung mit der Deckungsbeitragsrechnung:

	Umsatzerlöse der Periode
–	variable Kosten der Periode
=	Deckungsbeitrag
–	fixe Kosten
=	Betriebsergebnis der Periode

Eine detaillierte Darstellung des Umsatzkostenverfahrens in Verbindung mit der Deckungsbeitragsrechnung geht von den Bruttoumsatzerlösen der Periode aus. Wenn Sie die Erlösschmälerungen Skonti, Boni und Rücksendungen abziehen, dann sind Sie bei den Nettoumsatzerlösen. Werden auch die variablen Kosten (Fertigungsmaterial, Fertigungslöhne, Fremdleistungen, Verpackung) abgezogen, dann erhalten Sie den Deckungsbeitrag I.

Wenn vom Deckungsbeitrag I die den verschiedenen Produkten direkt zurechenbaren fixen Kosten (Materialwirtschaft, Fertigung, Verkauf) abgezogen werden, dann sind Sie beim Deckungsbeitrag II. Nach Abzug der unternehmensfixen Kosten wird das Betriebsergebnis ermittelt. Betriebsergebnis plus neutrales Ergebnis ergibt das Unternehmensergebnis, das in der Gewinn- und Verlustrechnung ausgewiesen wird.

Weitere Ausführungen und Berechnungen zum Deckungsbeitrag finden Sie im Kapitel 5 im Abschnitt »Verkaufssteuerung mit der Deckungsbeitragsrechnung« (ab Seite 156).

Kurzfristige Erfolgsrechnung nach dem Umsatzkostenverfahren mit Deckungsbeitrag I und Deckungsbeitrag II

Kurzfristige Erfolgsrechnung	Summe €	Produktgruppen		
		A	B	C
1 **Bruttoumsatzerlöse**				
2 Erlösschmälerungen				
3 **Nettoumsatzerlöse** (Pos. 1 – Pos. 2)				
4 Fertigungsmaterial				
5 Fertigungslöhne				
6 Hilfsstoffe				
7 Fremdleistungen				
8 Verpackungen				
9 Bestandsveränderungen				
10 **Variable Kosten insgesamt** (Pos. 4 bis 9)				
11 **Deckungsbeitrag I** (Pos. 3 – Pos. 10)				
12 Materialwirtschaft				
13 Fertigung				
14 Verkauf und Marketing				
15 **Spezielle Fixkosten** (Pos. 12 bis 14)				
16 **Deckungsbeitrag II** (Pos. 11 – Pos. 15)				
17 Unternehmensleitung				
18 Allgemeine Verwaltung				
19 Finanz- und Rechungswesen				
20 **Allgemeine Fixkosten** (Pos. 17 bis 19)				
21 **Betriebsergebnis** (Pos. 16 – Pos. 20)				
22 Neutrale Erträge				
23 Neutrale Aufwendungen				
24 Neutrales Ergebnis (Pos. 22 – Pos. 23)				
25 **Unternehmensergebnis** (Pos. 21 + Pos. 24)				

3.6 Kennzahlen zur Aktienbewertung

Aktienkennziffern sind keine Kennzahlen im engeren Sinne, die für strategisches oder operatives Führen im Unternehmen unmittelbaren Wert hätten. Da sie aber dennoch Rückschlüsse über den Unternehmenserfolg zulassen, sollen sie an dieser Stelle kurz besprochen werden.

Mit Aktienkennzahlen können Sie sowohl einzelne Aktien als auch den Gesamtmarkt bewerten und somit besser beurteilen. Die wichtigsten Aktienkennzahlen sind Gewinn pro Aktie, Dividendenrendite, Ausschüttungsquote und das Kurs-Gewinn-Verhältnis (KGV).

Kurs-Gewinn-Verhältnis

Das Kurs-Gewinn-Verhältnis (KGV) gilt als das wichtigste Kriterium dafür, ob eine Aktie billig oder teuer ist. Die Kennzahl stellt eine Verbindung zwischen dem Kaufpreis der Aktie (Börsenkurs) und dem Gewinn einer Aktie pro Jahr her, bestimmt also die relative Kurshöhe der Aktie. Das KGV ermöglicht besonders Vergleiche mit anderen Gesellschaften, dem Branchendurchschnitt und ausländischen Gesellschaften.

K

$$\text{KGV} = \frac{\text{Aktueller Aktienkurs}}{\text{Gewinn pro Aktie}}$$

Beispiel KGV

Der Börsenkurs einer Aktie beträgt 120 €, und die Aktiengesellschaft weist 100 Mio. € Gewinn aus. Es seien 10 Mio. Aktien ausgegeben. Der Gewinn pro Aktie erreicht folglich 10 €. Es ergibt sich damit ein KGV bzw. P/E von 120 €: 10 € = 12.

Das KGV entspricht der in Großbritannien und in den USA üblichen Price/Earning-Ratio = P/E (Marktbewertung einer Aktie).

Das KGV informiert Sie auch darüber, ob das Kursniveau des gesamten Deutschen Aktienindexes (DAX) im Vergleich zu anderen Jahren hoch oder niedrig ist. Bei diesem Verfahren sind die Gewinne aller 30 Werte des DAX in Beziehung zum DAX-Index zu setzen. Der langfristige Durchschnitt des KGV liegt bei 13.

Die Börse nimmt bekanntlich die Zukunft vorweg. Um aussagefähigere KGV-Werte zu gewinnen, sollten bei der Ermittlung nicht die Gewinnzahlen des Vorjahres verwendet werden, sondern der geschätzte Gewinn des nächsten Jahres. Um ein realistischeres Bild zu gewinnen, sind auch am Beginn eines Konjunkturaufschwunges nicht die im Rezessionsjahr erwirtschafteten Gewinne einzusetzen. Eine weitere Rolle spielt ferner die Entwicklung der Rendite bei lang laufenden Anleihen.

Beziehen Sie in die Analyse des KGV ein mögliches Wachstum der Gewinne im kommenden Jahr mit ein.

Der Kurs einer Aktie wird jedoch nicht nur durch den Wert bestimmt, den die Börse ihr beimißt, sondern auch durch Sonderfaktoren wie einen hohen Substanzwert, hohe stille Reserven in Grundstücken oder durch Übernahmespekulationen. Außer der Ertragslage eines Unternehmens sind auch die jährlichen Gewinnsteigerungen in Prozent wichtig. Daraus lassen sich die prozentualen Veränderungen des Gewinns je Aktie im Vergleich zum Vorjahr ableiten. Auch die Wachstumsrate sollte zur Beurteilung einer Aktie herangezogen werden. Eine hohe Ertragsdynamik deutet auf günstige Zukunftsperspektiven hin.

Eine Aktie mit im Vergleich zum Marktdurchschnitt niedrigen KGV und gleichzeitig hoher Ertragsdynamik hat Chancen auf eine Kurssteigerung.

Gewinn und Cashflow pro Aktie, Dividendenrendite und Ausschüttungsquote

Der Gewinn pro Aktie (engl. »Earnings per share«) ist eine Ertragskennzahl, die Ihnen zeigt, wieviel Gewinn das Unternehmen pro Aktie erzielt.

$$\text{Gewinn pro Aktie} = \frac{\text{Gesamtgewinn des Unternehmens}}{\text{Gesamtzahl der Aktien}}$$

K

Analog läßt sich der Cashflow pro Aktie (»Cashflow per share«) berechnen. Diese Kennziffer informiert Sie, wie groß der Mittelzufluß je Aktie war. Wenn sie sich in der Vergangenheit kontinuierlich erhöht hat, dann ist das als positives Kriterium für das Unternehmen zu sehen.

K

$$\text{Cashflow pro Aktie} = \frac{\text{Gesamter Cashflow des Unternehmens}}{\text{Gesamtzahl der Aktien}}$$

Bei der Dividendenrendite wird die zuletzt gezahlte Dividende ins Verhältnis zum aktuellen Aktienkurs gesetzt. Damit wird die Ausschüttung der AG am aktuellen Preis der Aktie gemessen, was die Verzinsung des Kapitals ergibt. Allerdings ist von der Dividende die Kapitalertragssteuer abzuziehen, die der Aktionär in der Regel zahlen muß:

K

$$\text{Dividendenrendite} = \frac{\text{Nettodividende} \times 100}{\text{Kurs der Aktie}}$$

Beispiel zur Dividendenrendite

Eine Aktiengesellschaft zahlte bei der letzten Ausschüttung an die Aktionäre eine Dividende von 20 € bei einem Kurs von 270 €. Von der Dividende von 20 € wird 25 % Kapitalertragssteuer abgezogen, so daß der Aktionär 15 € erhält, die er dann noch nach dem Halbeinkünfteverfahren zur Hälfte versteuern muss.

$$\textit{Dividendenrendite} = \frac{15 \times 100}{270} = 5{,}55\,\%$$

Die Dividendenrendite zeigt nicht nur die Verzinsung einer Aktie, sie ist ebenfalls ein Maßstab dafür, ob eine Aktie billig oder teuer ist. Fällt die Dividendenrendite stark, dann hat sich entweder die Ertragslage der Gesellschaft nachhaltig verschlechtert oder der Börsenkurs ist stark gestiegen.

Die Ausschüttungsquote (»pay out ratio«) gibt Ihnen an, wieviel Prozent des Gewinns als Dividende ausgeschüttet wurde. Wenn Sie beispielsweise eine Ausschüttungsquote von 64 % berechnet haben, dann wurden 64 % des Gewinns der AG an die Aktionäre ausgeschüttet:

K

$$\text{Ausschüttungsquote} = \frac{\text{Dividendenzahlung der AG} \times 100}{\text{Gewinn der AG}}$$

Börsenkapitalisierung und innerer Wert

Unter der Börsenkapitalisierung versteht man die Bewertung einer Aktiengesellschaft an der Börse. Die Börsenkapitalisierung entspricht dem Börsenwert aller umlaufenden Aktien dieser Gesellschaft. K

$$\text{Börsenkapitalisierung} = \text{Zahl der umlaufenden Aktien} \times \text{Aktienkurs}$$

Im Rahmen der Fundamentalanalyse, bei der Unternehmen umfassend nach harten Meßdaten bewertet werden, wird auch die Kennzahl »innerer Wert einer Aktie« verwendet. Diese Kennziffer entspricht etwa dem Substanzwert der Aktie, wenn Sie die folgende Formel verwenden. Das Nettovermögen ergibt sich, wenn vom Vermögen die Schulden abgezogen werden. K

$$\text{Innerer Wert} = \frac{\text{Nettovermögen} + \text{stille Reserven}}{\text{Zahl der Aktien}}$$

Der innere Wert der Aktie hängt ferner vom Ertragswert ab, der zukünftigen Ertragssituation der Gesellschaft. Die künftigen Erträge müßten Sie dann auf die Gegenwart abzinsen. Es könnte dann der Mittelwert aus Substanzwert und Ertragswert ermittelt werden. Die dazu notwendigen Daten sind nicht nur mit großer Unsicherheit behaftet, einem Außenstehenden sind solche Informationen erst gar nicht zugänglich. K

4 Kennzahlen über Ihre Mitarbeiter

4.1 Erfolgsfaktor Personal

Warum Messungen im Personalbereich durchführen? Die Antwort liegt auf der Hand: Mitarbeiter sind ein, wenn nicht der wichtigste Erfolgsfaktor eines Unternehmens.

Die Fragen, die sich im Rahmen des Personalmanagements stellen können, sind sehr unterschiedlicher Natur und betreffen harte und weiche Faktoren gleichermaßen:

- Wie hoch ist der Personalbedarf?
- Wie viele Mitarbeiter wandern jährlich ab?
- Wie hoch sind Ausfallzeiten (Fehlquoten) und Fluktuation in den einzelnen Abteilungen?
- Wie ist die allgemeine Arbeitsmoral im Unternehmen einzuschätzen?
- Wie motiviert sind unsere Mitarbeiter?
- Welche Anforderungen stellen die Mitarbeiter selbst an das Unternehmen?
- Wie zufrieden sind die Mitarbeiter mit ihrem Arbeitsplatz?
- Wie gut sind unsere Sicherheitsstandards?

Bei Messungen im Personalbereich kann es nicht darum gehen, den »gläsernen Mitarbeiter« zu erhalten. Aber aus den im Unternehmen vorhandenen Daten und auf Basis von Umfragen können Sie die nötigen Informationen gewinnen, die Ihnen bei der Verfolgung Ihrer Personalziele helfen. Dabei sollten neben harten Daten wie Kosten oder Fehlzeiten unbedingt auch subjektive Einschätzungen Berücksichtigung finden.

Ihre Mitarbeiter sind das wichtigste Potential Ihres Unternehmens! Wichtige Maßstäbe hierfür sind Mitarbeiterzufriedenheit, Motivation und Kompetenzentwicklung.

Wichtige Voraussetzung für erfolgreiche Mitarbeiterführung

Wie motiviert Mitarbeiter sind, hängt nicht zuletzt von der Personalführung ab, also der zielgerichteten Beeinflussung durch die Vorgesetzten. Die Art und Weise der Führung wird stark geprägt von den jeweils verfolgten Managementmodellen bzw. den zugrundeliegenden Führungsstilen.

Solche verschiedenen Führungsstile zu identifizieren wurde mit dem Managerial-Grid-Modell versucht: Mit einem nach den Kriterien Sach- und Menschenorientierung erstellten Führungsverhaltensgitter (Managerial Grid) lassen sich einzelnen Stilen bestimmte Kategorien zuordnen. Ziel ist es, den eigenen Führungsstil zu erkennen, zu beurteilen und sich auch andere Führungsstile anzueignen. Das optimale Grid-Management verlangt, daß eine Führungskraft als Teammanager aufgaben- und mitarbeiterorientiert führt.

Management by objectives, das Führen mit Zielen, ist momentan eines der umfassendsten gesamtorganisatorischen Führungskonzepte. Hier gibt es starke Unterschiede, je nachdem, ob operationale Ziele von oben vorgegeben sind (Management durch Zielvorgaben) oder ob sie auf Grundlage der allgemeinen Unternehmensziele mit den Mitarbeitern vereinbart werden. Im kooperativen Management durch Zielvereinbarung wird der Weg zum Ziel aus den Vorgaben ausgeklammert. Der autoritäre Führungsstil der ersten Variante ist heute für die meisten Arbeitnehmer nicht motivationsfördernd, vielmehr wird ein Führungsstil bevorzugt, der die Mitarbeiter in die Entscheidungen stärker einbezieht und ihre Eigeninitiative fördert.

Gute Führung verlangt fähige Manager. Nicht nur die Unternehmensleitung, auch die Mitarbeiter selbst erwarten von ihren Vorgesetzten entsprechende Fachkompetenz, vor allem den Willen und die Fähigkeit, die Mitarbeiter zu motivieren und mit ins Boot zu holen. Wer gut führt, erreicht gute Mitarbeiterleistungen und eine hohe Mitarbeiterzufriedenheit (ab Seite 139). Personelle Fehlentscheidungen bei der Besetzung von Führungspositionen und Spezialistenstellen sind daher für ein Unternehmen nicht nur eine teuere Angelegenheit, sondern können auch sehr schädliche Auswirkungen haben, zu schlechten Leistungen der Mitarbeiter oder zu Mobbing führen; wenn Führungskräfte abberufen werden müssen, können auch Belastungen im Außenverhältnis entstehen (z. B. mit Banken, Kunden, Lieferanten).

Warum die Mitarbeiterentwicklung messen?

Ziele des Human Resource Management

Der Unternehmenserfolg ist das Ergebnis des Zusammenspiels von mehreren Faktoren. Einen besonderen Beitrag erbringen qualifizierte und motivierte Mitarbeiter. Das »Human Resource Management« als ganzheitliches Personalkonzept sieht die Mitarbeiter eines Unternehmens nicht als Kostenfaktor, sondern als Leistungsträger. Sie sind die Basis für die langfristige Sicherung der Unternehmensentwicklung. Ein Unternehmen muß deshalb seine Mitarbeiter entwickeln und fördern.

Erinnern wir uns an die Balanced Scorecard (Seite 47). Dort wird mit Finanzkennzahlen der kurzfristige Geschäftserfolg gemessen. Der Erfolg geht jedoch auf Leistungen im Verkauf, in der Produktion und andere interne Abläufe zurück. Hervorragende Ergebnisse in diesen Bereichen lassen sich aber nur erreichen, wenn die entsprechenden Mitarbeiterpotentiale vorhanden sind. Daher wird in dieses Kennzahlensystem auch die Mitarbeiterperspektive einbezogen.

Jedes Unternehmen, das langfristige, hohe finanzielle Ziele anstrebt, sollte in Personal und Prozesse investieren. Denn die so wichtige Lern- und Entwicklungsperspektive einer Organisation wird letztlich nur durch die Potentiale, die Zufriedenheit und Produktivität der Beteiligten bestimmt. Fähige Mitarbeiter müssen nicht nur angeworben und entwickelt, sondern auch gehalten werden. Ihr intellektuelles Potential kann einen wichtigen Vorsprung im Wettbewerb bedeuten, daher sollte man gerade die Besten auch nicht an die Konkurrenz verlieren.

Was ist unter Personalentwicklung zu verstehen?

In einer Zeit raschen, technologischen Fortschritts wird die gezielte Personal- oder Mitarbeiterentwicklung immer wichtiger. Nicht nur innovative Technologien, auch der Einzug moderner Informationstechnologien oder neue Marktentwicklungen haben teils enorme Auswirkungen auf Fertigungsvorgänge und Arbeitsprozesse. Die Anforderungen der meisten Arbeitsplätze verändern sich, viele Stellen setzen heute nicht nur Berufserfahrung, sondern auch Spezialkenntnisse und Zusatzqualifikationen wie Teamfähigkeit voraus. Alle Mitarbeiter, egal welcher Hierarchieebene, müssen auf die künftigen Herausforderungen vorbereitet sein, will das Unternehmen seinen Standort langfristig sichern.

Personalentwicklung hat zum Ziel, nicht nur die Leistungsfähigkeit, sondern auch die Motivation aller Mitarbeiter zu steigern. Sie beginnt sinnvollerweise bereits bei der Auswahl der Mitarbeiter – indem das Entwicklungspotential der Bewerber in Einklang gebracht wird mit den Perspektiven, die das Unternehmen bietet. Die Maßnahmen der Personalentwicklung schließlich reichen von individuellen Computerschulungen über Teamentwicklungen bis hin zu Führungskräfteseminaren. Ein Unternehmen, das viel Wert auf Personalentwicklung legt, ist für Bewerber, insbesondere für qualifizierte Nachwuchskräfte, attraktiver als eines, das sich hierbei zurückhält.

Sinnvolle Personalentwicklung soll Mitarbeiter und Führungskräfte im Rahmen ihrer Entwicklungsfähigkeit so qualifizieren, daß sie ihre derzeitigen und künftigen Aufgaben erfolgreich bewältigen können. »Im Rahmen ihrer Entwicklungsfähigkeit« bedeutet dabei, stärker als früher, die individuellen Entwicklungsmöglichkeiten der Betroffenen zu beachten. Arbeitsvereinbarungen mit flexiblen, individuellen Regelungen, und neue Arbeitsformen wie Telearbeit können einen Kompromiß zwischen betrieblichen Notwendigkeiten und den persönlichen Interessen des jeweiligen Mitarbeiters finden. Die Personalentwicklung umfaßt alle Maßnahmen der Aus-, Fort- und Weiterbildung in einem Unternehmen. Das Lernen durch die tägliche Arbeit am Arbeitsplatz (»training on the job«) und die Fort- und Weiterbildung in der Freizeit gehören ebenfalls dazu. Auch Team-Coaching, Qualitätszirkel und Planspiele zielen auf eine Verbesserung spezifischer Qualifikationen und Kompetenzen ab.

Die individuelle Mitarbeiterentwicklung wird aber nicht nur durch Weiterbildung geprägt, sondern auch von Ideen und Strategien, Strukturen und Werten im Unternehmen. Ein starkes Gewicht haben natürlich auch die Vorgesetzten, auf deren Führungkompetenzen es ankommt.

Mitarbeiterkompetenz läßt sich messen! Eine globale Meßgröße für die Entwicklung des Mitarbeiterpotentials ist z. B. die jährliche Stundenzahl für Weiterbildung.

Hier zählen weiche und harte Faktoren

Für Kennzahlen zur Messung der Mitarbeiterperspektive benötigen Sie grundsätzlich weiche und harte Daten. Harte Faktoren sind leichter zu erfassen und zu beurteilen, wie im Kapitel 4.3 gezeigt werden wird. Bei den weichen Faktoren ist die Erfassung und die Gewichtung schwieriger, auch spielen mehr subjektive Momente herein – was allerdings nichts an der großen Bedeutung dieser Einflüsse ändert.

Einige wichtige harte und weiche Faktoren aus dem Personalbereich, die den Erfolg mit bestimmen, zeigt die folgende Übersicht. Dabei lassen sich einige der genannten Meßbereiche, wie etwa die Mitarbeiterzufriedenheit, noch weiter verfeinern.

Harte Messungen	Weiche Messungen
Produktivitätskennzahlen (Umsatz pro Mitarbeiter etc.)	Kenntnisse und Fähigkeiten der Mitarbeiter
Verfügbarkeitsquote	Bildungsstand der Mitarbeiter
Fehlzeitenquote	Mitarbeiterzufriedenheit
Fluktuationsquote	Arbeitsklima
Anzahl der Kündigungen	Motivation
Pensionsregelungen	Loyalität
Lohnniveau im Branchenvergleich	Kompetenz der Führungskräfte
Ausgaben für Weiterbildung	Unternehmenskultur
Anzahl der Schulungsstunden pro Mitarbeiter	
Anzahl eingebrachter/umgesetzter Ideen	

Woher die nötigen Informationen nehmen?

Die Personalabteilung führt Personalstatistiken mit allen notwendigen Daten über die Mitarbeiter. Über den einzelnen Mitarbeiter unterrichtet Sie die Personalakte. Hier finden Sie:

- Bewerbungsunterlagen (Lebenslauf, Lichtbild, Zeugnisse, Beurteilungen früherer Arbeitgeber, Personalfragebogen),
- Arbeitsvertrag und etwaige Sondervereinbarungen,
- Schriftverkehr mit dem Arbeitnehmer,

- Einsatz des Mitarbeiters im Unternehmen,
- Beurteilungen,
- Unterlagen über Bezüge, Urlaub, Krankheiten.

Umfragen, Mitarbeitergespräche, Entlassungsgespräche, Interviews oder Gruppendiskussionen können als Datenquellen für weiche Faktoren dienen. Wichtig ist, daß Sie nicht nur konkrete Gelegenheiten wie ein Entlassungsgespräch oder eine Kündigung nutzen, um an die nötigen Hintergrundinformationen zu kommen. Auch das Gespräch unter vier Augen oder kurze Feedback-Runden in Teamsitzungen sind nützliche Datenquellen. Denkbar ist auch, daß Beschwerden von Seiten der Mitarbeiter systematisch erfaßt werden. Besonders informativ sind Umfragen. Solche Umfragen sollten regelmäßig durchgeführt und ausgewertet werden. Wie bei einer solchen Umfrage vorgegangen werden kann, erfahren Sie im Kapitel 4.4.

Wenn Fortschritte nicht regelmäßig gemessen werden, ist eine Untersuchung wertlos.

Leistungsbeurteilung durch Vorgesetzte

Eine wichtige Aufgabe des Management ist die Leistungsbeurteilung. Ausgangsbasis hierfür ist das tägliche Leistungsverhalten des Mitarbeiters am Arbeitsplatz. Die Beurteilung des Vorgesetzten hat wiederum Auswirkungen auf die künftigen Leistungen.

Beurteilungskriterien der Mitarbeiter sind:

- Arbeitsquantität (Umfang der Arbeitsergebnisse, Zeitbedarf),
- Arbeitsqualität (Fehlerquoten, s. u., Güte der Arbeit),
- Arbeitseinsatz (Belastbarkeit, Initiative),
- Arbeitssorgfalt (Behandlung der Arbeitsmittel, Zuverlässigkeit),
- betriebliche Zusammenarbeit (Teamarbeit, Informationsaustausch).

Die Mitarbeiterbeurteilung umfaßt außer der reinen Fachkompetenz auch die Fähigkeiten zur Teamarbeit und Kooperation sowie Verantwortungsbewußtsein und Selbständigkeit. Der Vorgesetzte muß den Mitarbeiter über die Quantität und Qualität seiner Arbeitsleistung sowie seine Stärken und Schwächen informieren. Im Beurteilungsgespräch kann der Mitarbeiter seine Argumente darlegen.

Die objektive Beurteilung von Bewerbern und Mitarbeitern sowie eine klare Stellenbeschreibung sind wichtig, um von vornherein Konflikte zu vermeiden. Objektive Beurteilungen erleichtern ferner die Zusammenarbeit mit dem Betriebsrat, der bei Umstellungen, Versetzungen und Umgruppierungen ein Mitspracherecht hat.

Ein weiteres wichtiges Instrument im Rahmen der Personalbeurteilung ist die Eignungs- und Entwicklungsbeurteilung. Während die Leistungsbeurteilung die erbrachten Leistungen einer Person in der Vergangenheit untersucht, will die Eignungs- und Entwicklungsbeurteilung das Entwicklungspotential einer Person im Hinblick auf zukünftige Aufgaben erschließen. Auch damit haben Sie die Möglichkeit, die Kompetenzen Ihrer Mitarbeiter zu messen.

Mehr Informationen auch an die Mitarbeiter!

Harter und internationalisierter Wettbewerb fordern ständigen Wandel und Weiterentwicklung ein, was Auswirkungen auf die Struktur und Kultur des Unternehmens hat. Höhere Ansprüche an die Mitarbeiter setzen nicht nur deren Flexibilität voraus, sondern auch, daß sie selbständig und eigenverantwortlich agieren. Dies funktioniert nur, wenn sie auch über das nötige Wissen verfügen. Leiten Sie also an Ihre Mitarbeiter ständig die nötigen Informationen weiter, wie:

- Informationen über die Unternehmensziele,
- Daten zur Wirtschaftslage des Unternehmens und Entwicklungstendenzen,
- Organisationsrichtlinien und Arbeitsanweisungen,
- Sicherheitsvorschriften.

4.2 Personalbedarfsrechnung

Auch wenn keine Kennzahl im engeren Sinn, ist der Personalbedarf eines Unternehmens doch eine wichtige Ziffer, vor allem in der Gründungs- oder Expansionsphase eines Unternehmens. Aber auch für ein Unternehmen, das wegen allgemeinen Fachkräftemangels sehr stark um Mitarbeiter werben muß, kann der Personalbedarf zu einer wichtigen Kennzahl werden.

Sowohl der qualitative als auch quantitative Personalbedarf wird durch die Personalplanung erfaßt. Die kurzfristige Personalplanung berücksichtigt einen Zeitraum bis zu einem Jahr, die mittelfristige Planung umfaßt mehrere Jahre. Dabei interessieren Bedarf, Beschaffung, Einsatz, Entwicklung, Fortbildung und Freisetzung von Personal. Die Personalplanung ist damit Grundlage für die Personalbeschaffung bzw. das Personalmarketing.

Was bestimmt Ihren Personalbedarf?

- Kapazitätsänderungen

  Eine größere Kapazität, z. B. Eröffnung eines Zweigwerkes, bedeutet einen erhöhten Personalbedarf; der Abbau von Kapazitäten führt entsprechend zu weniger Mitarbeitern.
- Beschäftigungsgrad

  Mit steigender Auslastung der Kapazität (Auslastungsgrad) werden mehr Arbeitskräfte benötigt.
- Arbeitszeitverringerung

  Eine Verringerung der wöchentlichen Arbeitszeit erfordert bei sonst gleichen Voraussetzungen einen steigenden Personalbedarf.
- Rationalisierungsmaßnahmen

  Rationalisierungsmaßnahmen sind meistens mit einem Abbau von Personal verbunden.
- Erschließung eines neuen Marktes

  Unternehmen, die sich einen neuen Markt erschließen, brauchen das entsprechende Fachpersonal. So hat die Öffnung des Telekommunikationsmarktes zu einem starken Konkurrenzkampf um Fach- und Führungskräfte im Bereich Informations- und Kommunikationstechnologie gesorgt.

Der Personalbedarf ist abhängig vom derzeitigen Personalbestand und dem künftigen Bedarf an Arbeitskräften. In der Personalbedarfsrechnung wird das benötigte Personal konkret nach Qualifikation, Anzahl, Termin und Dauer, unter Umständen auch nach Einsatzort festgelegt, wobei die Belegschaftsstärke auf die Betriebskapazität abgestimmt werden muß.

Beispiel: Personalbedarfsrechnung

Jahr	1	2	3	4	5	6	7
Bestand	700	720	750	770	790	790	760
– ausscheidende Mitarbeiter (Pension, Vorruhestand, Kündigungen, Versetzungen)	40	50	35	30	20	15	25
= voraussichtlicher Bestand	660	670	715	740	770	775	735
– voraussichtlicher Bedarf	720	750	770	790	790	760	750
= Unterdeckung (–) bzw. Überdeckung (+)	–60	–80	–55	–50	–20	+15	–15

Aus diesen Ergebnissen leitet sich die Personalbeschaffungsplanung ab, die genau über die zahlenmäßig benötigten Mitarbeiter, ihre Qualifikationen und die Einstellungstermine informiert.

4.3 Mitarbeiterleistungen quantitativ beurteilen

Bei der Planung, Steuerung und Kontrolle im Personalbereich können Kennzahlen einen wichtigen Beitrag leisten. Sie sind ein Instrument für den Zeitvergleich, den Plan-Ist-Vergleich und den zwischenbetrieblichen Vergleich. Mit Kennzahlen können Sie Fehlzeiten der Mitarbeiter erfassen, um sie anschließend zu analysieren und die richtigen Gegenmaßnahmen zu finden.

Mit Kennzahlen Ausfallzeiten analysieren

Verfügbarkeitsquote der Mitarbeiter

Nur der Mitarbeiter kann Leistung erbringen, der auch im Unternehmen ist. Dieser Tatbestand wird durch die Kennziffer Verfügbarkeitsquote näher präzisiert. Im Zähler des Bruches erscheint die verfügbare Zeit, vermindert um betriebliche und individuelle Ausfallzeiten, während im Nenner die verfügbare Zeit einzusetzen ist.

$$\text{Verfügbarkeitsquote} = \frac{(\text{verfügbare Zeit} - \text{betriebliche und individuelle Ausfallzeiten}) \times 100}{\text{verfügbare Zeit}}$$

K

Bei der Ermittlung der verfügbaren Zeit sowie der betrieblichen und der individuellen Ausfallzeiten in der Formel sind verschiedene Sachverhalte zu berücksichtigen. Sie müssen von der gesetzlichen bzw. tariflichen Arbeitszeit ausgehen; Bezugsbasis kann hier auch die betriebliche oder individuelle Arbeitszeit sein. Die verfügbare Zeit erhalten Sie, wenn Sie die gesetzlichen oder tariflichen Ausfallzeiten abziehen, auf die das Unternehmen keinen Einfluß hat:

  gesetzliche oder tarifliche Arbeitszeit
– gesetzliche oder tarifliche Ausfallzeiten
= verfügbare Zeit

Schwieriger zu ermitteln sind die betrieblichen und individuellen Ausfallzeiten.

  Leerzeiten
\+ Überstundenzuschläge in Zeiteinheiten
\+ Verlustzeiten durch Kurzarbeit
\+ betriebliche Fehlzeiten
\+ individuelle Fehlzeiten
\+ Fluktuation
= betriebliche und individuelle Ausfallzeiten

Kennzahlen zur Erfassung der Leerzeiten, Überstunden und Kurzarbeit

Ausfallzeiten in Form von Leerzeiten, Überstunden und Kurzarbeit können in gewissem Umfang von der Unternehmensleitung beeinflußt und gesteuert werden. Leerzeiten entstehen durch Unterbrechungen des Betriebsablaufes, z. B. Materialmangel oder Unpünktlichkeit. Sie verursachen Personalkosten, ohne daß das Unternehmen dafür eine Gegenleistung erhält.

Die Leerzeitenquote zeigt Ihnen, wieviel Prozent der verfügbaren Zeit auf Leerzeiten entfällt:

$$\text{Leerzeitenquote} = \frac{\text{Zeit am Arbeitsplatz ohne Arbeit} \times 100}{\text{verfügbare Zeit}}$$

K

Verlustzeiten durch Kurzarbeit oder Überstunden fallen an, wenn die Nachfrage nach Erzeugnissen und Dienstleistungen und die Kapazitäten bzw. das

Arbeitsangebot der Mitarbeiter nicht übereinstimmen. Bei den Überstunden fallen Zuschläge, bei der Kurzarbeit für die Ausfallzeiten Sozialkosten und in voller Höhe Lohnnebenkosten an. Eine Überstunde und die Kurzarbeitsstunde sind damit im Vergleich zu einer normalen Arbeitsstunde teurer. Entsprechend der Leerzeitenquote lassen sich die Formeln »Überstundenzuschlagsquote« und »Zeitverlustquote Kurzarbeit« bilden.

K

$$\text{Überstundenzuschlagsquote} = \frac{\text{Überstundenzuschläge in Zeiteinheiten} \times 100}{\text{vereinbarte Arbeitszeit}}$$

K

$$\text{Zeitverlustquote Kurzarbeit} = \frac{\text{Kurzarbeitsstunden} \times 100}{\text{verfügbare Arbeitszeit}}$$

Arbeitszeiten flexibel gestalten

Eine bessere Anpassung des Arbeitsangebots an die Nachfrage können Sie durch mehr Flexibilität in den Arbeitszeiten erreichen, z. B. durch die Vorgabe einer Mindest- und Maximalarbeitszeit pro Tag, Woche, Monat oder Jahr oder durch Schaffung und Ausgleich von Zeitguthaben. Aber auch Teilzeitmodelle oder die Vergabe bestimmter Tätigkeiten an Externe (freie Mitarbeiter) oder flexibel gestaltete Telearbeit kann Ihren Handlungsspielraum erweitern.

Fehlzeitenquote – eine wichtige Personalkennzahl

Die Abwesenheit vom Arbeitsplatz, sogenannte Fehlzeit, ist eine weitere Verlustquelle für ein Unternehmen. Während das Unternehmen die gesetzlichen und tariflichen Fehlzeiten wie Feiertage oder Urlaub nicht beeinflussen kann, lassen sich die betrieblichen und individuellen Fehlzeiten in gewissem Umfang steuern.

Die Fehlzeitenquote ist die Zahl der Fehlarbeitstage zur Zahl der maximal möglichen Arbeitstage aller Belegschaftsmitglieder:

K

$$\text{Fehlzeitenquote} = \frac{\text{versäumte Arbeitstage im Jahr} \times 100}{\text{mögliche Arbeitstage im Jahr}}$$

Die Fehlzeitenquote kann weiter aufgegliedert werden in Krankheit, Unfall, Mutterschutz und Weiterbildung. In Ländern mit Lohnfortzahlung ist die

Fehlzeitenquote höher. Der Übergang zwischen krank sein, kränkeln und sogar »krank feiern« ist fließend. Individuelle psychische oder soziale Gründe, aber auch ein schlechtes Arbeitsklima oder Mobbing können Ursachen für eine hohe Fehlzeitenquote sein.

Es empfiehlt sich, die Fehlzeitenquote unbedingt nach verschiedenen Kriterien zu bestimmen. Sie kann für das gesamte Unternehmen, einzelne Profit-Center oder Abteilungen, bestimmte Arbeitsgruppen oder für den einzelnen Mitarbeiter ermittelt werden. Es lassen sich noch weitere Gruppierungen bilden, z. B. nach Alter, Geschlecht oder Betriebszugehörigkeit. Nur eine detaillierte Fehlzeitenstatistik kann Ihnen helfen, wenn Sie eine zu hohe Fehlzeitenquote abbauen wollen. Sie wissen dann auch, in welchen Abteilungen und bei welchen Führungskräften die Kennziffer besonders schlecht ist. Nur dann können Sie auch feststellen, inwieweit einzelne Maßnahmen zur Senkung der Fehlzeiten wirksam geworden sind.

Sehr aufschlußreich ist die Fehlzeitenquote des einzelnen Mitarbeiters – hierzu stellen Sie den versäumten Arbeitstagen in der Periode die gesamte Soll-Arbeitszeit des Mitarbeiters gegenüber:

$$\text{Fehlzeitenquote MA} = \frac{\text{versäumte Arbeitstage MA im Jahr}}{\text{Soll-Arbeitstage MA im Jahr}}$$ K

Für die Analyse der personenbezogenen Fehlzeitenquote können Sie eine weitere Kennzahl heranziehen, die die mittlere Dauer zwischen den Fehltagen ermittelt:

$$\text{mittl. Dauer zwischen den Fehltagen} = \frac{\text{Tage zwischen den Fehlzeiten insgesamt}}{\text{Zahl der Anwesenheitsperioden}}$$ K

Checkliste: Wie Sie Fehlzeiten abbauen können

- Krankenstand nach Ursachen analysieren
- Telefonischer Anruf bei einer Erkrankung (Krankenbesuche)
- Gesundheitsprüfungen in regelmäßigen Abständen durch den Betriebsarzt
- Mitarbeitergespräche führen
- Arbeitsumfeld verbessern
- Prämien für geringe Fehlzeiten zahlen
- Abmahnung und als letztmöglichen Schritt die Kündigung

Fluktuationsquote – ein erheblicher Kostenfaktor

Ein Unternehmen verliert wertvolles Know-how, wenn gute Mitarbeiter kündigen. In allen Fällen, in denen Mitarbeiter freiwillig aus dem Unternehmen ausscheiden, spricht man von Fluktuation. Die Fluktations- oder Austrittsquote zeigt Ihnen global, wieviel Prozent der Gesamtbelegschaft in einem Jahr das Unternehmen verlassen haben.

K

$$\text{Fluktuationsquote} = \frac{\text{Zahl der Austritte im Jahr} \times 100}{\text{durchschnittliche Zahl der Beschäftigten}}$$

Von einer hohen Austrittsquote können Sie Rückschlüsse auf das Betriebsklima, die Bezahlung usw. ziehen. Eine hohe Fluktuation (Jahre vergleichen!) ist mit beachtlichen Kosten verbunden, weil jeder neue Mitarbeiter Einstellungskosten verursacht und eingearbeitet werden muß. Die Austrittsquote ist jedoch nur aussagefähig, wenn das Unternehmen eine bestimmte Größe hat. Bei kleinen Unternehmen ist diese Kennzahl stark zufallsbedingt.

Der Verlust erfahrener Mitarbeiter führt nicht nur zu erhöhtem Streß bei den verbleibenden Kollegen, langfristig wird auch das Know-how dieser Mitarbeiter fehlen.

Wenn Sie die Fluktuation vermindern wollen, dann sind aussagefähige Fluktuationsstatistiken zu erstellen, die wieder nach sinnvollen Kriterien eingeteilt werden sollten. Eine solche Statistik muß zeigen können, in welchen Abteilungen oder bei welchen Berufen/Funktionen die Austrittsquote überdurchschnittlich hoch ist.

Im Gespräch die Ursache aufdecken

Weil die harte Kennzahl Ihnen wenig über die Motive der ausscheidenden Mitarbeiter verrät, sollten Sie versuchen, die Ursachen für die Kündigungen im Gespräch herauszufinden. Nur wenn Sie mit allen ausscheidenden Mitarbeitern sprechen, haben Sie die Chance, auf die innerbetrieblichen Schwachstellen zu stoßen, die möglicherweise zur Kündigung geführt haben.

Wie produktiv sind Ihre Mitarbeiter?

Die Produktivität, das Verhältnis von Leistung und Input, ist eine harte Schlüsselkennzahl. Sie zeigt, wie die materiellen und menschlichen Ressourcen in einer Organisation eingesetzt werden. Bei der Mitarbeiterproduktivität wird der Output der Mitarbeiter zur Zahl der Mitarbeiter in Beziehung gesetzt.

Mitarbeiterbezogene Produktivitätskennzahlen

- Umsatz je Mitarbeiter
- Gewinn je Mitarbeiter
- hergestellte Stückzahl/Leistungsmenge je Mitarbeiter
- hergestellte Stückzahl dividiert durch Lohnkosten
- Wertschöpfung je Mitarbeiter

Eine einfache und klare Kennzahl ist der Umsatz je Mitarbeiter. Sie zeigt die allgemeine Leistungsfähigkeit einer Organisation. Die Aussagefähigkeit geht aber verloren, wenn sie auf einzelne Abteilungen bezogen wird. Eine weitere Einschränkung besteht darin, daß auch bei einem zunehmenden Umsatz pro Mitarbeiter ein Gewinnrückgang möglich ist, dann nämlich, wenn die zusätzlich hereingenommenen Aufträge zu Preisen verkauft wurden, die unter den Kosten lagen.

Die Kennziffer Gewinn je Mitarbeiter informiert, welcher Gewinn pro Mitarbeiter erzielt wurde. Höhere Absatzmengen bedeuten in der Regel auch mehr Gewinn je Mitarbeiter. Die Messung der Wertschöpfung pro Mitarbeiter soll den Erfolg ausgewogen darstellen. Im Zähler des Bruches sind die eingekauften Materialien, Aggregate und Dienstleistungen von den Umsätzen abzuziehen.

Zeitkennzahlen für die Bewertung von Arbeitsleistung

Die Bewertung der Arbeitsleistung nach Ablauf und Zeitaufkommen kann notwendig werden, wenn Arbeitsvorgänge rationalisiert werden oder Zeitvorgaben ermittelt werden sollen oder ein allgemeiner Maßstab für die Leistungsbeurteilung benötigt wird. Der Verband für Arbeitsstudien REFA in Deutschland ist ein Institut, das in einem solchen Rahmen Arbeitsstudien durchführt. Der Verband strebt Normalleistungen an und unterscheidet sich daher vom Taylorismus, der Höchstleistungen verlangte. Arbeitsstudien befassen sich mit dem Arbeitsablauf, dem Arbeitsplatz, Arbeitszeiten und dem Arbeitswert (Anforderungen). Im Rahmen von Arbeitsablaufstudien werden verschiedene Tätigkeiten in Arbeitsgänge, -stufen, -griffe und -griffelemente untergliedert. Dann wird der optimale oder kostengünstigste Arbeitsablauf bestimmt. Mit der Erforschung von kräfteschonenden Bewegungsabläufen befaßt sich übrigens auch die Arbeitswissenschaft (Ergonomie).

Wie die Normalzeit ermittelt wird

Der REFA-Verband hat sich zur Aufgabe gemacht, die Ausführung von Arbeitsaufgaben zeitgenau zu erfassen (Ist-Zeit). Die Ist-Zeitermittlung bildet die Grundlage für die Sollzeiten künftiger Arbeitsgänge. Aus der Ist-Zeit und dem Leistungsgrad wird die Vorgabezeit ermittelt. Der Schwerpunkt der Zeitstudien liegt in der Ermittlung der Vorgabezeit. Der Zeitnehmer muß bei der Ermittlung der Vorgabezeit die Tätigkeiten von verschiedenen Arbeitnehmern erfassen und den Leistungsgrad des Arbeitnehmers abschätzen. Dieser kann zwischen 130% für eine sehr gute und 60% für eine schwache Leistung schwanken.

Der Zeitverbrauch eines Arbeitnehmers ist abhängig von:

- der zu leistenden Aufgabe,
- seinem Können und
- seinem Arbeitseinsatz.

Fähigkeiten bzw. Fertigkeiten und der Arbeitseinsatz (Leistungsbereitschaft) bestimmen dabei den Leistungsgrad. Dabei ergeben sich folgende Beurteilungsmöglichkeiten:

Beurteilung der Leistung		**Leistungsfaktor**
sehr gut	130 %	1,3
gut	110 %	1,1
befriedigend	100 %	1,0
ausreichend	90 %	0,9
mangelhaft	70 %	0,7

Die Normalzeit errechnet sich folgendermaßen:

K

Ist-Zeit × Leistungsfaktor = Normalzeit

Beispiel

Wenn die Ist-Zeit 8 Minuten beträgt, die Normalzeit 10 Minuten dann errechnet sich ein Leistungsfaktor von:
8 Min. × Leistungsfaktor = 10 Min.
Leistungsfaktor = 1,25

Vorgabezeit und Auftragszeit

REFA untergliedert die Vorgabezeit in Grundzeit, Verteilzeit und Erholungszeiten. Die Grundzeiten stehen in direkter Verbindung mit der Arbeitsaufgabe, z. B. dem Bearbeiten eines Möbelstückes an der Drehmaschine. Die Verteilzeiten berücksichtigen außerplanmäßige Unterbrechungen, seien es Störungen oder Wartungsarbeiten an einer Maschine oder dienstliche Gespräche. Die Erholungszeiten sind Ruhepausen infolge von Ermüdungserscheinungen. Verteilzeiten und Erholungszeiten können als Prozentsatz der Grundzeiten angegeben werden.

Vorgabezeit für die Arbeitskraft	
Grundzeit	• Haupttätigkeit, z. B. Behandlung der Oberfläche eines Möbelstückes • Nebentätigkeit, z. B. Möbelstück herausnehmen
Verteilzeit	• sachliche Verteilzeit, z. B. Störungen oder Wartezeiten, Dienstgespräche • persönliche Verteilzeiten, z. B. Mitarbeitergespräch
Erholungszeit	• Unterbrechung der Tätigkeit infolge Ermüdung

Die Auftragszeit ist die für die Erledigung eines Arbeitsauftrages insgesamt benötigte Zeit und entspricht der gesamten Vorgabezeit. Die Auftragszeit umfaßt die Rüstzeit, die für die Vorbereitung der Arbeit und die Wiederherstellung des Arbeitsplatzes in seinem ursprünglichen Zustand benötigt wird, und die Ausführungszeit, also den Zeitaufwand für die Fertigung eines Stücks.

Die Auftragszeit setzt sich damit folgendermaßen zusammen:

	Tätigkeitszeit
+	Wartezeit
=	Grundzeit
+	Verteilzeit
+	Erholungszeit
	Ausführungszeit
+	Vorbereitungszeit (Rüstzeit)
	Auftragszeit

Beispiel: Bestimmung der Vorgabezeit

Tätigkeitszeit 4,75 Min. pro Stück
Wartezeit 1,25 Min. pro Stück
Verteilzeit 20 %
Erholungszeit 10 %
Rüstzeit 30 Min.
Berechnet werden soll die Vorgabezeit für 100 Stück

Tätigkeitszeit	*4,75 Min.*
+ Wartezeit	*1,25 Min.*
Grundzeit	*6,00 Min.*
+ Verteilzeit 20%	*1,20 Min.*
+ Erholungszeit 10%	*0,60 Min.*
= Stückzeit	*7,80 Min.*
Ausführungszeit 7,8 Min. × 100	*780 Min.*
+ Rüstzeit	*30 Min.*
= ***Auftragszeit***	***810 Min.***

Vom Wirtschaftszweig abhängige Kennzahlen

Der Umsatz pro Belegschaftsmitglied, das Anlagevermögen je Beschäftigten und die Lohnquote sind Kennzahlen, die stark vom Wirtschaftszweig abhängig sind. Der Umsatz pro Belegschaftsmitglied ist im Handel höher als in der Industrie. Aber auch zwischen den einzelnen Industriebranchen bestehen beachtliche Unterschiede.

K

$$\text{Umsatz pro Belegschaftsmitglied} = \frac{\text{Jahresumsatz}}{\text{durchschnittliche Zahl der Beschäftigten}}$$

Das Anlagevermögen je Beschäftigten ist in den kapitalintensiven Wirtschaftsbranchen wie Automobil- oder Elektrizitätsindustrie hoch. Für die Schaffung eines neuen Arbeitsplatzes ist in diesen Branchen viel Kapital notwendig. Diese Kennzahl nimmt mit zunehmender Automation weiter zu.

$$\text{Anlagevermögen pro Beschäftigter} = \frac{\text{Sachanlagen am Stichtag}}{\text{Zahl der Beschäftigten am Stichtag}}$$ K

Stark vom Wirtschaftszweig abhängig ist auch die Lohnquote, die Relation von Lohnkosten zu Umsatz. Diese Kennzahl gewinnt an Aussagekraft, wenn außer den Lohnkosten die Gehälter und die gesetzlichen und freiwilligen Sozialkosten berücksichtigt werden. Es werden dann die gesamten Personalkosten in Beziehung zum Umsatz gesetzt.

$$\text{Lohnquote} = \frac{\text{Personalkosten}}{\text{Umsatz}}$$ K

Die diversen Statistiken und Personalkennziffern sind die Grundlage für Arbeitsplatzanalyse, Personaleinsatz, Personalplanung sowie Aus- und Weiterbildungsveranstaltungen. Mit Personalkennzahlen können Sie prüfen, ob Ihre Bemühungen im personalwirtschaftlichen Bereich Erfolg haben. Man muß sich aber im klaren sein, daß man die Effizienz der betrieblichen Personalarbeit nicht mit dem Grad an Exaktheit messen kann, wie dies im wirtschaftlichen oder technischen Bereich möglich ist.

4.4 Die Mitarbeiterzufriedenheit messen

Warum Mitarbeiterzufriedenheit so wichtig ist

Die Mitarbeiterzufriedenheit ist eine wichtige Kennzahl mit hoher Aussagekraft, die verschiedene Faktoren erfaßt. In ihr finden die allgemeine Zufriedenheit mit dem Arbeitsplatz, das Betriebsklima und die Arbeitsmoral ihren Niederschlag. Die Mitarbeiterzufriedenheit hat nachhaltige Auswirkungen auf die Produktivität und die Loyalität Ihrer Mitarbeiter. Zufriedene Mitarbeiter erzielen bessere Arbeitsergebnisse; dann sind auch die Kunden zufriedener. Über eine höhere Mitarbeiterzufriedenheit kann also indirekt auch mehr Kundenzufriedenheit erreicht werden. Außerdem bleiben zufriedene Mitarbeiter in der Regel dem Unternehmen langfristig erhalten. So geht kein Wissen verloren, und was das Unternehmen in den ersten Jahren in die Mitarbeiter investiert hat, zahlt sich am Ende wieder aus. Außerdem betreiben zufriedende Mitarbeiter meist positive »Öffentlichkeitsarbeit« für ihren Arbeitgeber.

Unzufriedene Mitarbeiter, deren Hauptmotiv der Erhalt des Arbeitsplatzes ist, erbringen langfristig keine akzeptablen Arbeitsergebnisse. Wird hier die Kontrolle abgebaut, sinkt die Leistung.

Die Mitarbeiterzufriedenheit hängt natürlich auch stark von der persönlichen Situation und den Zielen der Mitarbeiter ab. Diese Ziele können sehr unterschiedlich sein. So setzt ein alleinerziehender Erziehungsberechtigter mit schulpflichtigen Kindern andere Prioritäten als ein älterer männlicher Junggeselle. Wenn Sie Umfragen durchführen, sollten Sie daher verschiedene Kriterien bilden, nach denen Sie die Ergebnisse der statistischen Auswertung später einteilen können.

Bedenken sollten Sie ferner, daß sich nicht alle Mitarbeiter motivieren lassen – auch im Verkauf läßt sich keine hundertprozentige Kundenzufriedenheit erreichen. Dennoch sollte das Management anstreben, mit motivationsfördernden Maßnahmen die meisten Mitarbeiter zu erreichen.

Checkliste: So können Sie die Mitarbeiterzufriedenheit erhöhen

- Holen Sie Ihre Mitarbeiter bei Entscheidungen, die sie betreffen, mit ins Boot.
- Stellen Sie Ihren Mitarbeitern alle für ihre Aufgaben notwendigen Informationen zur Verfügung.
- Erkennen Sie die Leistungen Ihrer Mitarbeiter an – nicht nur im Stillen oder vor Dritten, sondern loben Sie sie auch direkt.
- Fördern Sie Eigeninitiative und Kreativität Ihrer Mitarbeiter!
- Achten Sie auf ein gutes Betriebsklima.
- Bieten Sie den Mitarbeitern zusätzliche Leistungen an. Incentives und Gewinnbeteiligung erhöhen nicht nur die Zufriedenheit, sondern wirken auch motivierend.

Wie Mitarbeiterumfragen durchführen?

Messen Sie die Mitarbeiterzufriedenheit jährlich, halbjährlich oder vierteljährlich per Fragebogen, durch persönliche Interviews oder Befragungen per Telefon. Je nach Größe des Betriebs können entweder alle Mitarbeiter in die Untersuchung einbezogen oder nur Stichproben gemacht werden. Nur regelmäßige Umfragen zur Mitarbeiterzufriedenheit liefern Ihnen brauchbare Ergebnisse. Zumindest einmal im Jahr sollte eine Befragung durchgeführt werden, da sich nicht nur die Prioritäten bei den Mitarbeitern ändern können, sondern eventuell auch neue Mitarbeiter hinzugekommen und andere gegangen sind. Befragungen, die nur in einem mehrjährigen Abstand erfolgen, geben Ihnen nicht das notwendige Feedback und lassen Veränderungen nicht erkennen. Außerdem wird es die Mitarbeiter nicht sehr motivieren, wenn Ergebnisse einer ausführlichen Umfrage keine Folgen haben oder einfach nicht mehr weiterverfolgt werden.

Wichtig ist, daß nicht zu viele und die richtigen Fragen gestellt werden!

Auch wenn es nicht die Regel ist, so kann doch eine Personalabteilung, die die Mitarbeiterbefragung durchführt, schlechte Umfrageergebnisse der Geschäftsleitung gegenüber schönen, um nicht dafür verantwortlich gemacht zu werden. Befragungen zur Mitarbeiterzufriedenheit und zum Betriebsklima könnte man daher auch von externen Beratern durchführen lassen. Dabei haben Sie eventuell auch die Möglichkeit, (anonyme) Vergleichsdaten von anderen Unternehmen zu erfahren. Es empfiehlt sich, die Mitarbeiterzufriedenheit pro Profit-Center, Abteilung und Arbeitsgruppe festzustellen.

Gestalten Sie die Fragebögen anonym. Sonst werden heikle Fragen kaum beantwortet. Damit Sie genauere Ergebnisse erhalten, sollten Sie Ihre Mitarbeiter nach Kategorien einteilen. Denkbar wären Kriterien wie Alter, Betriebszugehörigkeit, Geschlecht, Teilzeit- oder Vollzeitarbeitsplatz, Bildungsabschluß, Aufstiegsmöglichkeiten, Führungsebene etc. Praktisch läßt sich dies umsetzen, indem man unter »Fragen zu Ihrer Person« verschiedene Antwortmöglichkeiten pro Kriterium vorgibt, die dann angekreuzt werden sollen (männlich/weiblich, Teilzeit/Vollzeit, keine/geringe/große Aufstiegschancen, unteres/mittleres/oberes Management etc.). In einem kleinen Betrieb, in dem dadurch Rückschlüsse auf die Mitarbeiter gezogen werden können, sollten Sie auf eine solche Einteilung verzichten.

Zur Bewertung können Sie dann bei den einzelnen Fragen Klassen von A bis C oder Punkte von 1 bis 6 vergeben, wobei 1 »sehr gut«, 2 »gut« usw. bedeutet.

Fragebogen Mitarbeiterzufriedenheit						
Fragen zu Ihrer Person	Alter	□ unter 30	□ 30–40	□ 40–50	□ über 50	
	Geschlecht		□ weiblich	□ männlich		
Hinweis: Erhebung und Auswertung des Fragebogens erfolgen anonym. Wir bitten Sie, die Fragen möglichst offen zu beantworten.	Betriebszugehörigkeit	□ 0 bis 5 Jahre	□ 6 bis 10 Jahre	□ 10 bis 15 Jahre	□ über 15 Jahre	
	Jahresgehalt	□ bis 48 000	□ 48 000 bis 60 000	□ 60 000 bis 80 000	□ über 80 000	
	Beurteilung					
Wie zufrieden sind Sie mit …? Wie schätzen Sie Ihre … ein?	**1** sehr gut	**2** gut	**3** mittel	**4** ausreichend	**5** schlecht	**6** sehr schlecht
• Vergütung						
• Aufstiegsmöglichkeiten						
• Weiterbildung/Schulungen						
• Möglichkeiten der persönlichen Entfaltung						
• Arbeitsbelastung						
• Streß am Arbeitsplatz (1 = keinen, 6 = sehr groß)						
• Verhalten der Führungskräfte						
• Kompetenz der Vorgesetzten						
• Offenheit d. Kommunikation						
• Betriebsklima						
• Ergonomie am Arbeitsplatz						
• Sicherheitsstandard						
Was sollte Ihrer Meinung im Unternehmen als erstes verbessert werden? Wo liegen möglicherweise die Ursachen für die schlechte Situation?	______________________					

Den Ursachen auf den Grund gehen

Mitarbeiterumfragen können Ihnen die bestehenden Probleme aufzeigen, z. B. wieviel Mitarbeiter das Betriebsklima als »schlecht« einstufen. Die Ursachen für das schlechte Betriebsklima erfahren Sie aber nur, wenn Sie in der Umfrage entsprechende offene Fragen einbauen, z. B.: »Wo besteht Ihrer Meinung nach der größte Verbesserungsbedarf? Was sind die Ursachen für die schlechte Situation?« Allerdings gestaltet sich eine (statistische) Auswertung solcher Informationen schwierig, und eine Garantie für ehrliche Antworten haben Sie auch nicht. Für die Erforschung der Ursachen sollten Sie daher besser andere Quellen nutzen:

- Manche Chefs führen einmal wöchentlich Besprechungen mit den Mitarbeitern über die Arbeit durch und können dabei auch durch Zusatzfragen die Zufriedenheit der Mitarbeiter überprüfen.
- Andere Führungskräfte haben von Zeit zu Zeit Sprechstunden, in denen die Mitarbeiter ihre Angelegenheiten und Probleme vortragen können.
- Themen der Mitarbeiterzufriedenheit können auch in einer vertraulichen Arbeitsgruppe mit einem Diskussionsleiter besprochen werden.
- In Teams sollte es selbstverständlich sein, offen über die Qualität der Arbeit, Probleme und Konflikte zu sprechen.
- Ansonsten können Sie im Gespräch unter vier Augen die Gründe für die Einschätzungen und Urteile Ihrer Mitarbeiter erfahren.

Welche harten Faktoren die Mitarbeiterzufriedenheit bestimmen

Während weiche Faktoren der Mitarbeiterzufriedenheit Sie auf mögliche zukünftige Probleme hinweisen, können bestimmte harte Werte anzeigen, daß bereits echte Probleme vorliegen.

Eine wichtige harte Meßziffer für die Mitarbeiterzufriedenheit, v. a. wenn sie sich dramatisch erhöht hat, ist die Anzahl der Kündigungen. Die Personalabteilung muß hier allerdings zunächst abgrenzen, ob jemand infolge Heirat, Studium oder besserer Bezahlung geht oder infolge echter Unzufriedenheit den Arbeitsplatz kündigt. Der wirkliche Grund sollte möglichst in jedem Einzelfall ermittelt werden. Von selbst wird der ausscheidende Mitarbeiter nicht so ohne weiteres seine Motive offenlegen; oft werden, z. B. aufgrund persönlicher Ambitionen, andere Gründe vorgeschoben wie »mehr Bezahlung« oder »bessere Aufstiegsmöglichkeiten bei der neuen Firma«, wobei beide Faktoren natürlich auch die Mitarbeiterzufriedenheit wesentlich beeinflussen – eine unterdurchschnittliche Bezahlung oder die Aussicht, niemals weiterzukommen, kann durchaus Frustration hervorrufen.

Über die Mitarbeiterzufriedenheit informiert Sie auch die harte Kennzahl Versetzungsgesuche. Wenn viele Mitarbeiter in eine bestimmte Abteilung versetzt werden wollen, aber niemand diese Abteilung verlassen will, dann spricht dies für ein hervorragendes Betriebsklima dort. Bei der Analyse dieser Kennzahl ist aber zu berücksichtigen, daß auch die Attraktivität der Abteilung und der Standort des Unternehmens eine Rolle spielen.

Kann man Streß messen?

Der »Faktor Streß« ist nicht zu unterschätzen. Streß beeinflußt die Kreativität, die Motivation, die Leistungsfähigkeit und die Qualität. Es gibt zwar auch den positiven Streß (als Eustreß bezeichnet), der Flügel verleiht und zu Höchstleistungen antreibt – aber wenn ein Mitarbeiter häufig klagt, er sei »so gestreßt«, wird er kaum diesen positiven Effekt meinen, sondern den negativen Streß, der durch schädliche Umwelteinflüsse und eine ungesunde Lebensweise noch verstärkt wird.

Die folgende Checkliste zeigt einige Indikatoren für Streß. Aber diese Informationen sind jeweils vorsichtig zu interpretieren – nicht jeder Mitarbeiter, der überdurchschnittlich viel arbeitet, empfindet seine Arbeit unbedingt als »stressig«. Hier ist ein hoher subjektiver Faktor zu berücksichtigen.

Checkliste: Woran Sie Stress bei Mitarbeitern erkennen

- Durchschnittliche Zahl der Wochenarbeitsstunden pro Mitarbeiter nach Bezugsgruppen.
- Schlechte Arbeitsergebnisse des Mitarbeiters.
- Mangelnde Kreativität und Initiative, Mitarbeiter scheint im Tagesgeschäft zu ersticken.
- Entlassung von Mitarbeitern bei gleichbleibender oder steigender Arbeitsbelastung der verbleibenden Mitarbeiter.
- Mitarbeiter klagt individuell über Streß am Arbeitsplatz.
- Mitarbeiter nimmt Arzneimittel gegen Bluthochdruck.
- Krankheiten mit Streßcharakter treten auf, insbesondere Magengeschwüre oder chronische Erschöpfung.

Bei den zwei letzten Punkten ist jedoch Vorsicht geboten – jeder reagiert anders auf Streß, und es gibt eine Reihe von weiteren Beschwerden und Krankheiten, die durch Streß bedingt oder zumindest verstärkt werden können. Dennoch sollten Sie auf Streßindikatoren achten – und mit Ihren Mitarbeitern besprechen, wie sie Streß abbauen können.

Wenden Sie einen Gesamtindex an

In einer globalen Kennziffer »Mitarbeiterzufriedenheitsindex« lassen sich die gemessenen Einzelergebnisse komprimieren. Der Index sollte sowohl harte Kennzahlen, wie krankheitsbedingte Fehlzeiten, Versetzungsgesuche und Austrittsquote, als auch weiche Meßdaten (Umfragen zur Mitarbeiterzufriedenheit und zum Streß) enthalten. Die einzelnen Komponenten werden entsprechend Ihren Bedürfnissen gewichtet (z. B. 50% weiche und 50% harte Daten).

In einer einzigen Kennzahl läßt sich die Gesamtentwicklung der Mitarbeiterzufriedenheit leichter verfolgen, für eine fundierte Analyse reicht sie jedoch nicht aus.

5 Richtig informiert über Märkte, Absatz und Kunden

Der Verkauf muß nicht nur die vom Betrieb hergestellten Erzeugnisse absetzen – heute wird es immer wichtiger, die Wünsche und Bedürfnisse der Kunden und potentiellen Abnehmer zu kennen und zu analysieren. Die Märkte befinden sich im raschen Wandel. Geschmackswandlungen und neue Bedürfnisse führen zu veränderten Kaufgewohnheiten. Jedes Unternehmen muß daher die Ursachen von Marktveränderungen ermitteln, um geeignete Lösungen anbieten zu können. Daneben müssen Konkurrenzunternehmen beobachtet werden, die neue Produkte auf den Markt bringen.

Mit den geeigneten Kennzahlen können Sie Märkte analysieren und die Stellung des eigenen Unternehmens im Wettbewerb ausloten. Mit Messungen zur Kundenzufriedenheit und zum Kundennutzen Ihrer Produkte und Dienstleistungen können Sie die Zukunftschancen des Unternehmens am Markt besser einschätzen.

Ein Unternehmen, das sich nicht auf die Bedürfnisse der Kunden einstellt, wird seine Existenz langfristig gefährden.

5.1 Marketing und Marktforschung

Marketing als Denkhaltung und unternehmerische Aufgabe

Im Wirtschaftssystem der Marktwirtschaft ist es heute für ein Unternehmen viel wichtiger, sich am Markt zu bewähren, als eine technisch-naturwissenschaftliche Problemanalyse zu bieten. Denn die Märkte haben sich von Verkäufer- zu Käufermärkten entwickelt.

Agiert der Verkauf in einem Unternehmen marktorientiert, dann wird er die Marktgegebenheiten beobachten und die Kundenwünsche berücksichtigen. Er wird Informationen über die Verbraucher sammeln und auswerten, um ihr Konsumverhalten, ihre Bedürfnisse und Kaufgewohnheiten zu ermitteln. Daneben müssen aber auch die verschiedenen Märkte analysiert werden, denn Größe (Marktvolumen), Marktanteile der einzelnen Anbieter, Vertriebswege und Konkurrenzprodukte haben ebenfalls einen erheblichen Einfluß auf den Absatz. Solche marktorientierten Aufgaben sind in vielen Unternehmen Sache des Marketing.

Von einem marketingorientierten Unternehmen kann man aber erst dann sprechen, wenn alle Unternehmensbereiche und nicht nur der Verkauf marktorientiert sind. Das bedeutet etwa, daß Marketingmaßnahmen schon bei der Entwicklung von Produkten einsetzen und nicht erst bei deren Vertrieb. Ziel ist demnach, daß der Markt im Mittelpunkt aller unternehmerischen Aktivitäten steht.

Das Marketing umfaßt damit folgende Funktionen:

- Sammeln von Markt- und Unternehmensdaten,
- Produkt- bzw. Dienstleistungsgestaltung,
- Öffentlichkeitsarbeit und Werbung,
- Verkauf.

Marketing ist eine umfassende Aufgabe, die sich durch das ganze Unternehmen zieht.

Sonderform Handelsmarketing: Wege zur Absatzgestaltung

Im Handel muß das Marketing (noch) stärker als bei Herstellerbetrieben auf den Endverbraucher bezogen sein: Die Entwicklung der Wirtschaft und die Konkurrenz im Handel führten dazu, daß Handelsbetriebe inzwischen nicht nur ein erweitertes Warensortiment, sondern auch mehr Serviceleistungen (Kundendienstleistungen) anbieten müssen, um auf die individuellen Bedürf-

Guter Service fördert die Kundenzufriedenheit

Der Handel ist oft stark an einem »schnellen« Umsatz interessiert, mit der Folge, daß seine Beratung zu wenig auf individuelle Bedürfnisse eingeht. Wenn die Kunden unterschiedliche Ansprüche an den Service stellen, sollte ein Handelsbetrieb sein Serviceangebot auch entsprechend differenziert gestalten; allerdings nicht, ohne den jeweiligen Kundennutzen der Dienstleistung herauszustellen. Um die wichtige Kennziffer »Kundenzufriedenheit« zu beeinflussen, sollte jedenfalls verstärkt auf individuelle Serviceleistungen geachtet werden.

nisse der Käufer eingehen zu können. Servicepolitik ist somit z. B. ein wichtiges Instrument des Handelsmarketing. Allerdings kommt es auch hier auf die Art des Handels an: Fachgeschäfte gewähren eher einen umfangreichen Service, während Verbrauchermärkte und SB-Warenhäuser mehr auf die Sortimentsbreite abzielen.

Ökomarketing: Umweltverträgliche Produkte fördern

Von umweltfreundlichen Produkten wird erwartet, daß sie in ihren Verbrauchs-, Gebrauchs- und Verkaufseigenschaften umweltfreundlich sind. Aber auch ihre Herstellung soll die Umwelt möglichst wenig belasten, was vor allem bedeutet, den Ressourcenverbrauch niedrig zu halten. Schließlich soll die spätere Entsorgung zu möglichst geringen Umweltbelastungen führen. Diese Ziele verfolgt das Ökomarketing. Ökomarketing nimmt eine Sonderstellung ein, denn hier handelt es sich nicht um eine Marketingstrategie zur Umsatzsteigerung, sondern um ein ganzheitliches System praktizierter Umweltverantwortung. Dazu gehören Aufgaben wie:

- umweltbelastende Produkte durch alternative Produkte ersetzen,
- Kunden auf umweltverträgliche Produkte hinweisen,
- umweltfreundliche Verpackungsstoffe, Mehrwegverpackungen anstelle von Einwegsystemen einsetzen,
- Umweltgesichtspunkte in der Fertigung, Logistik und in der Warendistribution beachten,
- ökologische Sensibilität bei den Mitarbeitern entwickeln.

Für ökomarketingorientierte Unternehmen haben Messungen zur Umweltfreundlichkeit der Produkte und Dienstleistungen, meist technische Daten, eine besondere Bedeutung.

Was die Marktforschung untersucht

Die Aufgabe der Marktforschung ist es, systematisch Daten über die Märkte zu sammeln und auszuwerten, um den Informationsstand des Unternehmens zu verbessern (Produkt-, Konsum-, Distributions- und Werbeforschung). Dabei berücksichtigt sie die Entwicklung des Marktes, die Konkurrenzverhältnisse, die Handelsstruktur, die Verbrauchergewohnheiten und das Kaufverhalten. Von der Marktforschung unterscheidet sich die Markterkundung: Hierbei werden Marktinformationen unregelmäßig gesammelt und nur bei Bedarf ausgewertet. Natürlich ist die Markterkundung damit auch eine Form der Informationsbeschaffung über die Marktverhältnisse.

Bei der Marktanalyse wird einmalig eine genaue Untersuchung des Marktes vorgenommen; die Marktverhältnisse werden dabei in Zahlen dargestellt (statische Analyse). Soll hingegen die Marktentwicklung über einen bestimmten Zeitraum hinweg laufend untersucht werden, setzt man die Marktbeobachtung ein (dynamisch). Auskunft darüber, wie sich der Markt in Zukunft verändert, gibt die Marktprognose.

Das Aufgabenspektrum der Marktforschung	
Die Nachfrage betreffend	**Das Angebot betreffend**
• Größe des Marktes (Marktvolumen) • Verbraucherwünsche • Produkte am Markt • Einkommensentwicklung • Entwicklung des Marktvolumens • Auslandsmärkte	• Konkurrenten am Markt • Größe, Produkte und Investitionen der einzelnen Konkurrenten • ähnliche und ergänzende Produkte, z. B. Rüben- und Rohrzucker, Süßstoff • Marktanteil der einzelnen Anbieter

Wie sich die Informationen beschaffen?

Um an die nötigen Daten zu kommen, hat die Marktforschung zwei Möglichkeiten: die Sekundärforschung und die Primärforschung. Dabei können alle in Frage kommenden Sachverhalte oder Personen (die Elemente der entsprechenden statistischen Masse) oder stichprobenartig nur ein Teil davon herangezogen werden.

Bei der Sekundärforschung greift man auf bereits vorhandene Daten aus internen und externen Informationsquellen zu – darunter auch auf solche, die für andere Zwecke ermittelt wurden. Dafür kommen innerbetriebliche Statistiken und Unterlagen in Frage. Daneben schöpft die Marktforschung aus einer Vielzahl externer Informationsquellen.

Interne und externe Quellen für Sekundärforschung	
Kundenstatistiken der Verkaufsabteilung Umsatzzahlen des Verkaufs aus vergangenen Perioden Reklamationen von Kunden Statistiken und Auswertungen von Vertretern und Reisenden Zahlen der Buchhaltung Unterlagen des Einkaufs Fertigungszahlen abgelaufener Perioden Fehlerstatistiken und Unterlagen des Qualitätsmanagements	Tages- und Wirtschaftszeitungen, Fachzeitschriften, Lexika und Loseblattwerke Internetinformationsdienste Branchenverzeichnisse und Adreßbücher Warentests und Kritiken Veröffentlichungen von Wirtschaftsverbänden, Industrie- und Handelskammern, Handwerkskammern, der Ministerien und des Bundes amtliche Statistiken (Landesämter, Statistisches Bundesamt, Deutsche Bundesbank, internationale Behörden) Veröffentlichungen von Marktforschungsinstituten und Werbeagenturen Kataloge, Pressekonferenzen, Bilanzbesprechungen, Geschäftsberichte von Unternehmen Veröffentlichungen von Forschungsinstituten, z. B. Ifo-Institut; Auskunfteien

Befragungen in der Marktforschung

Versagt die Informationsbeschaffung im Rahmen der Sekundärforschung, dann muß die Marktforschung auf die wesentlich kostenintensivere Primärforschung zurückgreifen, die ihre Informationen mittels Befragung, Beobachtung und Experiment gewinnt. Auch wenn viele sekundärstatistische Unterlagen vorliegen, läßt sich auf eine gezielte Erhebung in vielen Fällen nicht verzichten; die Gründe liegen zuweilen in der mangelnden Aktualität der vorhandenen Daten, meistens aber sind sie für die gewünschte Fragestellung nicht hinreichend aufgeschlüsselt.

Insbesondere bei der Ermittlung der Kundenzufriedenheit hilft nur eine direkte und aktuelle Erhebung der Daten weiter. Solche Erhebungen erfolgen in der Regel als Befragung, häufig unmittelbar vor Ort. Zielgruppe können je nach verfolgtem Zweck Konsumenten, Händler und Produzenten sein. Die gängigsten Formen der Befragung sind das persönliche Interview, die telefonische oder die schriftliche Befragung.

Im persönlichen Interview sollen durch eine gezielte Auswahl von befragten Personen repräsentative Ergebnisse erzielt werden. Diese Art der Erhebung ist zwar teuer und aufwendig, eignet sich aber auch zur Erforschung schwieriger Sachverhalte. Neben quantitativen Merkmalen (z. B. Ausgaben für bestimmte Erzeugnisse, Entwicklung der Einkommen, Höhe der Verschuldung) lassen sich im direkten Kontakt qualitative Merkmale besonders gut erfragen (z. B. Prioritäten in der Lebensgestaltung, Einstellung zu den öffentlichen Verkehrsmitteln, Meinungen zu bestimmten wirtschaftlichen und sozialen Themen).

Im Gegensatz dazu sind telefonische Befragungen unpersönlicher, können aber schneller und kostengünstiger durchgeführt werden. Telefoninterviews eignen sich daher besonders für kurze und einfache Fragen. Für schriftliche

Kleine Checkliste zur Befragung von Kunden und Lieferanten

Wenn Sie in Ihrem Unternehmen eine Befragung Ihrer Kunden oder Lieferanten durchführen wollen, müssen Sie sich über den Fragebogen und das Verfahren Gedanken machen:

- Wie viele Ansprechpartner sind von Ihrer Untersuchung betroffen? Besser eine Gesamterhebung oder eine Stichprobe?
- Welche Methode ist für Ihre Untersuchung die geeignetste? Wie wichtig ist z. B. eine hohe Rücklaufquote?
- Wieviele Fragen soll der Fragebogen umfassen?
- Wie sollen die Fragen formuliert werden?
- Sind die Fragen so gestellt, daß mögliche Antworten auch auswertbar sind?
- Wer kommt eventuell als Interviewer in Betracht?
- Wer organisiert und überwacht die Durchführung?

Befragungen ist der Aufwand der Erhebung am geringsten, nachteilig sind jedoch die hohen Ausfallquoten. Antwortet nur ein geringer Teil der angesprochenen Personen, werden keine repräsentativen Ergebnisse erreicht.

Wann sind Vollerhebungen, wann Teilerhebungen sinnvoll?

Vollerhebungen, bei denen alle Elemente in die Untersuchung einbezogen werden, scheinen in manchen Bereichen in gewissen Zeitabständen notwendig, denken wir nur an die Volkszählung. Doch ist diese Methode natürlich sehr teuer – nicht nur die Datengewinnung, auch die Auswertung gestaltet sich umfangreich und zeitraubend. Wenn Vollerhebungen nicht durchführbar sind, werden Teilerhebungen oder Stichproben gemacht; sie sind kostengünstiger und die Resultate liegen schneller vor. Damit die Erhebung aber auch repräsentativ ist, müssen die ausgewählten Elemente dem Verhalten der gesamten Menge entsprechen.

Ob für Ihre Marktforschung Teil- oder Vollerhebungen besser sind, sollten Sie von der Anzahl der Untersuchungsobjekte bzw. -personen und den zur Verfügung stehenden Mitteln abhängig machen. Bei Kundenbefragungen werden in der Regel Stichproben durchgeführt.

Wie geht man dabei vor? Bei einer Stichprobe wird aus aus einer größeren Menge (Grundgesamtheit) nach dem Zufallsprinzip eine Teilmenge von Elementen ausgewählt. Jedes Element der Grundgesamtheit hat bei Zufallsstichproben die gleiche Chance, in die Stichprobe zu gelangen. Von der kleinen Zahl der untersuchten Fälle wird dann auf die große Zahl der Grundgesamtheit geschlossen.

Beispiel

Anhand einer Befragung sollen die Rauchergewohnheiten und die Einstellung zu bestimmten Zigarettenmarken erforscht werden. Unter 10 Mio. Rauchern werden dazu 1 000 Raucher ausgewählt, die die Gesamtheit der Raucher repräsentieren sollen.

Die Abweichungen zwischen Stichprobe und Grundgesamtheit müssen sich in Grenzen halten, sollen verlässliche Schlüsse gezogen werden können. Wenn Institute für Demoskopie in Deutschland Umfragen zu den verschiedensten Themen durchführen, achten sie darauf, daß sich die Stichprobe wie die Gesamtbevölkerung zusammensetzt: Der Anteil der Männer und Frauen nach Alter, Berufen, Stadt- und Landbevölkerung ist in der Stichprobe nach Möglichkeit in gleichem Umfang wie in der Gesamtbevölkerung vertreten. Umfragen zur öffentlichen Meinung umfassen in der Regel 2 000 Personen.

Durch Marktsegmentierung zur richtigen Marketingstrategie

Mit Hilfe der Marktforschung sollten Sie die unterschiedlichen Anforderungen und Wünsche der Kunden hinsichtlich Preis, Qualität, Funktionalität und Service ermitteln. Mit einer entsprechenden Marktsegmentierung wird wichtige Vorarbeit für die Marketingstrategie geleistet. Dabei wird der Markt im Hinblick auf bestimmte Merkmale in möglichst viele Teilmärkte aufgeteilt.

Ein Markt kann vom Verbraucher oder von den Produkten her untergliedert werden. Der Getränkemarkt kann beispielsweise in alkoholische und alkoholfreie Getränke, der Markt für alkoholfreie Getränke wiederum in Marktsegmente wie Mineralwasser, Fruchtsäfte, Cola-Getränke, Kaffee, Tee usw. aufgeteilt werden. Im Konsumgüterbereich können Sie andere Marktsegmente bilden, z. B. den Markt der Senioren, den Markt der unter 30jährigen, den Markt der Kleinhaushalte etc. Oder Sie segmentieren nach Kriterien wie: Höhe des Einkommens, Vermögen, Beruf, Wohnort, Geschlecht, Alter, Familienstand etc. Die Gliederung kann auch nach psychologischen Überlegungen vorgenommen werden, wie z. B. Motive, Erwartungen, Wünsche, Impulskäufe oder Markentreue.

Die Marketingstrategie läßt sich damit auf jedes Marktsegment einzeln abstimmen. Für bestimmte Zielgruppen können auch ganz gezielt Produkte entwickelt und hergestellt werden. Kleine und mittlere Unternehmen versuchen dabei häufig, Marktnischen zu finden, also z. B. Segmente, die zur Zeit noch nicht durch ein Produkt besetzt sind.

SEGMENTIEREN SIE NACH DEM KUNDENNUTZEN!

Wenn Sie ein Produkt für den Massenmarkt herstellen, dann können Sie keinen persönlichen Service bieten. Trotzdem müssen Sie wissen, welche Produkte und Dienstleistungen sich Ihre Kunden wünschen. Wenn es Ihnen gelingt, die Bedürfnisse und Erwartungen der Kunden nach dem Kundennutzen in einzelne Segmente einzuteilen, dann erhalten Sie homogene Gruppen, für die sich Ihre Marketingmaßnahmen gezielter einsetzen lassen. Eine solche Segmentierung ist allerdings schwieriger als herkömmliche Marktsegmentierungen, und Sie müssen dabei auch Ihre Kostenseite beachten.

5.2 Übersicht: Harte Kennzahlen im Marketingcontrolling

Zur Überwachung und Steuerung der Marketingaktivitäten wird in der betrieblichen Praxis eine Reihe harter Kennzahlen eingesetzt, die rein erfolgsorientiert sind bzw. überwiegend die finanzielle Perspektive beinhalten.

Auf der folgenden Seite finden Sie eine Zusammenstellung wichtiger Kennzahlen, die Sie im Marketingcontrolling einsetzen können. Daß finanzielle Messungen allein allerdings nicht ausreichen, da sie nur vergangene Entwicklungen aufzeigen und wenig über die Perspektiven eines Unternehmens sagen, wurde im Kapitel 1.2 bereits dargelegt. Die harten Erfolgszahlen sollten daher unbedingt durch solche ergänzt werden, die weiche Informationen vermitteln. Insbesondere wären hier die Messungen zur Kundenzufriedenheit zu nennen.

Daneben werden im Marketingcontrolling die Vertriebserfolgsrechnung (bezogen auf einen Teilmarkt oder ein Profit-Center) und die Produkterfolgsrechnung (bezogen auf das Absatzvolumen eines bestimmten Produkts) herangezogen.

Kennzahlen im Marketingcontrolling

Erfolgsrechnung

$$\text{Umsatzkosten} = \frac{\text{Löhne + Materialkosten}}{\text{Umsatzerlöse}}$$

Rohgewinn=Umsatzerlöse +/– Bestandsveränderungen – Materialeinsatz
Betriebsergebnis = Rohertrag – betriebsbedingte Kosten
ROI

$$\text{Wertschöpfungs-Personalkosten-Koeffizient} = \frac{\text{Rohertrag}}{\text{Gesamte Personalkosten}}$$

Vertrieb und Absatz

Absatz : Umsatz (jeweils gesamt, nach Artikelgruppen, nach Kundengruppen, nach Verkaufsbezirken)
Deckungsbeitrag (jeweils gesamt, nach Artikelgruppen, nach Kundengruppen, nach Verkaufsbezirken)
Umsatz : Werbekosten
Umsatz : Kundendienstkosten
Umsatz : Verkaufskosten
Umsatz : Verkaufsfläche
Umsatz : durchschnittlicher Lagerbestand
Umsatz : Wareneinsatz
Umsatz pro Verkaufskraft/pro Reisender etc.
Umsatz pro Kundenbesuch
Deckungsbeitrag : Umsatz
Gewinn : Umsatz
Umsatz : Kapitaleinsatz
Deckungsbeitrag : Kapitaleinsatz

Planungskennzahlen

$$\text{Soll-Deckungsbeitrag vom Umsatz} = \frac{\text{Fixkosten Jahr} \times 100}{\text{Planungsumsatz Jahr}} = \text{DBU}$$

$$\text{Break-Even-Umsatz} = \frac{\text{Planfixe Kosten}}{\text{DBU}}$$

$$\text{Nötiger Umsatz} = \frac{\text{Planfixe Kosten + Plangewinn}}{\text{DBU}}$$

$$\text{Nötiger zusätzlicher Umsatz bei Gewährung von Preisnachlässen} = \frac{\text{Deckungsbeitrag bisher}}{\text{Deckungsbeitrag neu}}$$

$$\text{Mindesterlös-Ermittlung} = \frac{\text{Vorkalkulierte Grenzkosten}}{100} = \text{DBU}$$

5.3 Verkaufssteuerung mit der Deckungsbeitragsrechnung

Zieht man von den Erlösen (Umsatz) eines Produktes seine variablen Kosten ab, erhält man den Deckungsbeitrag.

Diese Methode, die Deckungsbeitragsrechnung, ist eines der wichtigsten, betriebswirtschaftlichen Steuerungsinstrumente und hilft Ihnen bei vielen unternehmerischen Entscheidungen. Mit ihrer Hilfe können Sie erkennen, welche Produkterlöse die Fixkosten abdecken bzw. Gewinne erwirtschaften – so wissen Sie, welche Produkte Sie fördern sollten. Produkt- oder Produktgruppen hingegen, die einen geringen oder negativen Deckungsbeitrag erwirtschaften, sollten Sie einstellen oder zurückfahren.

Mit Hilfe der Deckungsbeitragsrechnung können Sie die Ertragskraft von Produkten, Verkaufsgebieten und Kunden besser beurteilen und eine erfolgreiche Gewinnsteuerung betreiben.

Zurechnung der Kosten auf die Kostenträger in der Vollkostenrechnung

In der Kostenträgerrechnung oder Kalkulation wird ermittelt, wie hoch die Kosten einzelner Produkte oder ganzer Produktgruppen sind. Je nachdem, ob die Gemeinkosten auf die Kostenträger zugerechnet werden, liegt eine Vollkostenrechnung oder eine Teilkostenrechnung vor. Bei der Deckungsbeitragsrechnung werden die Kostenträger nur mit den Kosten belastet, die ihnen direkt zurechenbar sind. Die fixen Kosten, die einem Kostenträger nicht unmittelbar zurechenbar sind, werden als Gesamtsumme in das Betriebsergebnis übernommen. Die fixen Kosten umfassen die Kosten der Betriebsbereitschaft und fallen unabhängig von der Höhe der Auslastung der Kapazitäten an.

Die Vollkostenrechnung erfaßt und verrechnet alle entstandenen Kosten; sowohl Einzel- als auch Gemeinkosten werden auf die Kostenträger, also die Produkte, umgelegt. Zuerst werden die Einzelkosten aus der Kostenartenrechnung in die Kostenträgerrechnung übertragen und dort den verschiedenen Produkten zugeordnet. Die Einstandspreise der einzelnen Waren- oder Artikelgruppen sind im Handel die Einzelkosten, auf die anteilig die Gemeinkosten über den Handlungsgemeinkostenzuschlagssatz verrechnet werden.

Das Kalkulationsschema des Handels

Dies verdeutlicht das Kalkulationsschema des Handels:

	Einstandspreise der verkauften Waren
+	Handlungskosten in % der Einstandspreise
=	Selbstkosten
+	Gewinn in % der Selbstkosten
=	Barverkaufspreis

In der Industrie sind die Einzelkosten Fertigungsmaterial und Fertigungslöhne (bzw. Maschinenstunden) die Bezugsbasis für die Umlage der Gemeinkosten. Fertigungsmaterial und Fertigungslöhne werden direkt aus der Kostenartenrechnung in die Kostenträgerrechnung übernommen und dort den jeweiligen Kostenträgern zugeordnet.

Die Gemeinkosten werden im Betriebsabrechnungsbogen (BAB) an Hand von Belegen bzw. mittels Verteilungsschlüssel auf die Hauptkostenstellen Material, Fertigung, Verwaltung und Vertrieb umgelegt. Die Materialgemeinkosten werden in Prozent des Fertigungsmaterials, die Fertigungsgemeinkosten in Prozent der Fertigungslöhne (Maschinenstunden), die Fertigungsgemeinkosten in Prozent der Lohneinzelkosten angegeben. Die ermittelten Zuschlagssätze für Materialgemeinkosten und Fertigungsgemeinkosten stehen dann der Kalkulation zur Verfügung. Die Verwaltungs- und Vertriebsgemeinkosten werden in Prozent der Herstellkosten angegeben und entsprechend auf die Produkte umgelegt.

Das Kalkulationsschema der Industrie

	Fertigungsmaterial	...... €
+	Materialgemeinkosten	...... €
=	Materialkosten	...... €
+	Fertigungslöhne	...... €
+	Fertigungsgemeinkosten	...... €
+	Sondereinzelkosten der Fertigung	...... €
=	Herstellkosten	...... €
+	Verwaltungsgemeinkosten	...... €
+	Vertriebsgemeinkosten	...... €
+	Sondereinzelkosten des Vertriebs	...... €
=	Selbstkosten	...... €
+	Gewinnzuschlag	...... €
=	Barverkaufspreis	...... €
+	Kundenskonto i. H.	...... €
+	Vertreterprovision i. H.	...... €
=	Zielverkaufspreis	...... €
+	Kundenrabatt i. H.	...... €
=	**Verkaufspreis (netto)**	**...... €**

Die Angebotskalkulation (= Vorkalkulation) ermittelt den Angebotspreis, der alle Kosten einschließlich Gewinnzuschlag enthält. Im Baugewerbe spricht man vom Kostenvoranschlag. Die Nachkalkulation wird nach Durchführung des Auftrags erstellt und mit der Angebotskalkulation verglichen.

Ziel: Kosten richtig zuordnen

Ziel der Vollkostenrechnung ist es, die in einer Abrechnungsperiode angefallenen Kosten den jeweiligen Kostenträgern zuzurechnen. Bei der Zurechnung der Einzelkosten gibt es keine Einwände. Schwierigkeiten treten in der Vollkostenrechnung allerdings auf, wenn Veränderungen im Beschäftigungsgrad auftreten. Die Vollkostenrechnung verteilt auch dann alle angefallenen Kosten auf die Produkte, wenn die Umsätze infolge von Beschäftigungsrückgang stark gefallen sind.

Teilkostenrechnungen legen großen Wert auf eine verursachungsgerechte Verrechnung der Kosten auf die einzelnen Kostenstellen und insbesondere die Kostenträger. Hierbei hat die Kostenaufspaltung in Einzelkosten und Gemeinkosten einerseits sowie in fixe und variable Kosten andererseits große Bedeutung.

Übersicht Kostenarten			
nach der Zurechenbarkeit auf die Produkte (Kostenträger)		nach der Abhängigkeit vom Beschäftigungsgrad (=Auslastung der Kapazität)	
Einzelkosten = direkte Kosten	Gemeinkosten = indirekte Kosten	fixe Kosten = unabhängig von der Auslastung der Kapazität	variable Kosten = abhängig von der Auslastung der Kapazität

Für die betriebswirtschaftlich entscheidungsorientierte Steuerung ist es wichtig, wie sich die Kostenarten bei einer Zunahme der Fertigung verändern. Die fixen Kosten in Fertigung, Einkauf, Verkauf und Verwaltung fallen an, unabhängig, ob Verkaufsaufträge anfallen oder nicht. Sie sind deshalb Kosten der Betriebsbereitschaft, z. B. Abschreibungen auf das Anlagevermögen oder Miete. Von den Bereitschaftskosten sind die variablen Kosten zu unterscheiden, die sich mit einer Änderung der Fertigungsmenge ebenfalls verändern.

Was die Deckungsbeitragsrechnung leistet

Die Deckungsbeitragsrechnung ist ein Führungsinstrument, das gerade bei Unterbeschäftigung eine wichtige Hilfe für Sie sein kann. Die Deckungsbeitragsrechnung nimmt eine Trennung in fixe und variable Kosten vor und belastet die Kostenträger nur mit den direkt zurechenbaren Kosten, die Fixkosten werden en bloc ins Betriebsergebnis übernommen. Bei der Deckungsbeitragsrechnung nach Riebel wird nur eine Trennung in Einzelkosten und Gemeinkosten vorgenommen (also nicht in fixe und variable Kosten).

Die Formel lautet dann:

$$\text{Deckungsbeitrag} = \text{Erlös} - \text{Einzelkosten.}$$

K

Der Deckungsbeitrag ist die Summe, die ein Kostenträger – z. B. ein Produkt, ein Auftrag, ein Kunde, ein Verkaufsbezirk – zur Deckung der fixen Kosten bzw. zur Gewinnerzielung beiträgt. Der Deckungsbeitrag ergibt sich, wenn vom Erlös die direkt zurechenbaren Kosten abgezogen werden. Der absolute Deckungsbeitrag einer Produkteinheit (db) ergibt sich als Differenz zwischen dem Verkaufspreis (p) und den variablen Stückkosten (k_v).

K

$$db = p - k_v$$

Solange ein Produkt im Sortiment einen Deckungsbeitrag erzielt, trägt es auch zur Deckung der fixen Kosten bei. Der Verkauf kennt damit seine kurzfristige Preisuntergrenze: Es ist der Preis, der nicht mehr die variablen Kosten deckt (Deckungsbeitrag = 0). Wenn ein Produkt allerdings keinen positiven Deckungsbeitrag erzielt, dann trägt es nicht einmal die von ihm unmittelbar verursachten Kosten. Ein solches Produkt ist aus dem Verkaufsprogramm zu streichen. Sie sollten allerdings auch prüfen, welche Auswirkungen das Ausscheiden auf das gesamte Sortiment hat.

Einfache und zweistufige Deckungsbeitragsrechnung

Bei der einfachen Deckungsbeitragsrechnung gehen Sie von den Umsatzerlösen aus und ziehen die variablen Kosten ab. Von der Summe der Deckungsbeiträge aller Produkte sind die fixen Kosten abzuziehen, um das Betriebsergebnis zu erhalten:

	Umsatzerlöse	... €
–	variable Kosten	... €
=	Deckungsbeitrag I	... €
–	fixe Kosten (Fixkostenblock)	... €
=	Betriebsergebnis (Gewinn/Verlust)	... €

Die speziellen Fixkosten sind erzeugnisfixe Kosten und lassen sich einzelnen Erzeugnissen direkt zuordnen. So lassen sich bestimmte Kosten in der Materialwirtschaft, in der Fertigung und im Verkauf einzelnen Produkten oder Produktgruppen zurechnen (z. B. Abschreibung für eine Anlage). Diese speziellen Fixkosten können gezielt beeinflußt werden. Die Kosten der Unternehmensleitung selbst, der allgemeinen Verwaltung sowie des Finanz- und Rechnungswesens sind dagegen allgemeine Fixkosten, die zu keinem bestimmten Produkt in Verbindung stehen; Beispiel: die Abschreibung auf das Verwaltungsgebäude.

Die zweistufige Deckungsbeitragsrechnung nimmt eine Unterscheidung der Fixkosten in allgemeine und spezielle vor. In der zweistufigen Deckungsbeitragsrechnung ermitteln Sie zunächst wie bei der einfachen Deckungsbeitragsrechnung den Deckungsbeitrag I. Wenn Sie dann die erzeugnisfixen Kosten abziehen, erhalten Sie den Deckungsbeitrag II. Werden davon die allgemeinen Fixkosten abgezogen, erhalten Sie schließlich das Betriebsergebnis, den Gewinn oder Verlust:

	Umsatzerlöse	... €
–	variable Kosten	... €
=	Deckungsbeitrag I	... €
–	spezielle Fixkosten	... €
=	Deckungsbeitrag II	... €
–	allgemeine Fixkosten	... €
=	Betriebsergebnis (Gewinn/Verlust)	... €

Mit der zweistufige Deckungsbeitragsrechnung verfügen kleine und mittlere Unternehmen über ein Instrument, das ihnen Preisentscheidungen sowie Umsatz-, Kosten- und Gewinnanalysen erleichtert.

Wie Sie die Deckungsbeitragsrechnung noch verfeinern können

Die Deckungsbeitragsrechnung können Sie noch in weiteren Abstufungen durchführen:

- Erzeugnisfixe Kosten, z. B. Maschinenkosten oder Löhne, fallen für ganz bestimmte Produkte an,
- erzeugnisgruppenfixe Kosten, z. B. Gehälter, Raumkosten, für eine Erzeugnisgruppe,
- kostenstellenfixe Kosten, z. B. Gehalt eines Meisters, für eine Kostenstelle,
- bereichsfixe Kosten, z. B. Gehalt des Bereichsleiters, für einen Bereich,
- unternehmensfixe Kosten, z. B. Gehalt des Geschäftsführers, für das gesamte Unternehmen.

Kurzfristige Erfolgsrechnung mit Deckungsbeitragsrechnung als Steuerunginstrument

Die kurzfristige Erfolgsrechnung erfolgt im Gegensatz zur jährlichen bilanziellen Erfolgsermittlung in kürzeren Zeitabschnitten und kann als Produktergebnisrechnung erstellt werden. Sie kann als Gesamtkostenverfahren oder Umsatzkostenverfahren durchgeführt werden, sowohl auf Basis von Ist-Kosten wie auch von Plankosten. Das Umsatzkostenverfahren eignet sich als Steuerungsinstrument besser als das Gesamtkostenverfahren. Es ermittelt die Umsätze der Abrechnungsperiode und ihre Kosten (Produktkosten).

Die Deckungsbeitragsrechnung kann in Form einer kurzfristigen Erfolgsrechnung nach Produkten gegliedert werden, wie Ihnen das folgende Beispiel zeigt. Weitere Hinweise finden Sie im Kapitel »3.5 Mit der kurzfristigen Erfolgsrechnung arbeiten« (ab Seite 112).

Beispiel: Deckungsbeitragsrechnung in einem Mehrproduktunternehmen

Ein Unternehmen fertigt die Erzeugnisse A, B und C und verkauft in einem Monat:

	Stück	*Preis netto*
A	23 500	50 €
B	10 000	45 €
C	18 250	40 €

Die Kosten- und Leistungsrechnung liefert folgende Zahlen:

	A	*B*	*C*
variable Kosten	616 875	205 000	492 750
fixe Kosten	456 250	199 000	269 550
Selbstkosten	1 073 125	404 000	762 300

Das Betriebsergebnis und die Gewinnbeiträge der Erzeugnisse A, B und C:

	Produkt A	*Produkt B*	*Produkt C*	*Summe*
Verkaufserlöse netto	1 175 000	450 000	730 000	2 355 000
– *variable Kosten*	616 875	205 000	492 750	1 314 625
– *fixe Kosten*	456 250	199 000	269 550	924 800
= *Gewinn (+), Verlust (–)*	+ 101 875	+ 46 000	– 32 300	+ 115 575

Die Deckungsbeiträge I und die Gewinnbeiträge der drei Erzeugnisse lassen sich ermitteln, wenn Sie die variablen Kosten pro Stück (kv) und die fixen Kosten pro Stück (kf) berechnen.

Produkt A	$kv = \frac{616\,875}{23\,500} = 26{,}25$ €	$kf = \frac{456\,250}{23\,500} = 19{,}41$ €
Produkt B	$kv = \frac{205\,000}{10\,000} = 20{,}50$ €	$kf = \frac{199\,000}{10\,000} = 19{,}90$ €
Produkt C	$kv = \frac{492\,750}{18\,250} = 27{,}00$ €	$kf = \frac{269\,550}{18\,250} = 14{,}77$ €

Jetzt können Sie die Deckungsbeiträge I und die Gewinnbeiträge von A, B und C je Stück feststellen:

	Produkt A	*Produkt B*	*Produkt C*
Verkaufspreis pro Stück	50,00	45,00	40,00
– *variable Stückkosten*	26,25	20,50	27,00
= *Deckungsbeitrag I*	23,75	24,50	13,00
– *fixe Stückkosten*	19,41	19,90	14,77
= *Gewinn je Stück (+), Verlust (–)*	+ 4,34	+ 4,60	– 1,77

Für A fallen 320 000 €, für B 114 500 € und für C 137 800 € erzeugnisfixe Kosten an. Der Deckungsbeitrag I und II der Produkte A, B und C:

	Produkt A	*Produkt B*	*Produkt C*	*Summe*
Verkaufserlöse netto	1 175 000	450 000	730 000	2 355 000
– *variable Kosten*	616 875	205 000	492 750	1 314 625
= ***Deckungsbeitrag I***	558 125	245 000	237 250	1 040 375
– *erzeugnisfixe Kosten*	320 000	114 500	137 800	572 300
= ***Deckungsbeitrag II***	238 125	130 500	99 450	468 075
– *unternehmensfixe Kosten*				352 500
= ***Betriebsergebnis***				**115 575**

Erzeugnisfixe Kosten des Produkts A sind beispielsweise die fixen Kosten für Werkzeugmaschinen bzw. Industrieroboter, die bei der Herstellung des Produkts A eingesetzt werden. Das Produkt A erreicht einen Deckungsbeitrag II von 238 125 € und trägt damit zur Deckung der unternehmensfixen Kosten bzw. zur Gewinnerzielung bei.
Wenn Sie die erzeugnisfixen Kosten von A, B und C durch die Menge dividieren, dann erhalten Sie die erzeugnisfixen Kosten pro Stück und können so die Deckungsbeiträge I und II pro Stück ermitteln. Beim Produkt A sind 320 000 € durch 23 500 Stück zu dividieren, was 13,62 € pro Stück ergibt. Entsprechend erhalten Sie beim Produkt B 11,45 €, 114 500 geteilt durch 10 000 Stück. Beim Produkt C ergibt 137 800 durch 18 250 Stück erzeugnisfixe Stückkosten von 7,55 €.

Stückdeckungsbeitrag I und II der Produkte A, B und C:

	Produkt A	*Produkt B*	*Produkt C*
Verkaufspreis pro Stück	50,00	45,00	40,00
– *variable Stückkosten*	26,25	20,50	27,00
= ***Deckungsbeitrag I pro Stück***	23,75	24,50	13,00
– *erzeugnisfixe Stückkosten*	13,62	11,45	7,55
= ***Deckungsbeitrag II pro Stück***	10,13	13,05	5,45

Alle drei Produkte erwirtschaften damit positive Deckungsbeiträge I und II.

Angenommen, das Unternehmen steht vor der Entscheidung, einen zusätzlichen Auftrag über 15 000 Stück von Erzeugnis A zum Preis von 49 € hereinzunehmen. Da die Kapazitäten bereits ausgelastet sind, müßte die Produktion von C eingestellt werden, Produkt B würde in unverändertem Umfang produziert werden. Das Unternehmen sollte den Zusatzauftrag annehmen; denn der zusätzliche Deckungsbeitrag II von A ergibt 15 000 × 9,13 € = 136 950 €, die entgangenen Deckungsbeiträge II von C: 18 250 × 5,45 € = 99 462,50 €, was einen Vorteil von 37 487,50 € bedeutet.

Ein Produkt, das einen positiven Deckungsbeitrag erwirtschaftet, insbesondere einen positiven Deckungsbeitrag II, leistet auch einen Beitrag zur Abdeckung der unternehmensfixen Kosten.

Die rentabelsten Produkte feststellen

Das Verhältnis von Deckungsbeitrag zum Nettoumsatz (Bruttoumsatz vermindert um Umsatzsteuer und Erlösschmälerungen) des Produkts zeigt, wieviel Prozent vom Umsatz der Deckungsbeitrag beträgt. Die Geschäftsleitung kann mit der Deckungsbeitragsrechnung die Sortimentsgestaltung und -steuerung nach den rentabelsten Produkten betreiben.

Beispiel: Produktrangliste auf der Basis von Nettoumsatzerlösen

	Produkt A	*Produkt B*	*Produkt C*
Verkaufserlöse	1 175 000	450 000	730 000
Deckungsbeitrag II	238 125	130 500	99 450
Deckungsbeitrag II in % der Verkaufserlöse	*20,3 %*	*29,0 %*	*13,6 %*
Rangfolge	2	1	3

Das Produkt mit dem höchsten Deckungsbeitrag II sollte verstärkt gefördert werden. Noch genauer ist das Kriterium Deckungsbeiträge II in Prozent der Verkaufserlöse (Nettoumsatzerlöse). Eine Produktrangliste zeigt Ihnen dann die rentabelsten Erzeugnisse. Die Ertragslage des Unternehmens wird verbessert, wenn der Verkauf dieser Erzeugnisse intensiviert wird.

Kurzfristige und langfristige Preisuntergrenze

Die kurzfristige Preisuntergrenze für ein Produkt ist erreicht, wenn der Stückpreis gerade die variablen Stückkosten deckt, d. h. db I = 0. Ein Unternehmen kann einige Monate auf die Fixkostendeckung verzichten. Die langfristige Preisuntergrenze liegt aber höher. Ein Produkt muß außer den variablen Stückkosten mindestens noch seine erzeugnisfixen Stückkosten erwirtschaften, d. h. db II = 0. Ein Beitrag zur Abdeckung der unternehmensfixen Kosten sollte auch erfolgen, weil langfristig alle fixen Kosten abgedeckt werden müssen, erst dann beginnt der Gewinn eines Unternehmens.

5.4 Mit den richtigen Entscheidungshilfen zum erfolgreichen Marketing

Kennzahlen zur allgemeinen Marktsituation

Wie aufnahmefähig ist der Markt?

Wenn ein Unternehmen ein Produkt oder eine Dienstleistung anbieten will, muß es wissen, wie aufnahmefähig der Markt dafür ist und inwieweit dieses Potential von den Konkurrenten schon abgeschöpft wird. Danach kann es dann seine Marketingaktivitäten ausrichten. Die drei elementaren Größen für diese Untersuchung sind:

- das Marktpotential,
- das Marktvolumen und
- der Marktanteil.

Die maximale Aufnahmefähigkeit eines Marktes für ein bestimmtes Gut oder eine bestimmte Dienstleistung wird als Marktpotential bezeichnet. Wie hoch dann der tatsächliche gegenwärtige Gesamtabsatz aller Anbieter für ein Gut oder eine Dienstleistung ist, zeigt das Marktvolumen. Der Marktanteil ist dann der Anteil eines Unternehmens am Gesamtvolumen.

Bezugspunkte für die Messung dieser Größen können ein Produkt oder eine Produktgruppe sein, die sich jeweils auf den gesamten Markt oder einzelne Marktsegmente beziehen können. Zweckmäßig ermittelt man diese Größen für geographisch abzugrenzende Märkte, z. B. ein Land oder eine Region und begrenzte Zeitperioden (1 Jahr). Kaufkraftsteigerungen und Bevölkerungswachstum führen zu einer Erhöhung von Marktpotential und Marktvolumen.

Den Zusammenhang zwischen beiden Größen zeigt der Sättigungsgrad. Er besagt, inwieweit die befriedigte oder prognostizierte Nachfrage die maximal mögliche Nachfrage erreicht. Wenn der Sättigungsgrad niedrig ist, dann müssen geeignete Marketingmaßnahmen ergriffen werden, um einem höheren Gesamtabsatz zu erreichen.

K

$$\text{Sättigungsgrad} = \frac{\text{Marktvolumen} \times 100}{\text{Marktpotential}}$$

Welche Märkte zugrundelegen?

Die Aktivitäten von kleinen und mittleren Unternehmen sind meist auf eine einzige Wirtschaftssparte oder Wirtschaftsbranche begrenzt, so daß dann auch oft die Marktforschung auf diesen Bereich begrenzt wird. So ist ein Teppichbodenhersteller primär an der Entwicklung der Wirtschaftsgruppe Teppichböden interessiert und erst sekundär an der gesamten Wirtschaftsbranche Heimtextilien oder gar der gesamten Textilindustrie. Das Umsatzvolumen des Unternehmens wird man daher in Beziehung zum Umsatz der Wirtschaftsgruppe Teppichböden (Marktvolumen) setzen.

Welche Stellung hat das Unternehmen am Markt?

Mit einer anderen Kennziffer können Sie die Stellung des Unternehmens im Wettbewerb messen: Der Marktanteil zeigt, welchen Anteil das vom Unternehmen erzielte Absatzvolumen am Marktvolumen (Gesamtumsatz) hat und informiert Sie somit darüber, welchen Rang das Unternehmen in der Wirtschaftssparte bzw. der gesamten Wirtschaftsbranche einnimmt. Erhöht sich der Marktanteil des Unternehmens, dann wird die Position der Gesellschaft am Markt stärker.

$$\text{Marktanteil} = \frac{\text{Unternehmensumsatz} \times 100}{\text{Marktvolumen}}$$

K

Berechnung und Beobachtung des Marktanteils vermitteln Ihnen mehr Informationen als die bloße Umsatzentwicklung, weil Sie neben der Entwicklung des eigenen Unternehmens auch den gesamten Markt im Blick behalten.

Der Marktanteil eines Unternehmens ist durch Verhaltensänderungen der Käufer und durch Maßnahmen der Konkurrenten ständig bedroht. Will man die Stellung zum stärksten Konkurrenten genauer wissen, ermittelt man den relativen Marktanteil. Ein Wert von unter 100% bedeutet, daß der Konkurrent größer ist, ein Wert darüber, daß das eigene Unternehmen größer ist.

K

$$\text{Relativer Marktanteil} = \frac{\text{Eigener Marktanteil} \times 100}{\text{Marktanteil des Marktführers}}$$

Es ist oft sinnvoll, den Umsatz, den ein Unternehmen mit einem bestimmten Produkt erzielt, zu ermitteln und zum Gesamtumsatz dieses Produktes im ganzen Land in Beziehung zu setzen. Diese Kennzahl kann dann laufend gemessen werden.

Produktlebenszyklus und Portfolio-Analyse

Die Notwendigkeit, das bestehende Leistungsangebot zu verbessern und neue Produkte zu entwickeln, ergibt sich schon aus der Tatsache, daß jedes neue Produkt einen Produktlebenszyklus aufweist. Das bedeutet, daß kein Produkt gleichmäßig hohe Umsätze erzielt. Es werden im allgemeinen fünf idealtypische Phasen unterschieden.

Lebenszyklus eines Produkts

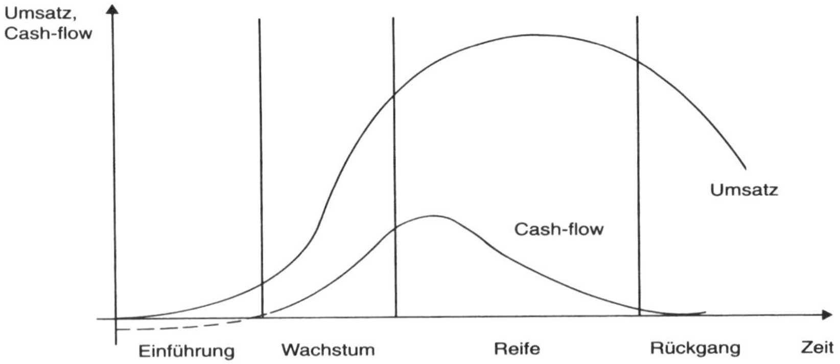

In der Einführungsphase ist das Produkt noch wenig bekannt. Hohe Aufwendungen für die Einführungswerbung stehen geringen Umsätzen gegenüber, so daß das Produkt noch keine Gewinne erzielt. Die steigende Tendenz verstärkt sich jedoch dann insbesondere in der zweiten Phase: Mit hohen Wachstumsraten steht das Produkt nun in der Gewinnphase. In der dritten, der Reifephase, können die Umsätze zwar noch steigen, aber die Wachstumsraten verringern sich bereits. In der Regel treten nun auch andere Wettbewerber mit ähnlichen Erzeugnissen auf, was zu einem verschärften Preiswettbewerb führt. Die Umsätze erreichen in der Sättigungsphase dann ihren höchsten Punkt. Spätestens jetzt müssen Pläne für ein neues Produkt fertig sein, oder man muß darauf vorbereitet sein, das bestehende Produkt zu verjüngen und somit den Lebenszyklus des Produktes zu verlängern. Die Degenerationsphase ist die letzte Phase eines Produktes, die damit endet, daß das Produkt vom Markt genommen wird, weil die Umsätze rückläufig sind.

Die Dauer eines Lebenszyklus hängt von vielen Faktoren ab, insbesondere von der Art des Produktes und wie das Unternehmen auf Marktveränderungen reagiert. Die Entwicklung von Nachfolgeprodukten sollte so frühzeitig erfolgen, daß das Nachfolgemodell auf dem Markt bereits eingeführt ist, wenn sich das alte Produkt in der Degenerationsphase befindet.

Viele Märkte werden komplexer und zugleich dynamischer. Dies zeigt sich in der Verkürzung der Produktlebenszyklen, d. h. die Produkte werden heute viel rascher eingeführt und auch wieder schneller aus dem Sortiment ausgeschieden als noch vor 10 Jahren. Besonders markante Beispiele hierfür liefert die Computerindustrie, die z. B. bald in jedem Jahr neue, noch schnellere Prozessoren entwickelt.

Kennzahlenanwendung bei der Portfolio-Analyse

Mit der Portfolio-Analyse, einem wichtigen Instrument der strategischen Marketingplanung, lassen sich die Produkte eines Unternehmens nach ihrer Marktstellung beurteilen. Die Portfoliountersuchung läßt sich auf bestimmte Produktgruppen aus der kurzfristigen Erfolgsrechnung oder einfach auf ausgewählte Produkte anwenden. Verfügt ein Unternehmen über einen hohen Marktanteil, kann es hohe Verkaufszahlen erreichen, was zu niedrigen Fixkosten pro Stück führt. Damit ist es besser auf einen Preiskampf vorbereitet. Steigt der Marktanteil, verbessert sich in der Regel auch der Cashflow.

Die Portfolio-Analyse wird häufig zur Beurteilung der Chancen und Risiken strategischer Geschäftseinheiten, d. h. eigenverantwortlicher Geschäftsbereiche, herangezogen.

Relativer Marktanteil und künftiges Marktwachstum sind die zwei Kennzahlen, die Sie zunächst für die Bestimmung der Marktstellung brauchen.

Der relative Marktanteil mißt Ihren Marktanteil im Vergleich zu dem des größten Konkurrenten (wie er ermittelt wird, finden Sie auf Seite 168). Die

Marktwachstumsrate erhalten Sie, wenn Sie das Marktvolumen im Planungszeitraum in Beziehung zum Marktvolumen des Vorjahres setzen. Dabei ist das Marktvolumen eine prognostizierte Größe.

K

$$\text{Marktwachstumsrate} = \frac{\text{Marktausweitung} \times 100}{\text{Marktvolumen im Vorjahr}}$$

In einem rasch wachsenden Markt lassen sich die Verkaufszahlen leichter erhöhen als auf einem langsam expandierenden Markt.

Die Kennzahl Marktwachstum erfaßt, wie schnell ein Markt expandiert. Unabhängig von der Portfolio-Analyse können Sie das Marktwachstum Ihres Produktes z. B. mit dem durchschnittlichen Wachstum des Bruttosozialproduktes vergleichen.

Wie das Portfolio erstellt wird

In einem zweiten Schritt ordnen Sie nun Ihre Produkte nach den ermittelten Kennzahlen »relativer Marktanteil« und »Marktwachstum« in eine Matrix ein. Hier die Produktkategorien, die die klassische Boston-Matrix vorsieht, und was sie bedeuten:

- Question marks (Nachwuchs): geringer Marktanteil/hohes Marktwachstum
  Diese Nachwuchsprodukte können noch erfolgreich am Markt, aber auch ein Flop werden (daher der Name »Fragezeichen«). In der Anfangsphase erzielen sie Verluste. Besonders erfolgversprechende Produkte unter den Fragezeichen sind zu fördern. Zu viele Nachwuchsprodukte erhöhen das Risiko!
- Stars (Sterne): hoher Marktanteil/hohes Marktwachstum
  Sie erfordern hohe Marketing-, Forschungs- und Entwicklungskosten, erzielen hohe Gewinne und sind die wichtigsten Produkte der Zukunft.
- Cash-Cows (Cash-Kühe): hoher Marktanteil/geringes Marktwachstum
  Diese ausgereiften Produkte verursachen wenig Marketingkosten, erzielen hohe Gewinne, befinden sich aber bereits auf stagnierenden Märkten.
- Dogs (Arme Hunde): geringer Marktanteil/geringes Marktwachstum
  Bei diesen Produkten, auch »lahme Enten« genannt, ist zu prüfen, ob sie noch Gewinne abwerfen; ansonsten sind sie aus dem Angebot zu nehmen.

Auf einem Koordinatensystem angetragen, sieht das Portfolio wie folgt aus:

Portfolio-Analyse

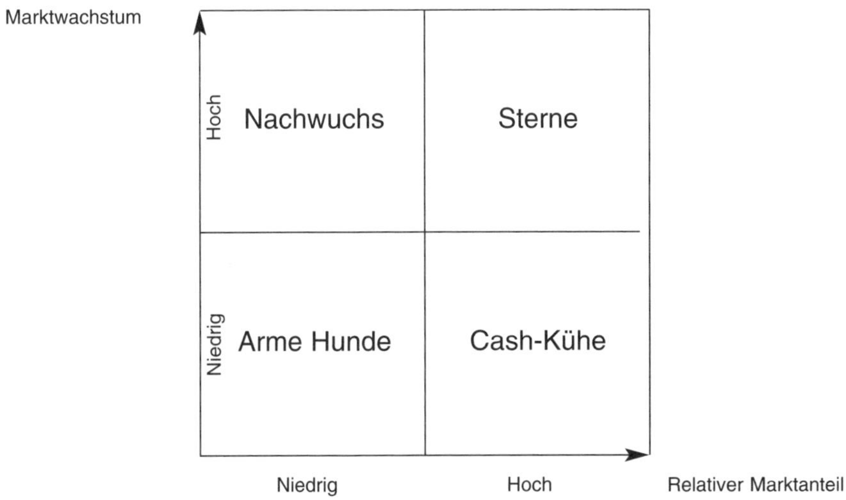

> Untersuchen Sie die Produktpalette Ihres Unternehmens regelmäßig mit der Portfolio-Analyse – so verschaffen Sie sich eine Übersicht, welche Produkte Sie fördern und welche Sie aus dem Angebot nehmen müssen.

Kundenanalyse mit Kennzahlen

Wenn Sie Ihre Zielgruppen genau kennen, dann können Sie die richtigen Problemlösungen anbieten. Im folgenden erfahren Sie, welche Kennzahlen Ihnen bei der Kundenanalyse weiterhelfen.

Mit der Kundenstrukturanalyse werden in der Marktforschung Einkaufsgewohnheiten, Einzugsgebiet, demographische Struktur des Kundenstammes etc. untersucht. In Ihrem Unternehmen können Sie Ihren Kundenstamm auch nach der Art Ihrer Kunden genauer untersuchen. Dadurch erfahren Sie etwa, wieviel Prozent der Gesamtzahl Ihrer Kunden auf einzelne Kundengruppen entfallen. Bezugsgröße ist die Gesamtzahl der Kunden nach der Kundendatei, und zwar an einem bestimmten Stichtag. Die Kundengruppen unterteilen Sie je nach Ihrem Interesse aufgrund bestimmter Kategorien und untersuchen dann die Gruppen nach den unterschiedlichen Merkmalen – z. B. wenn Sie die regionale Verteilung Ihrer Kunden betrachten, die »Kunden aus der Region X«, »Kunden aus der Region Y« etc., wenn Sie Neu- und Altkunden vergleichen z. B. »Altkunden«, »Neu gewonnene Kunden seit 2001«, wenn

Sie Ihre Kunden nach dem Alter einteilen etwa »Kunden unter 20«, »Kunden von 20 bis 30« etc.

K

$$\text{Kundenstruktur nach einem bestimmten Merkmal} = \frac{\text{Zahl der Kunden mit einem bestimmten Merkmal} \times 100}{\text{Gesamtzahl der Kunden}}$$

Weitere Informationen erhalten Sie, wenn Sie den Umsatz der einzelnen Kundengruppen in Beziehung zum Gesamtumsatz sehen. Die beiden Größen beziehen sich jetzt auf einen bestimmten Zeitabschnitt, z. B. ein Jahr.

K

$$\text{Kundengruppenanteil} = \frac{\text{Umsatz einer bestimmten Kundengruppe} \times 100}{\text{gesamte Umsatzerlöse}}$$

Möglich ist auch, daß Sie Ihre Kunden nach Größenklassen hinsichtlich des getätigten Umsatzes gliedern wie in der folgenden Tabelle.

Tabelle Kundengruppen			
Kunden mit Umsätzen bis 1 000 €	Kunden mit Umsätzen von 1 000 – 3 000 €	Kunden mit Umsätzen von 3 000 – 5 000 €	…
1. 2. 3, …	1. 2. 3. …	1. 2. 3. …	1. 2. 3. …

Mit dieser Übersicht können Sie wichtige von unwichtigen Kunden unterscheiden. Oft ist es nur eine kleine Gruppe von Kunden, mit der Sie den größten Umsatz erzielen. Diese Hauptkunden müssen Sie langfristig an das Unternehmen binden.

Kennzahlen zu Preisen und Konditionen

Preiselastizität der Nachfrage

Diese Kennzahl zeigt die Relation, in der sich die nachgefragte Menge ändert, wenn eine – auch sehr minimale – Preisänderung erfolgt ist. Mit ihr können Sie also überprüfen, wie stark die Auswirkungen einer Preissenkung oder -erhöhung sind.

Zur Berechnung herangezogen werden jeweils die prozentualen Änderungen beider Größen:

$$\text{Preiselastizität der Nachfrage} = \frac{\text{prozentuale Mengenänderung}}{\text{prozentuale Preisänderung}}$$ K

Eine Preiselastizität der Nachfrage von über 1 bedeutet eine elastische Nachfrage – die Mengenänderung ist in diesem Falle relativ stärker als die Preisänderung. Das kann etwa konkret bedeuten: Eine nur geringe Preissenkung hat zu einer deutlich höheren Nachfrage geführt. Entsprechend bedeutet eine Preiselastizität der Nachfrage von unter 1 eine unelastische Nachfrage, d. h. bei einer bestimmten Preisänderung hat sich die Nachfragemenge nur vergleichsweise gering verändert – die Preisänderung kann damit als weniger wirksam interpretiert werden.

Preisnachlaßquote und Preisnachlaßstruktur

Werden Preise auf dem Verhandlungsweg festgelegt, dann werden meist auch die Konditionen ausgehandelt. Dabei kann der Verkäufer Rabatte gewähren oder seinen Kunden bessere Lieferungs- und Zahlungsbedingungen anbieten. Zur Beurteilung Ihrer Konditionenpolitik können Sie die Kennzahlen Preisnachlaßquote und Preisnachlaßstruktur heranziehen.

Die Preisnachlaßquote zeigt Ihnen, wieviel Prozent der Umsatzerlöse auf die gesamten Preisnachlässe (Rabatte, Skonti und Boni) entfällt. Es gelten die Umsatzerlöse vor Abzug der Preisnachlässe und ohne Umsatzsteuer.

$$\text{Preisnachlaßquote} = \frac{\text{Preisnachlässe} \times 100}{\text{Umsatzerlöse}}$$ K

Mit der Kennzahl Preisnachlaßstruktur können Sie die Preisnachlaßquote weiter analysieren. Sie wählen die gewährten Preisnachlässe nach bestimmten Kriterien aus, etwa nach Produkt (hier Produkt A), einzelnen Verkaufsbezirken, usw., und erfahren so, wieviel Prozent der gesamten Preisnachlässe auf diese bestimmten Produkte etc. entfallen.

$$\text{Preisnachlaßstruktur} = \frac{\text{Preisnachlässe für Produkt A} \times 100}{\text{Preisnachlässe insgesamt}}$$ K

5.5 Kennzahlen zur Erfolgskontrolle

Messungen zur Umsatzentwicklung und -analyse

Umsätze sind absolute Zahlen, die einen hohen Stellenwert für die Beurteilung der Situation eines Unternehmens haben. Es wird umso positiver beurteilt, je höher der Umsatz und die jährlichen Umsatzsteigerungen liegen: Die Wachstumsrate ist neben der Rentabilität das wichtigste Kriterium für die Leistungsfähigkeit eines Unternehmens. Außerdem bestimmt das Umsatzvolumen neben der Höhe des Kapitals und der Beschäftigtenzahl die Größe eines Unternehmens. Oft wird sogar bei Größenvergleichen zwischen Unternehmen nur der Jahresumsatz herangezogen.

Einen globalen Überblick über die Absatzsituation können Sie sich zunächst einmal mit der Gegenüberstellung der Umsätze aus mehreren Jahren verschaffen; wie im folgenden Beispiel sollte die jährliche prozentuale Zu- oder Abnahme berücksichtigt werden.

Beispiel: Umsatzentwicklung

Jahr	*Verkauf in Mio. €*	*Veränderung in % gegenüber Vorjahr*
1996	50,0	
1997	45,0	–10,0%
1998	47,5	+5,5%
1999	55,2	+16,2%
2000	65,7	+19,0%
2001	70,3	+7,0%
2002	67,7	–3,7%

Werden die Verkaufsumsätze um Preissteigerungen bereinigt, dann entspricht eine Umsatzausweitung einem echten Wachstum.

Die Umsatzzunahme läßt sich übersichtlich darstellen, wenn man den Umsatz eines bestimmten Jahres als Ausgangsbasis nimmt und gleich 100 setzt. Bei der Indexdarstellung des folgenden Beispiels ist 1996 Basisjahr, auf das alle nachfolgenden Jahre bezogen werden.

Beispiel: Umsatzentwicklung (Indexdarstellung)

Jahr	*Verkauf in Mio €*	*Veränderung gegenüber Basisjahr 1996 = 100*
1996	50,0	100
1997	45,0	90
1998	47,5	95
1999	55,2	110,4
2000	65,7	131,4
2001	70,3	140,6
2002	67,7	135,4

Umsatzanalyse nach Produkten

Die Verkaufsleitung interessiert sich insbesondere dafür, wie sich der Umsatz auf die verschiedenen Produkte bzw. Produktgruppen verteilt, welche Produkte die höchsten Umsätze erzielen und welcher Anteil am Jahresumsatz auf sie entfällt. Auch hier empfiehlt es sich, mehrere Jahre zu betrachten, um Verschiebungen sichtbar zu machen. Die erste Spalte zeigt jeweils die Umsatzentwicklung der Produkte A, B und C über vier Jahre in absoluten Zahlen; daneben sind jeweils die Prozentzahlen angegeben, die die Wachstumsdynamik einzelner Produkte noch viel deutlicher herausstellen.

Beispiel: Umsatzanalyse nach Produkten in Mio. € und Prozent

	1999	*in %*	*2000*	*in %*	*2001*	*in %*	*2002*	*in %*
Produkt A	3,0	30	3,2	27,9	3,5	27,1	4,1	26,8
Produkt B	5,0	50	5,2	45,2	5,2	40,3	5,1	33,3
Produkt C	2,0	20	3,1	26,9	4,2	32,6	6,1	39,9
Gesamtumsatz	10,0	100	11,5	100,0	12,9	100,0	15,3	100,0

Anhand der Prozentzahlen läßt sich die Entwicklung des Produktes C innerhalb des Sortiments gut verfolgen: Während 1999 der Umsatz von C mit 2 Mio. € und einem Umsatzanteil von 20 % nicht halb so groß wie der von B, war 2002 das Produkt C mit über 6 Mio. € und einem Umsatzanteil von rund 40 % der wichtigste Umsatzträger. Die relative Bedeutung des Produktes A ist trotz der Umsatzsteigerung von 3 auf 4 Mio. von 30 auf 26,8 % zurückgegangen. Das Produkt B hat zwar seinen Umsatz mit 5 Mio. € gehalten, am Gesamtumsatz fiel aber sein Anteil von 50 auf 33,33 %.

Strukturveränderungen bei Großunternehmen, z. B. in der Chemischen Industrie, sind nur erkennbar, wenn man die einzelnen Produkte zu übergeordneten Produktgruppen zusammenfaßt.

Umsatzanalyse nach Absatzgebieten

Bei Unternehmen, die international operieren, ist von grundsätzlichem Interesse, wie sich der Gesamtumsatz auf Inland und Ausland aufteilt. Handelt es sich um ein Unternehmen mit großem Exportgeschäft, dann wäre zusätzlich zu untersuchen, auf welche einzelnen Länder sich der Export verteilt. Entsprechend läßt sich auch das Inlandsgeschäft aufteilen nach Bundesländern oder Regionen. Möglich sind auch kombinierte Gliederungen, also sowohl nach Absatzgebieten als auch nach Produkten.

Beispiel: Umsatzanalyse nach Absatzgebieten

Gesamtumsatz	10 Mio. € =	100 %
Inland	6 Mio. € =	60 %
Ausland	4 Mio. € =	40 %
Ausland	4 Mio. € =	40 %
davon Land A	1,5 Mio. € =	15 %
Land B	1 Mio. € =	10 %
Land C	0,6 Mio. € =	6 %
Land D	0,5 Mio. € =	5 %
Land E	0,4 Mio. € =	4 %

Kennzahlen zur Verkaufsabwicklung

Angebote und Bestellungen

Die Verkaufsabwicklung umfaßt alle Tätigkeiten von der Vorbereitung des Kaufvertrages bis zur Auslieferung des Produkts. Sie beginnt mit dem ersten Kontakt zum Kunden, reicht über Verkaufsgespräche auf Messen und Ausstellungen über die Beantwortung zu Kundenanfragen und die Angebotserstellung bis hin zur Abwicklung der dann tatsächlich erfolgten Bestellungen.

Die Kennziffern zur Angebotsstruktur zeigen Ihnen genauer, wie sich die abgegebenen Angebote auf die verschiedenen Möglichkeiten der Verkaufsanbahnung verteilen. So läßt sich der Anteil von z. B. direkten Anfragen, Anzeigen, Messegesprächen etc. feststellen. Voraussetzung für realistische Zahlen ist allerdings, daß die Ursache bzw. der Anstoß für das erfolgte Angebot auch eindeutig nachvollzogen werden kann. So werden Verkaufsabschlüsse bei Messeauftritten sicher leichter zu berechnen sein als schriftliche Bestellungen, die sowohl auf eine Anzeige als auch auf Kundenempfehlungen o. ä. hin erfolgt sein können.

$$\text{Angebotsstruktur} = \frac{\text{Angebotsabgabe aufgrund z. B. Anzeige} \times 100}{\text{Gesamtzahl der abgegebenen Angebote}}$$ K

Eine wichtige Erfolgskennziffer ist der Angebotserfolg, der den Anteil der erhaltenen Aufträge in Prozent der insgesamt abgegebenen Angebote ausdrückt. Die Differenz zu 100 ergibt umgekehrt den Anteil der nicht zustandegekommenen Aufträge. Die Ursachen für die Ablehnungen sollten Sie weiterverfolgen und analysieren.

$$\text{Angebotserfolg} = \frac{\text{erhaltene Aufträge} \times 100}{\text{abgegebene Angebote}}$$ K

Die Auftragslage analysieren

Mit Kennzahlen zur Auftragsstruktur können Sie die Entwicklung der Aufträge bestens verfolgen. So sollten Sie Auftragseingänge und den Auftragsbestand permanent beobachten. Den gesamten Auftragseingang eines bestimmten Zeitraumes können Sie zu verschiedenen anderen Größen in Beziehung setzen und daraus bestimmte Schlüsse ziehen.

$$\frac{\text{Auftragseingänge}}{\text{Bezugsgröße}} = \text{Quotient}$$ K

So lassen sich z. B. folgende Bezugsgrößen in die Formel einsetzen:

- Anzahl der Kunden: ergibt den durchschnittlichen Auftragseingang pro Kunden,
- Anzahl der Aufträge: ergibt die durchschnittliche Auftragsgröße,
- Einwohnerzahl eines Verkaufsgebietes: durchschnittlicher Auftragseingang je Einwohner,
- Anzahl der Reisenden/Verkäufer: durchschnittlicher Auftragserfolg pro Reisender/Verkäufer,
- etc.

Die Kennzahl Auftragseingangsstruktur läßt sich nach den Kriterien Erzeugnisse, Absatzgebiete oder Absatzwege gliedern. Diese Kriterien erscheinen dann jeweils im Zähler der Formel, während der Gesamtauftragseingang im Nenner steht.

K $$\text{Auftragseingangsstruktur (Verkaufsgebiete)} = \frac{\text{Auftragseingang nach Verkaufsgebieten} \times 100}{\text{Gesamtauftragseingang}}$$

K $$\text{Auftragseingangsstruktur (Erzeugnisse)} = \frac{\text{Auftragseingang nach Erzeugnissen} \times 100}{\text{Gesamtauftragseingang}}$$

So können Sie sich etwa darüber informieren, wieviel Prozent der gesamten Auftragseingänge z. B. auf die Produkte A, B oder C entfallen. Entsprechend können Sie auch die Auftragsbestandsstruktur darstellen.

K $$\text{Auftragsbestandsstruktur} = \frac{\text{Auftragsbestand nach z. B. Erzeugnissen} \times 100}{\text{Gesamtauftragsbestand}}$$

Im Zähler des Bruches lassen sich ebenfalls die Kriterien Absatzgebiete oder Absatzwege einsetzen.

Den Erfolg einer Werbeaktion messen

Die Werbewirkung messen

Parallel oder im Anschluß an Werbekampagnen wird in der Werbeerfolgskontrolle geprüft, wie effektiv die Durchsetzungskraft der eingesetzten Werbemittel war. Dabei geht es um den ökonomischen Aspekt der Werbewirkung, also das Verhältnis von Mitteleinsatz und erzieltem Mehrumsatz oder -absatz, aber auch um den psychischen Effekt, etwa die Steigerung der Markenbekanntheit oder die Erinnerung an die Werbebotschaft. Die Abgrenzung des Erfolges einzelner Werbemaßnahmen von anderen Absatzmaßnahmen ist in der Praxis allerdings schwierig; die psychische Werbewirkung ihrerseits kann nur durch gezielte Befragungen (durch Marktforschung) ermittelt werden.

Grundsätze der Werbung

- Wirksamkeit: Eine unwirksame Werbemaßnahme hat ihr Ziel verfehlt. Die Wahl der Werbemittel, die Originalität der Werbung, die Treffsicherheit bei der Zielgruppe und die stetige Wiederholung bestimmen die Werbewirksamkeit.
- Wahrheit: Die Werbung soll Vertrauen beim Umworbenen schaffen. Übertreibungen und Unwahrheiten beeinträchtigen die Wirksamkeit der Werbung.
- Klarheit: Die Werbeaussage muß deutlich, leicht verständlich und einprägsam sein.
- Wirtschaftlichkeit: Die Aufwendungen für die Werbung müssen in Beziehung zu ihrem Nutzen gesehen werden. Eine Werbemaßnahme ist unwirtschaftlich, wenn der Werbeaufwand in keinem angemessenen Verhältnis zum Ertrag steht.

Über Absatz- und Umsatzgrößen wird die Kennzahl »Werbeerfolg« ermittelt. Sie errechnet sich aus dem Umsatzzuwachs, der sich nach der Kampagne ergeben hat, und den für die Werbung eingesetzten Kosten:

$$\text{Werbeerfolg} = \frac{\text{Umsatzzuwachs} \times 100}{\text{Aufwendungen der Werbeaktion}}$$

K

Der Erfolg einer Werbemaßnahme kann an den Auswirkungen auf Umsatz, Gewinn oder Marktanteil gemessen werden.

Beispiel: Werbewirkung

Die Kosten einer Werbeaktion belaufen sich auf 48 000 €, der Produktpreis beträgt 140 €, der Stückgewinn 25 €. Das Unternehmen erhält auf seine Aktion hin 2 600 Bestellungen. Daraus ergibt sich ein Umsatzzuwachs von 2600 × 140 = 364 000 €. Der Erfolg der Werbeaktion kann wie folgt gemessen werden:

$$\text{Werbeerfolg} = \frac{364\,000 \times 100}{48\,000} = 758\,\%$$

Durch den zusätzlichen Gewinn von: 2 600 × 25 = 65 000 € ergibt sich nach Abzug der Werbekosten von 48 000 € ein Werbegewinn von 17 000 €.

Diese Bestimmung der Werbewirkung über den Umsatz hat allerdings Grenzen; denn den Umsatz bestimmen auch andere Faktoren, allen voran das Verhalten der Konkurrenz, daneben auch saisonale oder konjunkturelle Einflüsse.

Abgesehen von diesen harten Daten machen in der Marktforschung besonders Messungen zur psychologischen Werbewirkung Sinn. In diesem Rahmen kann man z. B. untersuchen, welche Einstellung die Käufer zur Marke und zum Unternehmen haben, wie hoch der Bekanntheitsgrad der Marke/des Produkts ist oder welche Kaufabsichten vorliegen. Diese »weichen« Barometer für den Werbeerfolg können in der Regel nur durch Primärforschung, meist Befragungen, gemessen werden. Die Käufereinstellungen sollten über längere Zeit beobachtet werden, damit sich auch Verhaltensänderungen feststellen lassen, etwa wenn die Werbestrategie geändert wurde oder zusätzliche Werbemittel eingesetzt wurden.

Von der Rücklaufquote zum Kauferfolg

Mit der Direct-Response-Methode können Sie bei einer Reihe von Werbeaktionen leicht ermitteln, wieviele Adressaten auf die Werbung reagiert haben. Dahinter verbirgt sich nichts anderes als eine Beobachtung des Rücklaufs. Diese Methode wird v. a. im Versandgeschäft, aber auch von anderen Unternehmen praktiziert.

Die Rücklaufquote kann im Zuge so unterschiedlicher Maßnahmen wie Mailings, Einladungen zur Werbepräsentation, Fragebogenaktionen oder Anzeigen in Zeitschriften eingesetzt werden. Voraussetzung ist, daß Antwortpostkarten, Faxvordrucke, Bestellscheine o. ä. am Werbemittel angebracht sind, mittels derer der Kunde reagieren kann. Das Antwortmedium sollte für den Benutzer leicht zu handhaben sein, das heißt, mit wenig Zeitaufwand ausgefüllt werden können, und darf dem Kunden keine Kosten verursachen (»Gebühr bezahlt Empfänger« etc.). Die Resonanz der Werbung zeigt sich dann in den zurückgesendeten Antworten.

Will man die Effizienz des eingesetzten Werbemittels prüfen, ist die Rücklaufquote nur aussagekräftig, wenn keine anderen Werbemittel zeitgleich oder vorher eingesetzt wurden.

Beispiel

Ein Unternehmen will 70 Händlern in seiner Region ein neues Produkt vorführen. Vier Wochen vor der Präsentation versendet es eine Einladung mit Antwortkarte. Darauf reagieren 56 Händler.

$$\textit{Rücklaufquote} = \frac{56 \times 100}{70} = 80\,\%$$

Inwieweit eine Werbeaktion tatsächlich zu einem Kauf führt, wird in der Kennzahl Kauferfolg, auch Streuerfolg genannt, erfaßt. Sie stellt eine Verbindung zwischen der Zahl der Kaufimpulse und der Zahl der Werbeadressaten her und ist damit ein wichtiges Instrument zur Erfolgskontrolle.

$$\text{Kauferfolg} = \frac{\text{Zahl der Bestellungen} \times 100}{\text{Zahl der Werbeadressaten}}$$

K

Beispiel

Von den 70 Händlern, die eine Einladung zur Präsentation erhalten hatten, kauften schließlich 25 das neue Produkt. Der Kauferfolg lag damit bei:

$$\textit{Kauferfolg} = \frac{25 \times 100}{70} = 35{,}7\,\%$$

Die Kennzahl Beeindruckungserfolg soll zeigen, wie hoch der Anteil der Personen ist, die von einem Werbemittel beeindruckt wurden. Da sich diese Zahl jedoch in der Praxis kaum ermitteln läßt, hat sie sich letztlich auch nicht durchgesetzt.

$$\text{Beeindruckungserfolg} = \frac{\text{Zahl der Werbebeeindruckten} \times 100}{\text{Zahl der Angesprochenen}}$$

Die Kennzahl Erinnerungserfolg erfaßt den Anteil der Personen, die sich zu einem späteren Zeitpunkt noch an die Werbebotschaft erinnern können. Solche Untersuchungen müssen natürlich mittels Befragung, besser noch durch Experiment, durchgeführt werden.

$$\text{Erinnerungserfolg} = \frac{\text{Zahl der Werbeerinnerer} \times 100}{\text{Zahl der Angesprochenen}}$$

K

Die Kennziffer kann auch im Nenner die Zahl der Werbebeeindruckten enthalten.

K

$$\text{Erinnerungserfolg} = \frac{\text{Zahl der Werbeerinnerer} \times 100}{\text{Zahl der Werbebeeindruckten}}$$

5.6 Wie Sie Kundenzufriedenheit und Kundennutzen messen

Wenn ein Unternehmen seine Wettbewerbspositionen auf- und ausbauen will, dann ist die Besinnung auf den Kundennutzen und die Kernkompetenzen entscheidend. Wo kann das Unternehmen seinen Kunden den größten Nutzen bieten, wo besitzt es gegenüber der Konkurrenz den deutlichsten Wettbewerbsvorteil? Kundennutzen und Kernkompetenzen sind nicht Selbstzweck, vielmehr will das Unternehmen über seine Wettbewerbsfähigkeit das Wachstum und die Rentabilität steigern, was wiederum zu einem höheren Unternehmenswert führt. Der Kundennutzen muß ins Zentrum der strategischen Überlegungen rücken und ein dauerhafter Orientierungsmaßstab sein. Gelingt es Ihnen, den Kundennutzen gegenüber den Konkurrenten nachhaltig auszubauen, dann sind Sie Ihren Konkurrenten voraus.

Daneben ist die Kundenzufriedenheit ein wichtiger Maßstab für den Erfolg. Denn unzufriedene Kunden, dies ist belegt, wandern früher oder später zur Konkurrenz ab. Zufriedene Kunden hingegen werden das Unternehmen weiterempfehlen.

Kundenbindung durch Kundenzufriedenheit

Kunden müssen umworbene Partner sein, denn sie entscheiden letztlich über Existenz und Zukunft eines Unternehmens. Eine dauerhafte Bindung an Ihre Kunden ist heute beinahe der wichtigste Erfolgsfaktor. Heute gilt es, sich auf die Bedürfnisse der Kunden einzustellen und optimale Werte bei der Kundenzufriedenheit zu erreichen. Und wenn Kunden begeistert sind, werden sie nicht nur langfristig Kunden bleiben, sondern auch noch für das Unternehmen werben. Gleichzeitig wird es immer wichtiger, daß Unternehmen ihre Hauptkunden intensiv und individuell betreuen – und dabei auf ihre realen Bedürfnisse eingehen.

Kunden- und Marktsegmente analysieren

Ein Unternehmen muß seine Kunden- und Marktsegmente bestimmen, in denen es konkurrenzfähig sein will. In bezug auf Zielkunden und Marktsegmente sind Produkte und Dienstleistungen zu erbringen, die den Kundenanforderungen und -wünschen entsprechen. Wenn Sie die Bedürfnisse Ihrer Kunden, Ihrer Zielgruppe, besser befriedigen als Ihre Konkurrenten, dann bedeutet das einen Vorsprung im Wettbewerb.

Die sinnvolle Einteilung der Kunden und die Analyse der Anforderungen jeder Kundengruppe sind dabei ganz wichtig. Sie können die Kunden etwa in Privat- und Geschäftskunden unterteilen, letztere wiederum nach der Höhe der Umsätze, etc.

Eine Segmentierung des Marktes nach dem Kundennutzen (s. u.) bedeutet, daß Sie den Nutzen des Kunden für bestimmte Segmente auch tatsächlich definieren können. Die einzelnen Kunden müssen Sie dann dem jeweiligen Segment zuordnen. Dann ist es Ihnen möglich, auf die Bedürfnisse der Kunden näher einzugehen, und Sie können auch entsprechende Dienstleistungen anbieten. Es geht aber nicht allein darum, die Erwartungen jedes Segments zu erfüllen, es muß sich für das Unternehmen auch finanziell lohnen. Im Rahmen des Kundennutzens (dem subjektiv wahrgenommenen Nutzen) müssen Sie auch das Preis-/Leistungsverhältnis im Vergleich zu den Mitbewerbern untersuchen.

Die gewählten Zielsegmente können Sie dann mit den entsprechenden Kennzahlen bewerten:

- Marktanteil,
- Kundentreue,
- Kundenakquisition,
- Kundenzufriedenheit,
- Kundenrentabilität.

Während die Kennzahl Marktanteil über den Umfang des Geschäftes des Unternehmens auf einem bestimmten Markt informiert, ist die Kundentreue Voraussetzung für die Erhaltung und Steigerung des Marktanteils. Die Kundentreue zeigt sich in der Anzahl oder dem Anteil der Wiederholungskäufe.

Unternehmen wollen auch den Kundenkreis in ihrem Marktsegment vergrößern, was die Kennzahl Kundenakquisition erfaßt. Sie beziffert das Verhältnis von neuen zu alten Kunden. Daneben sollten Sie den zusätzlichen Umsatz mit den neuen Kunden am bisherigen Gesamtumsatz messen.

In vielen Absatzmärkten gestaltet sich die Gewinnung neuer Kunden schwierig; eine große Rolle spielen auch die Kosten: einen neuen Kunden durch Akquisition zu gewinnen kann fünfmal teurer kommen als einen bisherigen Kunden zu halten.

Die Kennzahl Kundenzufriedenheit ist ein anerkannter Erfolgsmaßstab (s. u.). Untersuchungen in der Praxis belegen, daß nur Kunden, die ihre Kauferfahrung positiv einstufen, dem Unternehmen treu bleiben. Deshalb lassen viele Unternehmen per Marktforschung Befragungen zur Kundenzufriedenheit durchführen. Die Kundenzufriedenheit geht meist aus weichen Befragungen hervor; sinnvollerweise sollten aber auch harte Daten erfaßt werden. Abschließend kann man einen Index aus beiden Komponenten bilden.

Ein hoher Marktanteil und Kundenzufriedenheit reichen nicht aus, die Kundensituation umfassend zu beurteilen. Jedes Unternehmen will auch gute Kunden. Das heißt, es strebt bei den Geschäftsabschlüssen mit seinen Kunden Rentabilität an, besonders in seinem Zielsegment. Unrentable Kunden müssen durch besondere Anstrengungen zu rentablen Kunden werden, z. B. durch eine neue Preisstrategie.

Kundenanforderungen und Kundenwünsche herausfinden

Sind die Kunden nach Marktsegmenten erfaßt, müssen Sie die Anforderungen der verschiedenen Kundengruppen analysieren. Doch wie diese Kundenwünsche herausfinden?

Wer schon lange in einer Branche und einem Unternehmen tätig ist, kennt natürlich »seine Kunden« und kann vielleicht auch Vermutungen über deren Bedürfnisse anstellen. Konkrete Informationen über die Kundenanforderungen und -wünsche erhält man aber nur durch die Kontaktaufnahme mit ihnen, also durch Umfragen, etwa in der Form von Mailings, Telefoninterviews oder Fokusgruppen. Auch Kundengespräche sind unverzichtbar, vor allem, wenn neue Produkte und Serviceleistungen geplant sind. Sie erhalten meist mehr Informationen zum Thema, wenn Sie die Kundenanforderungen durch ein Marktforschungsinstitut recherchieren lassen; hier werden entsprechende Fachkräfte und professionelle Methoden eingesetzt.

Daneben sollten Sie unbedingt die Informationen nutzen, die Sie im Unternehmen »so nebenbei« von Ihren Kunden bekommen: das Kundenfeedback.

Zu nennen wären hier allen voran die Beschwerden, aber auch Empfehlungen und anderes mehr.

Unternehmen der Investitionsgüterindustrien pflegen zu ihren Großkunden (Schlüsselkunden = Key Accounts) meist einen intensiven Kontakt. In der Konsumgüterindustrie hingegen ist die Kundenzahl meist sehr groß und der Kunde anonym – seine Bedürfnisse lassen sich nur durch Tests oder Stichprobenbefragungen erfassen.

Wovon ist die Kundenzufriedenheit abhängig?

Kundentreue und Kundenzufriedenheit sind in starkem Maße von den Produkteigenschaften und dem Service, den Erfahrungen beim Kauf und dem Image des Herstellers und seiner Produkte abhängig. Hier gibt es allerdings von Wirtschaftszweig zu Wirtschaftszweig gewisse Abweichungen.

- Produkt- und Serviceeigenschaften
  - billig, fehlerfrei und zuverlässig
  - hervorragende Produkte und differenzierte Dienstleistungen gegen Aufpreis
  - Mode und Qualität zu einem vernünftigen Preis
  - fehlerfreie Produkte werden an den Arbeitsplatz geliefert, wenn auch etwas teurer als die Konkurrenz
- Kauferfahrung und Kundenbeziehungen
  - gewünschte Produkte sind vorrätig
  - freundliche und zuvorkommende Bedienung
  - kompetentes Verkaufspersonal
  - auf Kundenwünsche wird schnell reagiert
  - Zuverlässigkeit
- Marke und Image des Herstellers
  - Produktmarke verkörpert Anpassung und Kontinuität
  - attraktives Markenimage für Zielkunden
  - große Reputation des Herstellers

Wie können Sie die Kundenzufriedenheit messen?

Kundenzufriedenheit läßt sich als ein positives Empfinden definieren, das eintritt, wenn die individuellen Anforderungen des Kunden von der wahrgenommenen Unternehmensleistung eingelöst werden.

Die Kundenzufriedenheit läßt sich an harten und weichen Kennzahlen messen. Viele Unternehmen führen nur weiche Messungen durch; harte Meßzahlen sind aber hier auch wichtig, um z. B. das reale Kundenverhalten objektiver einschätzen zu können. Sinnvoll gewählte weiche Daten können dann auf mögliche Problembereiche aufmerksam machen. Weiche Messungen weisen in die Zukunft und erlauben es, auf Gefahren noch rechtzeitig zu reagieren.

Jede Umfrage zur Kundenzufriedenheit sollte daher beide Arten von Informationen erforschen. Während harte Meßzahlen Aussagen über das tatsächliche Kaufverhalten machen, geben die weichen Kennzahlen Aufschluß über die Meinung der Kunden wieder, z. B. Befragungen zum Produkt (Qualität, Design, etc.), zum Service (Qualität des Kundenservice, Verhalten der Mitarbeiter, Zuverlässigkeit etc.). Die Zufriedenheit des Kunden unterliegt allerdings Veränderungen. Eine regelmäßige Überwachung der berechneten Kennzahlen ist daher für eine erfolgreiche Kundenorientierung unabdingbar.

Harte Messungen

Harte Kennzahlen der Kundenzufriedenheit sind:

- Marktanteil im Vergleich zu Wettbewerbern,
- Wiederholungsgeschäfte mit Kunden (Wiederholungsrate),
- verlorene Geschäfte mit Kunden (Abwanderungsrate),
- Warenrücksendungen von Kunden (Häufigkeit von Garantiemängeln), Beanstandungsquote, Beanstandungsstruktur.

Der Marktanteil wurde oben schon besprochen und kann als Meßlatte für die Kundenzufriedenheit gesehen werden. Wichtiger, aber schwer zu messen sind Wiederholungskäufe, vor allem im Handel oder in großen Dienstleistungsbetrieben, in denen keine Rechnungen gestellt werden. Nur wo Unterlagen über die Kaufgeschäfte vorliegen, läßt sich die Wiederholungsrate messen. Die Abwanderungsrate umfaßt die Anzahl all jener Kunden, die zur Konkurrenz wechseln – hier liegt eine ähnliche Problematik bei der Messung vor. Abhilfe kann eventuell durch Stichprobenbefragungen der Kunden geschaffen werden.

Die Kennzahl »Warenrücksendungen« ist zumindest ein Indikator für die Kundenzufriedenheit, wenn auch nicht jede Reklamation die Zufriedenheit des Käufers zwangsläufig beeinträchtigen muß: hier kommt es sicher auch darauf an, wie schnell und zuverlässig der Reklamationsservice funktioniert, ob und wie der Kunde entschädigt wird, wie freundlich die Mitarbeiter sind, etc.

In Zusammenhang mit den Warenrücksendungen steht die Beanstandungsquote, die die Zahl der Beanstandungen in Prozent der Gesamtzahl der Lieferungen angibt. Noch aussagefähiger ist die Beanstandungsquote aber, wenn Sie den Wert der beanstandeten Lieferungen in Beziehung zum Wert der gesamten Lieferungen setzen.

$$\text{Beanstandungsquote} = \frac{\text{Wert der beanstandeten Lieferungen} \times 100}{\text{Wert der Lieferungen insgesamt}}$$ K

Mit der Kennzahl »Beanstandungsstruktur« können Sie klären, auf welche Anlässe sich die Beanstandungen verteilen; so kann die Reklamation z. B. auf eine falsche Lieferung, Produktmängel, Transportschäden, etc. zurückgehen. Wenn Sie die Quoten anschließend einander gegenüberstellen, sehen Sie, welche Ursachen am häufigsten auftreten:

$$\text{Beanstandungsstruktur} = \frac{\text{Beanstandung Produktfehler} \times 100}{\text{gesamte Beanstandungen}}$$ K

Weiche Messungen

Weiche Messungen erfahren Sie durch Umfragen, in denen Sie Ihre Kunden bestimmte Sachverhalte bewerten lassen und sie durch offene Fragen um zusätzliche Informationen über ihre Einstellung bitten. Wichtig dabei ist, keine Suggestivfragen zu stellen, auf die Sie von vornherein nur eine für das Unternehmen positive Antwort erhalten werden, etwa: »Hat sich der Service seit Ihrem letzten Besuch verbessert oder nicht?« Korrekter wäre die Frage: »Mit wievielen Punkten von maximal 100 würden Sie die Qualität unseres Service beurteilen?« Achten Sie also darauf, daß die Antworten nicht sowohl als »relativ gut« oder »relativ schlecht« interpretiert werden können, sondern konkrete Ergebnisse auf einer Meßskala darstellen. Dazu geben Sie ein Benotungs- oder Punktvergabesystem vor.

Der Fragebogen sollte mindestens die Einstellungen zu folgenden Punkten berücksichtigen und quantifizieren:

- Qualität der Produkte und Dienstleistungen insgesamt,
- Erfüllung der Kundenwünsche,
- Eingehen auf Probleme,
- Geschäftsabwicklung;

und offene Fragen beinhalten, etwa:

- Wie könnten wir Ihre Zufriedenheit verbessern?
- Welche Produkt/Serviceleistungen vermissen Sie?

Daneben können Sie weitere Einzelheiten erfragen, etwa die Freundlichkeit der Mitarbeiter, die Zuverlässigkeit des Service, die Wartezeiten an den Kassen, etc.

Einen Index »Kundenzufriedenheit« erstellen

Sie können die harten und weichen Kennzahlen abschließend in einem Index »Kundenzufriedenheit« zusammenfassen. In diesem Index könnten beispielsweise 50 von 100 Punkten auf harte Meßzahlen entfallen, z. B. Marktanteil 15%, Wiederholungskäufe und verlorene Kunden je 10%, Einnahmen von bestehenden Kunden 15%. Die weichen Meßdaten wären dann ebenfalls mit 50% am Index beteiligt, z. B. Umfragen zur Kundenzufriedenheit 25%, Fragen zum Produkt und zum Service 15%, Beschwerden 10%. Der Zufriedenheitsindex sollte monatlich erstellt werden.

KUNDENZUFRIEDENHEITSINDEX

Meßbereich	*Bewertung*	*Gewichtung*	*Gesamtpunkte*
Marktanteil		15 %	
Wiederholungskäufe		10 %	
Verlorene Kunden		10 %	
Umsatz/Kunde		15 %	
Kundenzufriedenheit		25 %	
Produkt- und Servicequalität		15 %	
Beschwerdenbearbeitung		10 %	
Index (Gesamtpunkte)		100 %	

Anmerkung: Niedrige (Punkt-)Zahl = schlechter, hohe (Punkt-)Zahl guter Wert. Bei Kennziffer »verlorenen Kunden« auf die entsprechende Bewertung achten!

Checkliste: So kann ein Unternehmen die Kundenzufriedenheit feststellen

- Geeignete Befragungsmethode festlegen (Interview, schriftlicher Fragebogen, Telefoninterview; Stichprobe, etc.).
- Sinnvollen Zeitpunkt der Durchführung wählen.
- Quantitative und qualitative Daten berücksichtigen.
- Alle Fragen klar formulieren.
- Auch offene Fragen stellen.
- Kundenbefragung auswerten.
- Einzelaussagen der Befragung zu einem Index zusammenfassen.
- Befragung regelmäßig wiederholen!
- Mitarbeiter über Ergebnisse informieren.
- Index ins Kennzahlensystem des Unternehmens aufnehmen.

Was können Sie durch die USP-Wertanalyse erreichen?

Als Verfahren zur Kostensenkung in der Fertigung sind Wertanalysen entstanden. Sie sind inzwischen zu allgemeinen Instrumenten der Entscheidungsfindung geworden, die auch in der Beschaffung und im Verkauf zum Einsatz kommen. In der Wertanalyse sind zunächst die von der Zielgruppe gewünschten Funktionen genau zu bestimmen, dann können Sie zeigen, wie Sie diese optimal erfüllen.

Die Wertanalyse hat drei Einsatzbereiche:

- Wertplanung (Value Planing): Mit der Wertanalyse werden für das Unternehmen neue wirtschaftlich interessante Leistungen gesucht und bewertet.
- Wertgestaltung (Value Engineering): Die Wertanalyse wird eingesetzt, um das Produkt auf die von der Zielgruppe gewünschten Funktionen abzustimmen. Hier sind auch Kostensenkungen möglich, wenn auf kaum benötigte Funktionen ganz oder teilweise verzichtet wird.
- Wertverbesserungen (Value Analysis): Sachliche und wirtschaftliche Verbesserungen eines Produktes oder von bestehenden Dienstleistungen werden hier mit der Wertanalyse angestrebt.

Die Werbung hat den Begriff Unique Selling Proposition (USP) entwickelt (»einzigartige Verkaufsaussage«). Produkt und Leistung sollen sich in technischer, unternehmerischer und psychologischer Sicht von der Konkurrenz abheben. Auch soll der Geldwert dieser Differenzierung gegenüber der Konkurrenz dem Abnehmer vermittelt werden. Diese Abgrenzung schafft die erfolgreichen Voraussetzungen für Akquisition, Verkaufsgespräche und Preisverhandlungen. Die USP-Wertanalyse geht von der Kundenfrage aus: »Warum soll ich gerade dieses Produkt von Ihnen kaufen?«

Bei der USP-Wertanalyse müssen Sie in folgenden Schritten vorgehen:

1 Legen Sie die Produkt- und Leistungskategorien fest.

2 Bestimmen Sie anschließend Marktsegmente, Zielgruppen und konkrete Kunden. Erfassen Sie die Kundenwünsche aus der Kundenperspektive.

3 Listen Sie die gewonnenen Kundenwünsche nach einer Prioritätenskala auf.

4 Charakterisieren Sie Ihre Konkurrenten nach bestimmten Merkmalen. Welcher Konkurrent erfüllt gewisse Kundenwünsche besonders gut?

5 Beurteilen Sie Ihre Produkte und Leistungen aus der Sicht des Experten.

6 Vergleichen Sie die aus Kundensicht definierten (gewünschten) Fähigkeiten bzw. Eigenschaften des Produkts mit dem Produkt des eigenen Unternehmens und Konkurrenzprodukten.

7 Führen Sie dann einen Vergleich mit den Konkurrenten nach verschiedenen Merkmalen durch.

8 Bewerten Sie die kundenorientierten Eigenschaften bzw. Fähigkeiten Ihres Produkts. Überlegen Sie, welche Argumente Sie dem Kunden für den Kauf des Produkts liefern wollen, z. B. Qualität der verwendeten Materialien, Lebensdauer des Produkts.

Den Kundennutzen bestimmen

Auch ein zufriedener Kunde kann abwandern, wenn er das Produkt bei einem anderen Unternehmen billiger bekommen kann oder eine Alternative testen möchte. Die Kennzahl Kundenzufriedenheit allein genügt also nicht für eine Erfolgskontrolle im Kundenbereich. Der Kundennutzen ist eine umfassende Meßgröße, bei welcher der wahrgenommene Kundennutzen (s. u.), die Kundenzufriedenheit, die Wettbewerbsfähigkeit der Preise und die Serviceleistungen im Vergleich zur Konkurrenz hereinspielen. Besonders wichtig ist, daß das Preis-/Leistungsverhältnis gegenüber der Konkurrenz zur Geltung kommt.

Der Kundennutzen gibt darüber Auskunft, was dem Kunden an einem Produkt wichtig und auch etwas wert ist. Diese Beurteilung läßt sich wiederum nur per Befragung oder mit Tests bestimmen. Dabei sollen die Kunden alle Produkteigenschaften, die im Fragebogen aufgezählt werden, im ersten Schritt durch Punktevergabe gewichten (in Spalte 2):

Beispiel Kundennutzen: CD-Player im Vergleich

Eigenschaften	*Gewichtung*	*Produkt des Unternehmens A*		*Produkt des Unternehmens B*	
	Punkte (0 bis 10)	*Punkte*	*Gesamt*	*Punkte*	*Gesamt*
Klangqualität					
Bedienungsfreundlichkeit					
Design					
Robustheit					
Übersichtliches Display					
Gesamt					

Im zweiten Schritt könnten dann zwei Konkurrenzprodukte miteinander verglichen werden, indem die Befragten nochmals für jede Eigenschaft Bewertungspunkte, zum Beispiel auf einer Skala von 1 bis 10, vergeben. Diese Punkte werden dann mit der Gewichtung multipliziert und zusammengezählt.

Wenn Sie einen Index des Kundennutzens erstellen, dann muß dieser als harter Meßwert die eigenen Preise im Verhältnis zu den Konkurrenten enthalten. Weiche Meßwerte im Index sind Angaben zum wahrgenommenen Nutzen sowie die Meinungen zur Produktqualität und zum Service.

Sowohl ein Index zur Kundenzufriedenheit als auch einer zum Kundennutzen sollten fester Bestandteil jedes betrieblichen Kennzahlensystems sein.

6 Kennzahlen in der Materialwirtschaft

6.1 Einkauf und Disposition sicher steuern

Der Einkauf leistet einen wichtigen Beitrag für eine reibungslose kontinuierliche Produktion. Seine Entscheidungen haben einen nachhaltigen Einfluß auf die Ertragslage des Unternehmens, denn er verfügt häufig über den größten Ausgabenposten aller Abteilungen im Unternehmen: Das Volumen der Einkäufe kann bei Industrieunternehmen bis zu 50 % des Gesamtumsatzes erreichen.

Der Einkauf muß klug disponieren: So binden etwa zu hohe Lagerbestände zu viel Kapital und vermindern den Kapitalumschlag. Andererseits müssen aber auch stets genügend Vorräte vorhanden sein, damit Produktionsunterbrechungen vermieden werden. Mit zunehmender Anlagenintensität werden Produktionsstörungen noch kostspieliger. Mit den Kennzahlen Mindestbestand und Meldebestand kann der Einkauf den reibungslosen Ablauf in der Materialwirtschaft überwachen. Beide Größen werden aber auch im Hinblick auf die Wirtschaftlichkeit im Lager angewendet.

Der Einkauf kann einen wichtigen Beitrag zur Kostensenkung leisten, wenn er die Erkenntnisse der ABC-Analyse nutzt und sich mit den A-Gütern intensiv befaßt. Die ABC-Analyse zeigt, wo die Einkaufsaktivitäten besonders intensiv sein sollen. Hier wirken sich schon geringe Verbesserungen in den Konditionen günstig auf die Ertragslage aus. Die Anwendung der wirtschaftlichen Bestellmenge (= optimalen Bestellmenge) leistet ebenfalls einen Beitrag zur Senkung der Kosten in der Materialwirtschaft. Diese Meßzahl berücksichtigt Bestellkosten und Lagerhaltungskosten.

Der Einkauf schließt die Verträge mit den Lieferanten ab und muß sich als Dienstleister im Unternehmen verstehen. Zu den laufenden Aufgaben der Einkaufsabteilung gehören Anfragen nach Preisen sowie Lieferungs- und Zahlungsbedingungen bei schon bestehenden Geschäftspartnern und neuen Anbietern, Vergleich der verschiedenen Angebote, insbesondere im Hinblick auf Preise, Qualität und Lieferzeit. Die Beschaffungswirtschaft gliedert sich in den marktorientierten Einkauf und die mehr routinemäßige Disposition. Der Einkauf erhält eine klare Preisverantwortung, während die Disposition die alleinige Verantwortung für den Lagerbestand trägt.

Schritte im Beschaffungsprozess

Beschaffungsvorbereitung und Beschaffungsdurchführung:

1 Beschaffungsziele bestimmen
2 Bedarfsermittlung (Mengenplanung der Waren ist abhängig vom Absatz und dem Fertigungsplan, Zeitplanung orientiert sich nach dem Meldebestand)
3 Optimale Bestellmenge ermitteln
4 Beziehungen mit den Lieferanten pflegen
5 Beschaffungsmarktforschung
6 Geschäfte vorbereiten und Angebotsanalyse
7 Bedingungen festlegen und Verträge abschließen
8 Lieferung
9 Abnahme

Beschaffungsüberwachung:
Terminkontrolle, Eingangskontrolle, Konditionenkontrolle

Woher die Informationen nehmen?

Für Untersuchungen im Einkauf können Sie auf interne und externe Quellen zurückgreifen. Die Bezugsquellenkartei bzw. -datei, bestehend aus Lieferantenkartei und Warenkartei, informiert über bereits bestehende Geschäftsverbindungen. Die Lieferantenkartei bzw. -datei ist nach Lieferanten gegliedert und verzeichnet die von jedem Lieferanten bereits beschafften Waren. Hier können Sie aber auch noch andere Informationen über Ihre Lieferanten sammeln:

- Angaben zum Unternehmen und zum Management,
- Auskünfte über den Lieferanten,
- Verkaufssortiment,
- Verträge und Absprachen,
- Patente des Unternehmens.

Die Warenkartei bzw. -datei kann statt oder neben der Lieferantenkartei geführt werden. Sie gibt Auskunft über dic verschiedenen Warenarten und zeigt, welche Lieferanten einen bestimmten Artikel führen. In der Bestellkartei schließlich werden die Bestellungen erfaßt; so hat man bei der späteren Wareneingangskontrolle einen Gegencheck des Lieferscheins.

Außer diesen internen Informationen sind die üblichen externen Informationsmöglichkeiten (Branchenverzeichnisse, Prospekte und Kataloge, Medien, Messen und Ausstellungen, Vertreterbesuche und Werbematerial) zu nutzen.

Die Beschaffungsmarktforschung schafft die Voraussetzungen für die richtigen Entscheidungen im Einkauf. Hier werden die Märkte beobachtet und in Zusammenarbeit mit den jeweiligen Fachabteilungen neue Lieferanten und Problemlösungen ausfindig gemacht. Sie informiert auch über mögliche Substitutionsprodukte und die für das Unternehmen wichtigen Marktentwicklungen im In- und Ausland.

Die Beschaffungsmarktforschung hat drei Schwerpunkte:

- Produktforschung,
- Konkurrenzanalyse,
- Lieferantenforschung.

Marketing hat zwei Zielrichtungen, einmal zu den Lieferanten (Einkaufsmarketing) und zum anderen zu den Kunden (Verkaufsmarketing). Engpässe im Absatzbereich führen häufig dazu, daß viele Unternehmen ihre Aktivitäten auf den Absatzmarkt konzentrieren. Es bleibt aber festzuhalten, daß Einkaufsmarketing seine Berechtigung hat: Eine aktive Beschaffungspolitik ist überaus sinnvoll angesichts der Produktvielfalt, der rasanten technologischen Entwicklung, von kürzer werdenden Produktlebenszyklen, von knappen Ressourcen wie Erdöl und der Umweltproblematik.

Das Einkaufsmarketing umfaßt:

- Preispolitik,
- Produktpolitik,
- Konditionenpolitik und Vertragsgestaltung,
- Umweltgesichtspunkte und Recyclingaspekte.

6.2 Kennzahlen zum Einkauf

Einkaufsvolumen und Ertragslage

Das Einkaufsvolumen umfaßt den Gesamtwert des Einkaufs und zeigt die kosten- und kapitalmäßige Bedeutung der Materialwirtschaft. Es beinhaltet:

- Roh-, Hilfs- und Betriebsstoffe,
- fremdbezogene Fertigteile für die Fertigung,

- Handelswaren,
- Energien, Frachten, Dienstleistungen,
- Maschinen, maschinelle Anlagen und Betriebsvorrichtungen,
- Betriebs- und Geschäftsausstattung sowie Fahrzeuge.

Zwischen der Entwicklung des Einkaufsvolumens – nebenbei ein wichtiger Indikator für die Größe der Einkaufsabteilung – und dem allgemeinen Geschäftsverlauf eines Unternehmens besteht ein enger Zusammenhang. Durch eine Reduzierung dieser Größe oder eine Erhöhung des Umsatzes ist eine Verbesserung der Ertragslage möglich:

$$\frac{\text{Einkaufsvolumen (Gesamtwert der Einkäufe)} \times 100\,\%}{\text{Umsatz}} = \quad \%$$

K

Bei der Bildung der Kennzahl Einkaufsvolumen zu Umsatz sollten Sie mehrere Perioden erfassen, deren Werte Sie miteinander vergleichen und die Gründe für Abweichungen analysieren sollten. Große Bedeutung hat auch der Vergleich mit anderen Unternehmen desselben Wirtschaftszweiges.

Wenn Sie vom Einkaufsvolumen ausgehen, dann können Sie daraus verschiedene Kennzahlen ableiten. Das Einkaufsvolumen können Sie etwa auf die Zahl der Lieferanten beziehen:

$$\text{Durchschnittlicher Einkaufswert je Lieferant} = \frac{\text{Einkaufsvolumen}}{\text{Zahl der Lieferanten}}$$

K

Wichtige Informationen erhalten Sie auch, wenn Sie den Einkaufswert einzelner eingekaufter Artikel (Produkte) in Relation zum Einkaufsvolumen setzen. Diese Kennzahl können Sie später bei der ABC-Analyse heranziehen (s. u.):

$$\begin{array}{l}\text{Anteil des eingekauften Produkts}\\ \text{am Einkaufsvolumen}\end{array} = \frac{\text{Einkaufswert des Produkts} \times 100}{\text{Einkaufsvolumen}}$$

K

Die wertmäßige Beanstandungsquote zeigt Ihnen, wieviel Prozent der Einkäufe am gesamten Einkaufsvolumen Grund zur Beanstandung gab:

$$\text{Beanstandungsquote} = \frac{\text{Wert der Beanstandungen} \times 100}{\text{Einkaufsvolumen}}$$

K

Die Beanstandungsquote kann weiter aufgeteilt werden in Rücksendungen, Wandlungen, Minderungen usw. Sie können die Beanstandungsquote auch zahlenmäßig führen; dann ist die Anzahl der Beanstandungen in Relation zur Gesamtzahl der Einkäufe zu setzen.

Eine weitere Kennzahl ist die Bezugskostenquote, das Verhältnis von Bezugskosten zum Gesamtwert der Einkäufe:

K

$$\text{Bezugskostenquote} = \frac{\text{Bezugskosten der Periode} \times 100}{\text{Einkaufsvolumen}}$$

Entscheidungen über Lieferantenkredite

In den Bereich der Einkaufs- und Finanzpolitik gehört die Frage, ob Zahlungsziele bei Lieferanten in Anspruch genommen werden sollen. Die Kennzahl Kreditorenumschlag informiert Sie über die Zielgewährung; sie zeigt, wie oft im Jahr die Lieferantenverbindlichkeiten neu kreditiert werden.

K

$$\text{Kreditorenumschlag} = \frac{(\text{Materialeinsatz + Fremdleistungen}) \times 100}{\text{Verbindlichkeiten}}$$

Durch die folgende Formel läßt sich das durchschnittliche Kreditorenziel in Tagen errechnen:

K

$$\text{Durchschnittliches Kreditorenziel in Tagen} = \frac{360}{\text{Kreditorenumschlag}}$$

Das durchschnittliche Zahlungsziel gegenüber Lieferanten bei einem Kreditorenumschlag von 8 ergibt sich dann:

K

$$\text{Durchschnittliches Kreditorenziel in Tagen} = \frac{360}{8} = 45 \text{ Tage}$$

Die folgende Kennzahl zeigt Ihnen ebenfalls, in welchem Umfang sich Ihr Unternehmen bei seinen Lieferanten verschuldet. Sie erhalten jetzt in einem Schritt das durchschnittliche Zahlungsziel in Tagen:

K

$$\text{durchschnittliche Inanspruchnahme von Zahlungszielen} = \frac{\text{durchschnittlicher Bestand an Lieferschulden} \times 360}{\text{Rechnungseingang im Jahr}}$$

Lieferantenkredit oder Bankkredit?

Ungeachtet der möglichen negativen Wirkungen bei den Einkaufsverhandlungen ist der Lieferantenkredit in der Regel auch ein teurer Kredit. Das Unternehmen fährt meistens günstiger, Lieferantenrechnungen bar zu bezahlen und Skonti in Anspruch zu nehmen und sich einen Kredit bei der Hausbank einräumen zu lassen. Die Berechnung soll an einem Beispiel erläutert werden.

Beispiel: Skonto mit Bankkredit finanziert

Ein Unternehmen muß eine Rechnung über 7000 € begleichen. Zahlungsbedingungen: Zahlung innerhalb von 10 Tagen mit 2% Skonto oder 30 Tage netto. Das Unternehmen hat die Wahl, einen Bankkredit zu 11% aufzunehmen, um den Skontoabzug wahrnehmen zu können, oder erst später zu zahlen, ohne einen Kredit aufnehmen zu müssen. Die Kreditaufnahme würde sich über 20 Tage erstrecken. Der Skontoabzug errechnet sich wie folgt:

Rechnungsbetrag	7 000,00 €
– Skonto 2%	140,00 €
Überweisungsbetrag	6 860,00 €

Die Zinsen für den Bankkredit errechnen sich wie folgt:

$$Z = \frac{K \times p \times t}{100 \times 360} \qquad Z = \frac{6\,860 \times 11 \times 20}{100 \times 360} = 41{,}92\ €$$

Z= Zinsen, K = Kredit, p = Zinssatz, t = Anzahl der Tage

Beim Vergleich des Skontoertrags und der Kreditkosten ergibt sich:

Skontoabzug	140,00 €
– Kreditkosten	41,92 €
Gewinn Skontoabzug	98,78 €

Der Skontoabzug mit gleichzeitigem Bankkredit lohnt sich also.
Der Effektivzinssatz für den Skontoabzug und den Bankkredit sollte ebenfalls berechnet werden, denn er berücksichtigt alle anfallenden Kosten und ist damit genauer als der Nominalzinssatz.

Effektivverzinsung beim Skontoabzug: Die Zinsformel wird nach p aufgelöst.

$$p = \frac{Z \times 100 \times 360}{K \times t} \qquad p = \frac{140 \times 100 \times 360}{6\,860 \times 20} = 36{,}73\,\%$$

Effektivverzinsung für den Kredit:

$$p = \frac{41{,}92 \times 100 \times 360}{6\,860 \times 20} = 11\,\%$$

Der Skontoabzug entspricht einem Jahreszinsfuß von 36,73 %, während für den Bankkredit lediglich 11 % gezahlt werden.

Berechnung der optimalen Bestellmenge

Die Beschaffungsplanung hat zum Ziel, die Fertigung mit dem benötigten Material zu versorgen – in der erforderlichen Menge, Qualität und zu günstigen Preisen. Hier fallen Entscheidungen über den Zeitpunkt der Beschaffung und über die Bestellmenge; bei letzterer ist insbesondere zwischen Beschaffungs- und Lagerkosten abzuwägen.

Mit zunehmender Bestellmenge:

- fallen die Bestellkosten pro Mengeneinheit. Diese Entwickung ist auf Frachtvorteile, Mengenrabatte und Preisrabatte zurückzuführen, die mit zunehmendem Umfang der Bestellmenge, auf eine Mengeneinheit bezogen, zu Vorteilen führen.
- steigen aber auch die Lagerungs-, Zins-, Abschreibungskosten sowie die Risiken des Veraltens und der Qualitätsverschlechterung.

Eine wichtige Entscheidungshilfe ist hier die Kennzahl »optimale Bestellmenge« – sie weist die günstigste Kostensituation aus. Die Summe aus Beschaffungskosten und Lagerkosten bezogen auf die Mengeneinheit muß dabei möglichst gering sein. Das Optimum ist erreicht, wenn die Vorteile durch die Nachteile aufgehoben werden, was sich rechnerisch durch die Kennzahl nachweisen läßt.

Bei der rechnerischen Ermittlung der optimalen Bestellmenge geht man davon aus, daß der durchschnittliche Lagerbestand der halben Bestellmenge entspricht. Warum? Bei der Annahme einer kontinuierlichen Entnahme in der Periode ist das Lager am Beginn voll und am Ende leer. Folglich nimmt man die halbe Bestellmenge als den durchschnittlichen Lagerbestand.

$$\text{Durchschnittlicher Lagerbestand im Zeitraum} = \frac{\text{Bestellmenge im Zeitraum}}{2}$$

K

Beispiel: Bestimmung der optimalen Bestellmenge

Folgende Angaben liegen dem Beispiel zugrunde:

Beschaffungsmenge in der Periode:	*4 000 Stück*
Preis je Stück:	*18 €*
Bestellkosten pro Auftrag:	*70 €*
Lagerkostensatz (ermittelt aus dem halben Lagerbestand);	*0,05*

Anzahl der Bestellungen	*Bestell-menge Stück*	*Bestell-kosten €*	*durchschnitt-licher Lager-bestand in €*	*Lager-kosten €*	*Kosten insgesamt*
10	400	700	3 600	180	880
9	444	630	3 996	199,8	829,8
8	500	560	4 500	225	785
7	571	490	5 139	256,95	746,95
6	667	420	6 003	300,15	720,15
5	800	350	7 200	360	710
4	1 000	280	9 000	450	730
3	1 333	210	11 997	599,85	809,85
2	2 000	140	18 000	900	1 040
1	4 000	70	36 000	1 800	1 870

Die Bestellmenge wurde auf volle Stückzahlen auf- bzw. abgerundet. Bestellmenge × Einstandspreis = Einkaufsvolumen, also z. B. 4 000 × 18 = 72 000 €.

Der durchschnittliche Lagerbestand entspricht dem halben Einkaufsvolumen, im vorliegenden Fall also 36 000 €.

Die optimale Bestellmenge liegt dort, wo die Kosten insgesamt am niedrigsten sind; das wäre in der Tabelle bei 800 Stück, die fünfmal zu bestellen wären; hierbei fallen 350 € Bestellkosten und 360 € Lagerkosten an, also zusammen 710 €. Bei einer Bestellmenge von 667 Stück entstünden zwar nur 300,15 € Lagerkosten, aber 420 € Bestellkosten, was insgesamt einen höheren Wert ergibt. Entspre-

chend verhält es sich bei einer Bestellmenge von 1000 Stück, wo nur 280 € Bestellkosten, dafür aber 450 € Lagerkosten anfallen, was insgesamt 730 € ergibt.

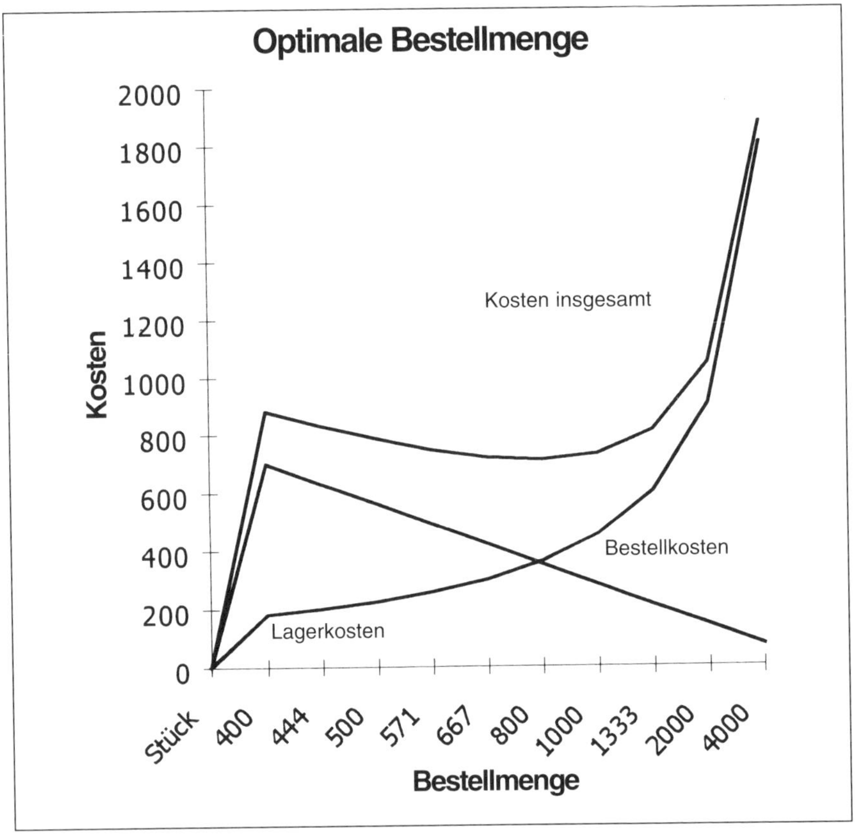

Berechnung der optimalen Bestellmenge nach der Formel

Diese Größe läßt sich auch rechnerisch ermitteln:

optimale Bestellmenge = X*m*
Bedarfsmenge = M
konstante Bestellkosten = B*k*
Einstandspreis = p
Lager- und Zinskostensatz = q

K

$$Xm = \sqrt{\frac{2\,M \times Bk}{p \times q}}$$

Für das bereits besprochene Beispiel ergibt sich für die optimale Bestellmenge Xm folgender genauerer Wert:
Bedarfsmenge M = 4 000 Stück
konstante Bestellkosten Bk = 70 €
Einstandspreis p = 18 €
Lager- und Zinskostensatz q = 0,05

$$X_m = \sqrt{\frac{2 \times 4\,000 \times 70}{18 \times 0{,}05}} = 788{,}8$$

Xm = 788,8 Stück, ergibt aufgerundet 789 Stück. Diese Formel gibt mit 789 Stück einen genaueren Wert an (Abweichung 11 Stück).

Interessen ausgleichen

Hinsichtlich der Höhe der Bestellmenge und der Lagerbestände gibt es in den einzelnen Unternehmensbereichen unterschiedliche Auffassungen.

- Der Einkauf neigt dazu, möglichst große Mengen zu bestellen. Bei Großeinkäufen lassen sich auch günstigere Preise sowie Lieferungs- und Zahlungsbedingungen aushandeln. Die Lagerwirtschaft ist ebenfalls an großen Mengen interessiert, da sie aus der Verantwortung ist, wenn ausreichend Material vorhanden ist.
- Die Fertigung will flexibel reagieren und auch Sonderwünsche des Verkaufs erfüllen können. Daher strebt sie eher große Mengen an Roh-, Hilfs- und Betriebsstoffen an.
- Der Verkauf ist kundenbezogen orientiert und will die Abwicklung ausschließlich nach den Käufern ausrichten. Er verlangt volle Lieferbereitschaft, auch wenn dies der Fertigung und der Beschaffung Probleme verursacht.
- Finanzwesen und Geschäftsführung versuchen in der Regel, überhöhte Lagerbestände zu vermeiden, da diese viel Kapital binden und damit hohe Zinskosten verursachen.

Von der ABC- bis zur Wertanalyse

Die richtigen Prioritäten setzen mit der ABC-Analyse

Die ABC-Analyse ist ein Mittel zur Rationalisierung in allen Unternehmensbereichen, bevorzugtes Anwendungsgebiet ist aber die Materialwirtschaft; in Industrie und Handel ist sie v. a. ein wichtiges Hilfsmittel für die Beschaffungsplanung.
Grundgedanke ist, daß unter einer Vielzahl von auftretenden Erscheinungen (z. B. Materialverbrauch) letztlich nur wenige Elemente wirklich wichtig und daher die entsprechenden Prioritäten zu setzen sind. Entsprechend der jeweiligen Bedeutung erfahren die Elemente eine Zuordnung in die Klassen A, B und C. Untersuchungen in der Praxis belegen z. B., daß ein großer Teil der gesamten Materialkosten in der Regel auf eine geringe Anzahl oft benötig ter und häufig auch teurer Materialsorten entfällt. Dagegen verursachen die meisten anderen Materialien vergleichsweise geringe Kosten, weil sie unterdurchschnittlich am Einkaufsumsatz beteiligt sind. Diejenigen Bereiche jedoch, die für das Unternehmen besonders bedeutsam sind, erfordern eine viel intensivere Betreuung; so läßt sich letztlich eine Kostensenkung erreichen, wenn der Einkauf sich mit den umsatzstärkeren Produkten bzw. den Lieferanten mit großen Umsätzen besonders gründlich befaßt.

Die ABC-Analyse ist eine Methode der Entscheidungsfindung, die Ihnen hilft, das Wesentliche vom Unwesentlichen zu trennen und die Prioritäten richtig zu setzen.

Wie die ABC-Analyse durchgeführt wird

Die verschiedenen Materialpositionen werden sowohl mengenmäßig als auch wertmäßig dargestellt. Die einzelnen Artikel werden dann nach der Rangfolge der Werte geordnet. Alle Werte werden addiert. Der Gesamtwert wird dann in einen A-, B- und C-Bereich aufgeteilt. An der Stelle der Materialpositionen könnten auch die Umsätze der Lieferanten stehen.

Beispiel: ABC-Analyse nach Gütern

Güter	*Mengenanteil in %*	*Wertanteil in %*
A-Güter	15 %	80 %
B-Güter	35 %	15 %
C-Güter	50 %	5 %

A-Güter sind im Beispiel mit einem Anteil von 15 % an der Gesamtzahl aller Materialien beteiligt, erreichen aber wertmäßig einen Anteil von 80 % des gesamten Einkaufsumsatzes. Die B-Güter sind mittelwertig und erreichen bei 35 % der Materialpositionen einen wertmäßigen Anteil von 15 %. Die C-Güter sind mit 50 % zahlenmäßig stark vertreten, erreichen aber mit 5 % nur einen kleinen Anteil des Einkaufswertes.

Diese Zusammenhänge werden noch deutlicher, wenn die Mengen- und Umsatzwerte bzw. ihre Prozentanteile aufsummiert werden.

Güter	*Mengenanteil in %*		*Wertanteil in %*	
	einfach	*kumuliert*	*einfach*	*kumuliert*
A-Güter	15%	15%	80%	80%
A/B-Güter	35%	50%	15%	95%
A/B/C-Güter	50%	100%	5%	100%

Welche Konsequenzen ergeben sich daraus für die Beschaffungspolitik?

- Der Einkauf muß sich bei A-Gütern intensiv um günstige Preise und vorteilhafte Lieferungs- und Zahlungsbedingungung bemühen.
- Die Lagerbestände bei A-Gütern sind knapp zu halten, weil viel Kapital gebunden wird.
- Daneben ist hier eine genaue Lagerbuchführung notwendig; wenden Sie bei A-Gütern die bedarfsgesteuerte Materialdisposition an.
- C-Güter haben nur wenig Einfluß auf die Wirtschaftlichkeit des Materialwesens; hier können Sie deshalb auch kostengünstige Planungs-, Dispositions- und Beschaffungsverfahren einsetzen.

Die ABC-Analyse zeigt Ihnen damit, worauf Sie sich bei Ihren Einkaufsverhandlungen konzentrieren müssen. Bei den umsatzstarken Gütern, den A-Gütern, können Sie schon durch etwas bessere Konditionen nachhaltige Erfolge erzielen; in den Einkaufsverhandlungen und der Lagerhaltung der C-

Güter können Sie hingegen großzügiger sein; infolge ihres geringen Wertes verursachen sie keine hohen Zinskosten.

Natürlich können Sie mit Hilfe der ABC-Analyse auch Schwerpunkte in anderen Bereichen ausfindig machen:

- Welches sind die wichtigen Rohmaterialien?
- Welche Bedeutung haben die verschiedenen Transportarten?
- Mit welchen Erzeugnissen wird der meiste Verkaufsumsatz erzielt?
- Wie sieht der Verkaufsumsatz, nach Kunden gegliedert, aus?

Die ABC-Analyse ist wie die Wertanalyse ein Instrument zur Erlössteigerung bzw. Kostensenkung. Die höhere Wirtschaftlichkeit kann aber nicht nur über eine Senkung der Materialkosten angestrebt werden; auch bestehende Verfahren und Materialien können Sie kritisch untersuchen, Alternativen aufzeigen und nach ihrer Wirtschaftlichkeit prüfen und bewerten. Hier kann auch analysiert werden, ob bisherige Einsatzstoffe und Verpackungen durch kostengünstigere ersetzt werden sollen oder nicht.

Beschaffungsplanung mit der ABC-Analyse an einem Fallbeispiel

So können Sie bei der Beschaffungsplanung vorgehen: Als erstes werden die regelmäßig zu beschaffenden Materialsorten in Tabellenform aufgelistet, z. B. Material-Nr. oder Artikel-Nr. in aufsteigender Reihenfolge. Anschließend werden die Bedarfsmengen der einzelnen Materialpositionen eines Jahres mit dem Einstandspreis multipliziert. Dadurch erhalten Sie eine ungeordnete Teileaufstellung, die Sie in einem weiteren Schritt nach der Höhe des Einkaufsvolumens ordnen. Die Rangfolge erfolgt nach fallenden Bedarfs- bzw. Prozentwerten. Im letzten Schritt werden die Ergebnisse ausgewertet.

Fall zur ABC-Analyse

Die Einkaufsabteilung eines Unternehmens hatte im abgelaufenen Jahr bei 10 Gütern folgende Beschaffungsmengen und Einstandspreise ermittelt (Spalte 2 und 3). Zunächst wird die Rangfolge aller Güter nach ihrem Wert bestimmt.

Bestimmung der Rangfolge der Materialien nach ihrem Wert

Material-Nr.	*Bedarf in Stück*	*Einstands-preis Stück*	*Gesamt-wert*	*Mengen-anteil in %*	*Wertanteil in %*	*Rang*
1	14 000	0,40	5 600	17,5	1,4	9
2	25 000	0,20	5 000	31,25	1,25	10
3	6 000	3,00	18 000	7,5	4,5	6
4	8 000	7,90	63 200	10	15,8	3
5	1 500	34,00	51 000	1,875	12,75	4
6	700	22,00	15 400	0,875	3,85	7
7	100	840,00	84 000	0,125	21	2
8	16 000	1,50	24 000	20	6	5
9	7 000	0,90	6 300	8,750	1,575	8
10	1 700	75,00	127 500	2,125	31,875	1
	80 000		400 000	100	100	

Materialdatei nach der Höhe des Wertanteils am Beschaffungsvolumen

Material-Nr.	*Gesamtwert*	*Wertanteil in %*	*Wertanteil kumulieirt*	*Wertgruppe*
10	127 500	31,875	31,875	A
7	84 000	21	52,875	A
4	63 200	15,8	68,675	A
5	51 000	12,75	81,425	A
8	24 000	6	87,425	B
3	18 000	4,5	91,925	B
6	15 400	3,85	95,775	B
9	6 300	1,575	97,35	C
1	5 600	1,4	98,75	C
2	5 000	1,25	100	C

Beschaffungsvolumen nach A-Gütern, B-Gütern und C-Gütern

Klassen	*Güter*	*Mengenanteil in %*	*Wertanteil in %*	*Beschaffungs-volumen*
A-Güter	10,7,4,5	14,125	81,425	325 700
B-Güter	8,3,6	28,375	14,35	57 400
C-Güter	9,1,2	57,5	4,225	16 900
		100	100	400 000

Die A-Güter erreichen mit einem Mengenanteil von 14,1 % einen Wertanteil von 81,4 %. Die B-Güter liegen mit einen Mengenanteil von 28,4 % und einen Wertanteil von 14,3 % im Mittelbereich. Die C-Güter kommen auf einen Mengenanteil von 57,5 %, aber nur auf einen Wertanteil von 4,2 %. Die in der Praxis übliche wertmäßige Einteilung von 80 % A-Gütern, 15 % B-Gütern und 5 % C-Gütern wird damit fast genau erreicht.

Die XYZ-Analyse ergänzt die ABC-Analyse

Während sich die ABC-Analyse mit der wertmäßigen Bedeutung der Güter befaßt, berücksichtigt die XYZ-Analyse die Prognostizierbarkeit des Bedarfes. Die Ziele der Materialwirtschaft lassen sich leichter erreichen, wenn die nachgefragten Gütermengen nur geringen Schwankungen unterliegen und daher leichter vorhersehbar sind.

Wie bei der ABC-Analyse werden die Güter nach ihrer Vorhersehgenauigkeit in drei Gruppen unterteilt:

- X-Güter mit konstantem Bedarf sind gut prognostizierbar.
- Y-Güter sind solche Güter, die stärkeren saisonalen und konjunkturellen Schwankungen unterliegen und daher einen schwankenden Bedarf aufweisen (mittlere Prognostizierbarkeit).
- Bei Z-Gütern besteht unregelmäßiger Bedarf; sie sind damit schlecht prognostizierbar.

Wenn die zufälligen Schwankungen gering sind – so wie es bei einem X-Gut der Fall ist –, dann ist für ein solches Gut nur ein kleiner Sicherheitsbestand notwendig. Bei Gütern mit kleinen Bedarfsschwankungen läßt sich am leichtesten ein relativ kontinuierlicher Materialfluß mit kleinen Lagerbeständen organisieren.

Wenn Sie die ABC-Analyse mit der XYZ-Analyse kombinieren, können Sie die Güter in 9 Kategorien einteilen:

Beispiel: Kombination von ABC-Analyse und XYZ-Analyse

Gut	*X*	*Y*	*Z*
A	*Wertanteil hoch* *Bedarf konstant*	*Wertanteil hoch* *Bedarf schwankend*	*Wertanteil hoch* *Bedarf unregelmäßig*
B	*Wertanteil mittelhoch* *Bedarf konstant*	*Wertanteil mittelhoch* *Bedarf schwankend*	*Wertanteil mittelhoch* *Bedarf unregelmäßig*
C	*Wertanteil niedrig* *Bedarf konstant*	*Wertanteil niedrig* *Bedarf schwankend*	*Wertanteil niedrig* *Bedarf unregelmäßig*

AX-Güter zeichnen sich dann beispielsweise durch Regelmäßigkeit und ein hohes Beschaffungsvolumen aus. Diese Güter eignen sich deshalb bei Großunternehmen auch am besten für die »just in time«-Beschaffung.

Angebote vergleichen und Wertanalysen durchführen

Beim Einkauf wird unter mehreren Angeboten verschiedener Lieferanten das günstigste ausgesucht; Einfluß auf die Kaufentscheidung haben Preis, Qualität, Zuverlässigkeit und persönliche Beziehungen. Der preisgünstigste Einkauf erfordert ein genaues Prüfen und Vergleichen der eingehenden Angebote. Dabei sind technische und kaufmännische Bedingungen zu berücksichtigen, insbesondere die unterschiedlichen Rabattsätze und Lieferungs- und Zahlungsbedingungen. Im Angebotsvergleich muß daher zunächst der Bezugspreis für jeden einzelnen Anbieter errechnet werden.

> Der Bezugspreis, auch Einstandspreis genannt, ist der Betrag, der zu zahlen ist, wenn das Gut im Unternehmen ankommt.

Qualitäts- und Leistungsvergleiche können in vieler Hinsicht angestellt werden, lassen sich aber oft nicht rechnerisch genau erfassen. Die nicht quantifizierbaren Angebotsbedingungen müssen aber bei der Auftragsvergabe berücksichtigt werden, denn sie können sogar entscheidend sein. Qualitätsvergleiche können nach verschiedenen Kriterien vorgenommen werden:

- Lebensdauer und Nutzungsdauer,
- Belastbarkeit,
- Haltbarkeit (Lebensmittel).

Das billigste Angebot ist nicht unbedingt das geeignetste, vor allem, wenn die Qualität des Produkts erheblich schlechter ist als die eines teureren Konkurrenzprodukts. Außer dem Preis sind daher auch stets die unterschiedlichen qualitativen Voraussetzungen zu berücksichtigen. Der Einkäufer wird in der Regel versuchen, das preiswerteste Produkt zu erwerben.

Beispiel: Angebotsvergleich nach dem Entscheidungskriterium Preis

Die Einkaufsabteilung erhält von den Anbietern A, B und C jeweils ein Angebot über die Lieferung von 3 000 Stück eines bestimmten Aggregats für die Fertigung. Die Qualität der Produkte der drei Lieferanten ist etwa gleich einzustufen. Anbieter A: 7 € je Stück ab Werk, abzüglich 5 % Rabatt, zuzüglich 115 € Transportkosten. Bei Zahlung innerhalb von 14 Tagen wird 2 % Skonto gewährt.

Anbieter B: 7,25 € je Stück, abzüglich 7 % Rabatt und Lieferung frei Haus; bei Zahlung innerhalb von 7 Tagen 3 % Skonto.

Anbieter C: 6,60 € je Stück netto Kasse.

Die folgende Berechnung zeigt, daß Angebot B das günstigste Angebot darstellt.

	Anbieter A	*Anbieter B*	*Anbieter C*
Bruttopreis	21 000,00 €	21 750,00 €	19 800 €
– *Liefererrabatt*	1 050,00 €	1 522, 50 €	
= *Zieleinkaufspreis*	19 950,00 €	20 227,50 €	
– *Lieferantenskonto*	399,00 €	606, 83 €	
= *Bareinkaufspreis*	19 551,00 €	19 620,67 €	19 800 €
+ *Bezugskosten*	115,00 €		
= *Einstandspreis*	19 666,00 €	19 620,67 €	19 800 €

So wird eine Wertanalyse durchgeführt

Der Einkäufer als Problemlöser muß Funktionen und Nutzen eines Produkts erkennen; so muß er z. B. prüfen, ob die technischen Anforderungen an das Produkt bei einer geänderten Konstruktion, bei der die Herstellkosten niedriger ausfallen würden, nicht ebensogut erfüllt werden könnten. Ein Instrument hierfür ist die Wertanalyse, ein Verfahren, das in der Fertigung entstanden ist. Inzwischen ist sie zu einem vielseitig verwendeten Instrument der Entscheidungsfindung geworden, das Sie auch in der Beschaffung und im Verkauf einsetzen können; auch die Gemeinkosten können Sie einer Wertanalyse unterziehen.

Bei der Wertanalyse wird nicht nur gefragt, welche Funktionen Produkte oder auch betriebliche Abläufe erfüllen, sondern auch, inwieweit diese für den (eigenen) Kunden von Bedeutung sind. Eine Untersuchung der Kundenbedürfnisse hinsichtlich des Produktnutzens ist daher Voraussetzung für eine Wertanalyse – die von der Zielgruppe gewünschten Funktionen sind also zuerst genau zu bestimmen.

Ziele einer Wertanalyse können Qualitätsverbesserung, Steigerung des Kundennutzens oder auch Kostensenkung sein.

Bei der Wertanalyse werden Haupt-, Neben- und unnötige Funktionen unterschieden. Werden unnötige Funktionen festgestellt, dann sind diese ersatzlos zu streichen, was Kosteneinsparungen bedeutet. Stellt sich heraus, daß für den Käufer des Produkts bestimmte andere Funktionen nützlich wären, dann können diese hinzugefügt werden. Es entstehen dann zwar höhere Kosten, aber das Produkt wird so für den Anwender interessanter.

Die sechs Schritte der Wertanalyse

1 Ausgangssituation ermitteln, Ist-Zustand feststellen
2 Soll-Zustand beschreiben
3 Verbesserungsvorschläge erarbeiten
4 Problemlösungen prüfen und bewerten
5 Lösungen festlegen
6 Lösungen realisieren

6.3 Mit Lagerkennzahlen die Effizienz beurteilen

Die wichtigsten Kennzahlen im Überblick

Meldebestand, durchschnittlicher Lagerbestand, Umschlagshäufigkeit und durchschnittliche Lagerdauer sind die wichtigsten Kennzahlen der Materialwirtschaft. Diese Lagerkennzahlen werden zur Kontrolle der Wirtschaftlichkeit im Lager eingesetzt.

Überblick über die Lagerkennzahlen

$$\text{Meldebestand} = \text{Mindestbestand} + \text{täglicher Verbrauch} \times \text{Lieferzeit}$$

$$\text{Durchschnittlicher Lagerbestand} = \frac{\text{Anfangsbestand} + \text{Endbestand}}{2}$$

$$\text{Durchschnittlicher Lagerbestand} = \frac{\text{Jahresanfangsbestand} + 12 \text{ Endbestände}}{13}$$

$$\text{Umschlagshäufigkeit (= Lagerumschlag)} = \frac{\text{Wareneinsatz (Warenumsatz)}}{\text{durchschnittlicher Lagerbestand}}$$

$$\text{Durchschnittliche Lagerdauer} = \frac{360}{\text{Umschlagshäufigkeit}}$$

Hinweis: Der Lagerbestand wird zu Einstandspreisen bewertet, also Einkaufspreis zuzüglich Bezugskosten. Auch der Wareneinsatz im Handel wird zu Einstandspreisen bewertet. Dies gilt auch für den Stoffverbrauch in der Industrie und im Handwerk.

Durchschnittlicher Lagerbestand

Der Mittelwert aus Anfangsbestand und Endbestand ist die einfachste Form der Berechnung des durchschnittlichen Lagerbestandes:

K

$$\text{Durchschnittlicher Lagerbestand} = \frac{\text{Anfangsbestand} + \text{Endbestand}}{2}$$

Die folgenden Kennzahlen zur Ermittlung des Lagerbestandes sind aber genauer, da sie Zufallseinflüsse durch die Berücksichtigung mehrerer Zeitpunkte ausschalten.

Der durchschnittliche Lagerbestand kann aus der Summe der vier Quartalsendbestände ermittelt werden. Man erhält dann genauere Annäherungswerte. Diese Methode ist dann angezeigt, wenn die Daten der monatlichen Endbestände nicht verfügbar sind.

$$\text{Durchschnittlicher Lagerbestand} = \frac{\text{Summe der 4-Quartalsendbestände}}{4}$$ K

Der durchschnittliche Lagerbestand kann auch so ermittelt werden:

$$\text{Durchschnittlicher Lagerbestand} = \frac{\text{Jahresanfangsbestand} + \text{4-Quartalsendbestände}}{5}$$ K

Die Ergebnisse werden genauer, wenn der durchschnittliche Lagerbestand aus der Summe der monatlichen Endbestände berechnet wird:

$$\text{Durchschnittlicher Lagerbestand} = \frac{\text{Jahresanfangsbestand} + \text{12-Monatsendbestände}}{13}$$ K

Diese Formel kann auch etwas abgewandelt angewandt werden:

$$\text{Durchschnittlicher Lagerbestand} = \frac{\text{halber Anfangsbestand} + \text{11-Monatsbestände} + \text{halber Endbestand}}{12}$$ K

Es ist zu beachten, daß in Perioden steigender Preise ein Unternehmen seine Vorräte erhöht. Die Waren werden zum jetzt noch billigeren Preis auf Vorrat eingekauft. Andererseits werden in Baisseperioden geringe Bestände unterhalten, da die Waren in Zukunft billiger zu erhalten sein werden. Eine solche Beschaffungspolitik ist insbesondere bei an Warenbörsen gehandelten Rohstoffen festzustellen, z. B. bei Kakao, Kaffee, Tabak, Zink, Zinn, Blei.

Umschlagshäufigkeit und durchschnittliche Lagerdauer

Die Umschlagshäufigkeit oder der Lagerumschlag kann ermittelt werden, wenn der Warenumsatz eines Jahres und der durchschnittliche Lagerbestand bekannt sind.

K

$$\frac{\text{Umschlagshäufigkeit}}{\text{(= Lagerumschlag)}} = \frac{\text{Wareneinsatz (bzw. Warenumsatz)}}{\text{durchschnittlicher Lagerbestand}}$$

Bei der Anwendung der Formeln ist zu berücksichtigen, daß der Lagerbestand zu Einstandspreisen geführt wird. Der Einstandspreis ergibt sich aus der Addition der Bezugskosten zum Einkaufspreis. Folglich muß auch der Warenumsatz im Handel zu Einstandspreisen erfaßt werden – und nicht zu den Verkaufspreisen. Diese Bedingung ist im Industrieunternehmen erfüllt, da der Stoffverbrauch zu Einstandspreisen verrechnet wird.

Beispiel

Warenumsatz bzw. Stoffverbrauch in einem Jahr (Einstandspreise): 80 000 €
durchschnittlicher Lagerbestand: 10 000 €
Umschlagshäufigkeit:

$$\text{Lagerumschlag} = \frac{80\,000}{10\,000} = 8$$

Eine Umschlagshäufigkeit von 8 bedeutet, daß sich das Lager 8 mal pro Jahr umschlägt.

Die durchschnittliche Lagerdauer wird aus der Umschlagshäufigkeit abgeleitet.

K

$$\text{Durchschnittliche Lagerdauer} = \frac{360}{\text{Umschlagshäufigkeit}}$$

Bei einer Umschlagshäufigkeit von 8 beträgt nach obiger Formel die durchschnittliche Lagerdauer 45 Tage. Der Lagerbestand schlägt sich in 45 Tagen einmal um, oder anders ausgedrückt: Der Lagerbestand reicht für 1,5 Monate aus.

Bei gleichem Stoffverbrauch bedeutet ein geringerer durchschnittlicher Lagerbestand eine Erhöhung der Umschlagshäufigkeit und damit eine Freisetzung von Betriebskapital. Entsprechend hat eine Senkung der Kennziffer Umschlagshäufigkeit zur Folge, daß mehr Betriebskapital gebunden wird.

Einzelne Massnahmen zur Erhöhung der Umschlagshäufigkeit

Die Erhöhung der Umschlagshäufigkeit führt zu einer geringeren durchschnittlichen Lagerdauer und damit zu niedrigeren Lagerkosten. So läßt sich die Kennzahl erhöhen:
Zielbereich Einkauf: Kauf auf Abruf vereinbaren, Einkäufe genauer planen
Zielbereich Lager: Meldebestände einführen, Höchstbestände angeben
Zielbereich Absatz: Mit Marketing Umsätze steigern, Sortiment straffen, Umschlagshäufigkeit für einzelne Produkte berechnen

Lagerkostensatz

Beim Lagerkostensatz werden die tatsächlich entstandenen Lagerkosten in Beziehung zum durchschnittlichen Lagerbestand gesetzt:

$$\text{Lagerkostensatz} = \frac{\text{Lagerkosten} \times 100\,\%}{\text{durchschnittlicher Lagerbestand}}$$

K

Beispiel: Berechnung des Lagerkostensatzes

Angenommene Lagerkosten 2 500 €, durchschnittlicher Lagerbestand 197 270 €

$$\textit{Lagerkostensatz} = \frac{2\,500 \times 100\,\%}{197\,270} = 1{,}27\,\%$$

Wie Sie den Lagerkostensatz senken können:

1. Indem Sie bei gleichem Lagerbestand die Lagerkosten abbauen.
2. Indem Sie mit den gleichen Lagerkosten ein größeres Volumen, sprich höhere Lagerbestände, bewältigen.

Wie Sie Melde- und Mindestbestand für einzelne Waren bestimmen

Sorgt für Vorräte: die Materialdisposition

Damit die Fertigung reibungslos funktionieren kann, müssen Roh-, Hilfs- und Betriebsstoffe in erforderlichem Umfang und zum richtigen Zeitpunkt vorhanden sein. Darum kümmert sich die Materialdisposition: Sie stellt den Bedarf fest, um ihn dann dem Einkauf zu melden. Die Bedarfssteuerung kann dabei von festen Kundenaufträgen ausgehen oder dem Verbrauch:

- Liegen feste Kundenaufträge vor, dann stehen für die Bedarfsermittlung auch die entsprechenden Zahlen zur Verfügung. Dann bilden die Aufträge der Kunden die Grundlage für den Fertigungsplan und die herzustellende Menge. Dies führt unter Berücksichtigung der Stücklistenauflösung zu einem entsprechenden Bedarf an Roh-, Hilfs- und Betriebsstoffen sowie fremdbezogenen Fertigteilen.
- Verläuft sie verbrauchsgesteuert, dann geht die Bedarfsrechnung von den Daten der Vergangenheit aus. Höhere Fertigungszahlen der kommenden Periode werden entsprechend einkalkuliert. Das Bestellpunktverfahren gehört zu dieser Dispositionsart.

Wie Mindestbestand und Meldebestand ermittelt werden

Der Lagerbestand eines Produktes darf einen bestimmten Mindestbestand nicht unterschreiten – sonst kommt es zu Engpässen. Der Mindestbestand wird deshalb auch als eiserner Bestand bezeichnet. Bevor diese Grenze erreicht wird, muß die Ware bestellt werden, da es ja auch eine Weile dauert, bis sie geliefert wird. Diesen Zeitpunkt bestimmt der Meldebestand; wird hier nicht rechtzeitig bestellt, wird der Mindestbestand womöglich unterschritten.

Der Meldebestand wird nach der folgenden Formel ermittelt:

$$\text{Meldebestand} = \text{Verbrauch je Tag} \times \text{Lieferzeit} + \text{Mindestbestand}$$

Beispiel: Berechnung und Darstellung des Meldebestandes

Der Meldebestand ergibt sich bei einem täglichen Verbrauch von 40 Stück, einer Lieferzeit von 3 Tagen und einem Mindestbestand von 120 Stück nach der Formel:

$$40 \text{ Stück} \times 3 + 120 \text{ Stück} = 240 \text{ Stück.}$$

Ein Meldebestand von 240 Stück bedeutet, daß die Ware zu bestellen ist, wenn der Vorrat auf 240 Stück gefallen ist.

Die Zusammenhänge zwischen Mindestbestand und Meldebestand werden in der folgenden Darstellung verdeutlicht. Auf der x-Achse wird die Zeit aufgetragen, auf der y-Achse die Mengen. Der Mindestbestand beträgt 120 Stück, der Meldebestand 240 Stück. Bei einem täglichen Verbrauch von 40 Stück beträgt folglich die Reserve 3 Tage. Der Mindestbestand sollte aus Sicherheitsgründen nicht unterschritten werden.

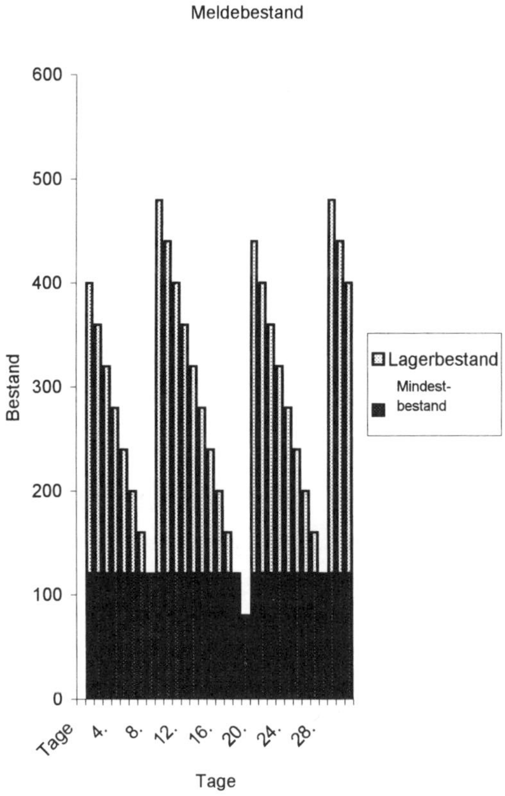

Wenn der Anfangsbestand 400 Stück beträgt, dann ist bei einem täglichen Verbrauch von 40 Stück das Lager nach 10 Tagen leer. Der Mindestbestand mit 120 Stück ist am 8. Tag erreicht. Da die Lieferung 3 Tage beträgt, ist der Meldebestand bereits am 5. Tag erreicht. An diesem Tag ist bereits zu bestellen, wenn später der Mindestbestand nicht unterschritten werden soll.

Am 5. Tag sind 240 Stück auf Lager, am 6. Tag 200 Stück, am 7. Tag 160 Stück und am 8. Tag 120 Stück. Da an diesem Tag die neue Sendung mit 400 Stück eintrifft, wird jetzt der Höchstbestand von kurzfristig 520 Stück erreicht. Der Lagerbestand beträgt an diesem Tag aber 480 Stück, da auch ein Lagerabgang von 40 Stück zu beachten ist. Die Kapazitätsgrenze des Lagers liegt bei 540 Stück.

Bei einem unveränderten täglichen Verbrauch von 40 Stück ist der nächste Meldebestand am 15. Tag erreicht. Bis zum 18. Tag fällt der Lagerbestand auf den Mindestbestand. An diesem Tag kommt aber wieder die neue Sendung, und der Lagerbestand steigt kurzfristig auf den Höchstbestand von 520 Stück.

Meldebestand und Mindestbestand werden bei einem höheren täglichen Verbrauch in einer kürzeren Zeitspanne erreicht. Entsprechend werden sie erst später erreicht, wenn der tägliche Verbrauch sinkt.

6.4 Die Lieferanten-Performance messen

Gute Lieferantenbeziehungen werden für ein Unternehmen immer wichtiger, denn unter den Bedingungen der »just in time« Zulieferung und des Markenbranding arbeiten Hersteller und Lieferanten verstärkt funktionsübergreifend. Das bedeutet, daß von Beginn der Auftragserteilung an alle Prozesse entlang der Wertschöpfungskette zunehmend in die Überlegungen aller Beteiligten integriert werden. Gerade bei Unternehmen mit geringer Fertigungstiefe ist die Betrachtung der Lieferantenperspektive besonders sinnvoll.

Die Messung der Lieferanten-Performance hat auch dadurch an Bedeutung gewonnen, daß viele Unternehmen Funktionen, die nicht ihre Kernkompetenz betreffen, nach außen verlagern. Outsourcing ist aber nur dann sinnvoll, wenn diese Firmen die Dienstleistungen besser und billiger als die Abteilungen im Unternehmen erbringen können.

Daß ein Unternehmen kundengerechte Produkte und Dienstleistungen zu Marktpreisen anbieten und im globalen Wettbewerbsdruck überleben kann, verlangt nicht nur die umfassende Nutzung der Fähigkeiten aller Mitarbeiter des Unternehmens in Technik, Marketing und Verwaltung, auch die Mitwirkung der Lieferanten und die Nutzung ihrer Potentiale ist gefragt.

Die Messung der Lieferanten-Performance erfolgt anhand eines Kataloges mit verschiedenen Meßgrößen (Lieferantenbeurteilungsbogen). Hierzu sollten die Erfahrungen des Einkaufs und die Informationsquellen der Beschaffungsmarktforschung herangezogen werden. Wie bei der Kundenzufriedenheit zählen auch hier wieder sowohl rechnerische Faktoren als auch qualitative Gesichtspunkte. Wie zufrieden ein Unternehmen mit seinen Lieferanten ist, hängt in erster Linie stark von Preis, Nutzen und Preis-/Leistungsverhältnis ab.

Lieferantenbeurteilung und -auswahl

Rechnerische und nicht quantifizierbare Angebotsbedingungen vergleichen

Welcher Ihrer Lieferanten bietet Ihnen die günstigsten Konditionen? Dazu führen Sie im Angebotsvergleich zunächst rein rechnerische Vergleiche durch (Einstandspreis). Dann werden Sie in erster Linie nach der Qualität der Produkte fragen, der Einhaltung der Lieferfristen (Zuverlässigkeit), der Behandlung von Reklamationen und dem Kundendienst Ihrer Lieferanten.

Die Entscheidungsbewertungstabelle oder Entscheidungsauswahltabelle hat den Zweck, diese qualitativen Merkmale, die nicht so leicht quantifizierbar sind, meß- und damit auch vergleichbar zu machen. Man setzt dieses Hilfsmittel übrigens nicht nur bei der Lieferantenbeurteilung und -auswahl ein, sondern auch bei der Standortwahl, Bewerberauswahl und anderen Beurteilungen mehr.

In einem ersten Schritt werden Informationen und Alternativen gesammelt. Bei einer Entscheidungsbewertungstabelle zur Lieferantenbeurteilung und -auswahl werden in dieser Phase die wirklich wichtigen Faktoren festgelegt, z. B. Preis, Zuverlässigkeit, Standort und Kundendienst des Lieferanten. Die gesammelten Informationen werden anschließend geordnet und vergleichbar gemacht.

Im zweiten Schritt werden die einzelnen Kriterien mit Punktzahlen bewertet. Entsprechend ihrer Wichtigkeit erhalten die einzelnen Entscheidungskriterien unterschiedlich hohe Punktzahlen. Die verschiedenen Lieferantenfaktoren werden also gewichtet in die Tabelle aufgenommen. Der Lieferant, der die beste Gesamtbewertung erhält, ist dann unter den gegebenen Bedingungen der optimale Lieferant, es sei denn, andere gewichtige Gründe würden gegen ihn sprechen.

Die Entscheidungsbewertungstabelle stößt dann an ihre Grenzen, wenn die Abstände zwischen den einzelnen Lieferanten gering sind. Die Gewichtung gibt dann meist den entscheidenden Ausschlag: Welches Kriterium hat am meisten Gewicht, und welcher der Lieferanten erfüllt dieses am besten? Die Gewichtung ist aber stark von subjektiven Gesichtspunkten geprägt.

Beispiel: Lieferantenauswahl mit der Entscheidungsbewertungstabelle

Ein mittelständisches Unternehmen ist auf seinen Absatzmärkten einem starken Wettbewerbsdruck ausgesetzt. Es wurde eine ABC-Analyse durchgeführt, um von der Einkaufsseite her eine höhere Wirtschaftlichkeit zu erreichen. Die Lieferanten A, B, C und D sind Lieferanten von A-Materialien. Diese vier Lieferanten sollen nun nach sieben Entscheidungskriterien beurteilt werden:

- *Preis,*
- *Qualität,*
- *Termintreue,*
- *Technische Hilfe,*
- *Standort,*
- *Konditionen,*
- *Umweltverträglichkeit der Materialien.*

Jeder einzelne Lieferant kann für jedes Entscheidungskriterium mit maximal 5 Punkten bewertet werden: 5 Punkte = sehr gut, 4 Punkte = gut, 3 Punkte = befriedigend, 2 Punkte = ausreichend, 1 Punkt = mangelhaft, 0 Punkte = ungenügend.

In der folgenden Tabelle sind die einzelnen Entscheidungskriterien aufgeführt, nach denen die Lieferanten bewertet werden. Dabei wurde eine Gewichtung von

100 Punkten (bzw. 100 %) vorgenommen. In der Spalte »Gewicht« wird deutlich, daß 30 Punkte von 100 auf den Preis entfallen, der damit also dreimal so stark gewichtet wird wie z. B. das Kriterium »Standort«, das mit 10 Punkten gewichtet wird. Den optimalen Lieferanten aus dem Spektrum A bis D erhalten Sie, wenn Sie die Punkte, mit denen die Lieferanten bewertet wurden, mit der Gewichtung multiplizieren. Anschließend wird die Gesamtpunktzahl jedes Lieferanten ermittelt.

Lieferantenbewertung nach der Entscheidungsbewertungstabelle

		Lieferant A		**Lieferant B**		**Lieferant C**		**Lieferant D**	
Kriterium	*Gewicht*	*Punkte*	*gewichtet*	*Punkte*	*gewichtet*	*Punkte*	*gewichtet*	*Punkte*	*gewichtet*
Preis	30 %	3	90	4	120	2	60	3	90
Qualität	20 %	4	80	5	100	5	100	2	40
Termintreue	15 %	4	60	3	45	4	60	3	45
Techn. Hilfe	5 %	4	20	4	20	5	25	2	10
Standort	10 %	5	50	4	40	3	30	4	40
Konditionen	10 %	4	40	3	30	4	40	4	40
Materialien	5 %	2	10	4	20	5	25	1	5
Umweltverträglichkeit	5%	3	15	2	10	3	15	2	10
Summe	100 %		365		385		355		280

Die Höchstpunktzahl bei der Entscheidungsbewertungstabelle zeigt Ihnen den »leistungsfähigsten« Lieferanten. Der Lieferant B liegt im Beispiel mit 385 Punkten vor A mit 365 Punkten. Der Abstand von A zu C beträgt nur 10 Punkte. D schneidet dagegen mit 280 Punkten deutlich schlechter ab.

Eine gute Messlatte für die Servicequalität

Nach diesem Verfahren kann auch der Service von Firmen oder von Werkstätten beurteilt werden. Die Gewichtung der verschienen Kriterien könnte beispielsweise sein:
- Fehlerbehebung 35 Punkte,
- Pünktlichkeit 20 Punkte,
- prompte Bedienung 15 Punkte,
- Erreichbarkeit 15 Punkte,
- Freundlichkeit 15 Punkte.

Kernkompetenzen bestimmen und eine Beschaffungsstrategie entwickeln

Bei der Beschaffungsstrategie, die sich aus der übergeordneten Unternehmensstrategie ableitet, geht es darum, wie das Unternehmen Lieferanten in das eigene Wertschöpfungssnetz integriert. Die Zusammenarbeit mit Lieferanten kann unterschiedlich intensiv sein: das Spektrum reicht von der einmaligen Auftragserteilung bis hin zur Systempartnerschaft. Während beim sogenannten Einmalgeschäft ganz opportunistisch gehandelt wird und der Anbieter mit dem jeweils günstigsten Angebot den Zuschlag erhält, strebt man mit dem Systemlieferanten eine langfristige Partnerschaft an. Auch hier kann das Unternehmen natürlich gleichzeitig auf verschiedene Lieferanten setzen, die es gegeneinander ausspielen kann.

Wenn Sie Aufgaben und Kompetenzen an Systemlieferanten abgeben wollen, dann müssen Sie zuvor die gegenwärtigen und künftigen Kernkompetenzen des eigenen Unternehmens bestimmen. Der Unternehmenserfolg wird entscheidend durch diese Schlüsselfähigkeiten bestimmt, weil das Unternehmen mit ihnen seine Stärken gegenüber der Konkurrenz nutzen und seine Ressourcen besonders erfolgreich einbringen kann.

Ihre Kernkompetenzen können Sie anhand verschiedener Merkmale aufspüren:

- Ein wesentlicher Teil der Wertschöpfungskette des Unternehmens und ein großer Teil der Kosten entfällt auf die Kernkompetenzen.
- Durch sie entsteht ein hoher Anteil des Kundennutzens, was sich im Ertrag niederschlägt.

- Kernkompetenzen sind von Konkurrenzunternehmen nur schwer zu kopieren.
- Sie sind durch Innovationen entstanden.

Langfristige Vereinbarungen mit den Systemlieferanten treffen

Strategisches Beschaffungsmanagement hat zum Ziel, das Erfolgspotential eines Unternehmens durch eine optimale Einbindung seiner Lieferanten zu erhöhen. Entscheidend bei der Partnersuche wird, inwieweit durch gemeinsame Lösungen die Qualität der Leistungen des Unternehmens verbessert werden kann. Zulieferer werden, wenn sie ganze Baugruppen liefern und die Garantie übernehmen, zu Systemlieferanten, d. h. sie werden in die Wertschöpfungskette ihres Kunden integriert. Dadurch erhöhen sich die Wettbewerbschancen im Umfeld von komplexer Technologie, internationaler Arbeitsteilung und anspruchsvoller Kunden. In den letzten Jahren hat in den USA und Europa der Anteil der Systemlieferanten erheblich zugenommen und erreicht inzwischen das Niveau von Japan.

Legen Sie die Prioritäten bei der Lieferantenauswahl mit Hilfe der ABC-Analyse fest. Ihre Entscheidung sollten Sie nicht nur von den Lieferungen und Leistungen abhängig machen, sondern auch vom Know-how des Zulieferers.

Systemlieferanten bilden meist nur eine kleine Gruppe; mit ihnen werden jedoch langfristige Vereinbarungen angestrebt, die für beide Seiten Erfolge bringen sollen. Durch diese langfristige Zusammenarbeit und »abgegrenzte Gesamtverantwortung« herrscht eine offenere Beziehung zwischen den Partnern; ob sie auch von Dauer ist, hängt unter anderem davon ab, wie gut der Know-how-Transfer zwischen beiden funktioniert. Denn vom Systemlieferanten wird viel verlangt: Er muß sein Wissen, seine Forschungs- und Entwicklungskapazitäten bei der Entwicklung eines neuen Produkts und bei der Fertigung einbringen. Ihm wird auch absolute Qualität abverlangt (Null-Fehler-Ziel); Just-in-time-Lieferung und Offenlegung der Kalkulation können hinzukommen. Das Qualitätsmanagement des Lieferanten kann sogar »vor Ort« überprüft werden, was die Produktqualität sichert und herkömmliche Kontrollen beim Wareneingang überflüssig macht. Die Vielseitigkeit der Aufgaben in der Zusammenarbeit mit dem Systemlieferanten erfordert andererseits vom Unternehmen direkte persönliche Kontakte, z. B. gemeinsame Qualitätszirkel, Projektmanagement oder Wertanalysen. Die Partnerschaft kann ferner durch kapitalmäßige Beteiligungen und personelle Verflechtungen noch intensiviert werden.

Was bedeutet Just-in-time?

Die fertigungsnahe Beschaffung, bekannt als »Just-in-time«, stimmt den Bedarf an Fertigungsmaterial und Aggregaten zeitgenau mit der Produktion ab. Die aktuellen Verkaufsdaten bestimmen, welche Modelle hergestellt werden, und entsprechend erfolgen die Anlieferungen durch die Lieferanten: Material und Zubehör werden kurzfristig bestellt und direkt an das Montageband geliefert. Das Konzept vermindert somit die Materialbestände und Verweilzeiten erheblich und senkt damit Raum- und Zinskosten. Bei Just-in-time werden die aktuellen Marktdaten rasch in Fertigung und Beschaffung umgesetzt. Just-in-time eignet sich bevorzugt für Systemlieferanten, die A-Güter liefern und einen hohen Wertanteil am Gesamteinkauf erreichen.

Make or buy?

Die Beschränkung auf die Kernkompetenzen hat zur Folge, daß bestimmte Aufgaben nicht mehr intern gelöst werden. Outsourcing ist die Lösung, mit der auch eine schnellere Anpassung an Marktveränderungen möglich ist.

Beim Outsourcing werden Tätigkeiten, die andere Unternehmen besser und billiger ausführen können, an Dritte übertragen. Häufige Beispiele hierfür sind Kantinenessen oder Werbemaßnahmen. Das große Angebot an Spezialisten erleichtert eine Verlagerung von Aufgaben nach außen. Zurück bleibt das »schlanke Unternehmen«, das dann nur noch einen geringen eigenen Wertschöpfungsanteil aufweist.

Gesamtkostenanalysen zeigen, ob »make or buy« – die Eigenfertigung oder der Einkauf – günstiger ist. Dabei werden die Kosten der Fertigung im Haus mit den Lieferantenangeboten verglichen. Das Kostenargument sollte bei dieser Entscheidung jedoch niemals allein berücksichtigt werden.

Noch eine globale Kennzahl zur Beschaffung

Wie erfolgreich ist Ihre Lieferantenpolitik? Dies können Sie daran ermessen, inwieweit es dem Unternehmen gelungen ist, den Preisdruck des Absatzmarktes an die Lieferanten weiterzugeben. Wenn Sie die Preisentwicklung der Produkte Ihres Unternehmens mit der Preisentwicklung der Einstandspreise vergleichen, dann kommen Sie der Sache näher. Hierzu können Sie die folgende, globale Kennzahl einsetzen:

$$p = \frac{\text{Preisreduktion der eigenen Verkaufspreise}}{\text{Reduktion der Einstandspreise}}$$

K

Wenn p größer als 1 ist, dann hat das Unternehmen die eigenen Verkaufspreise am Markt mehr reduziert als die Lieferanten. Damit konnte der Druck des Absatzmarktes nur teilweise auf die Lieferanten abgewälzt werden. Ist p dagegen kleiner als 1, dann haben die Lieferanten ihre Preise stärker als das Unternehmen reduziert. Die Interpretation dieser Kennzahl ist allerdings vorsichtig zu handhaben, da sie eine sehr globale Aussage trifft, die von vielen Einflüssen abhängt.

7 Die Fertigung sicher planen und steuern

Während der Begriff »Produktion« jegliche betriebliche Leistungserstellung umfaßt, ob nun Sach- und Dienstleistungen, ist die Fertigung eine rein industrielle Leistungserstellung und bedeutet damit nur die Herstellung materieller Güter. Mit den richtigen Kennzahlen in der Fertigung können Sie Fertigungsprozesse quantifizieren und Veränderungen sichtbar machen. Eine permanente Messung und der Vergleich mehrerer Perioden ist die Voraussetzung dafür, daß die Kennzahlen Verbesserungen aufzeigen und Auskunft geben können, ob die geplanten Ziele durch die erfolgten Maßnahmen erreicht wurden oder nicht.

Welche Fertigungsarten es gibt			
Einzelfertigung	**Serienfertigung**	**Sortenfertigung**	**Massenfertigung**
• ein bestimmtes Produkt, z. B. Bau einer Spezialmaschine nach den Plänen des Kunden • vorwiegend anzutreffen bei kleinen Industriebetrieben und im Handwerk	• Erzeugnis wird in einer Serie hergestellt, z. B. 10, 100, 1000 Stück • Fertigungsvorbereitungen nach jeder Serie • hauptsächlich kleine Industriebetriebe, Handwerk	• zwischen den einzelnen Sorten gibt es Unterschiede • in der Chemie, der Süßwarenindustrie, bei Brauereien (Export-, Pils-, Weizen-, Malzbier)	• Herstellung der Produkte in großer Zahl für den anonymen Markt • genaue Fertigungsplanung und -steuerung • gleichbleibende Massenfertigung • vorwiegend Großbetriebe

7.1 Fertigungsplanung mit der optimalen Losgröße

Aufgaben der Arbeitsvorbereitung, Fertigungsplanung und Fertigungssteuerung

Planung, Steuerung und Überwachung der Fertigung fallen in den Aufgabenbereich der Arbeitsvorbereitung (Manufacturing Engineering); diese steht zwischen der Konstruktion und der fertigungstechnischen Ausführung. Konkret bedeutet dies, Entscheidungen darüber zu fällen, welche Produkte in welchen Mengen innerhalb der verschiedenen Zeitabschnitte hergestellt werden sollen. Die Arbeitsvorbereitung erstellt das Fertigungsprogramm mit der Kapazitätsbelegung der Maschinen und legt die Termine für die Materialbereitstellung fest. Ziel ist es, eine reibungslose und wirtschaftliche Fertigung zu gewähren.

Die Arbeitsvorbereitung umfaßt damit folgende Funktionen:

- Arbeitsabläufe konzipieren und analysieren,
- Einsatz der Arbeitskräfte, Betriebsmittel und Werkstoffe,
- Überwachung des täglichen Fertigungsfortschritts, um einen termingerechten Durchlauf der Kundenaufträge zu erreichen.

Von der Planung zum Bericht

Die Arbeitsvorbereitung muß die Fertigung ständig überwachen, um festzustellen, ob das Soll (geplante Werte) auch tatsächlich erreicht wird. Dazu werden die Ist-Werte in verschiedenen Bereichen erfaßt und mit den Soll-Werten verglichen:

- Termine,
- Kosten,
- Kapazitätsauslastung,
- Fertigungsablauf,
- Qualität der Produkte.

Konkret werden dabei Mengen, Werte und Zeiten erhoben. Nach den Soll-Ist-Vergleichen erfolgt eine Ursachenanalyse; Abweichungen müssen begründet und Entwicklungstrends aufgezeigt werden.

Die Arbeitsvorbereitung muß Einfluß auf Störgrößen nehmen – das Ziel ist ja, daß die Soll-Werte möglichst erreicht werden. Mit den folgenden Kennzahlen läßt sich die Entwicklung im Fertigungsbereich sicherer überwachen und steuern:

- Stückzahlen,
- Ausschußquoten,
- Durchlaufzeiten,
- Termintreue.

Die aufgeführten Kennzahlen Stückzahlen und Durchlaufzeiten zeigen absolute Werte an. So wird z. B. die Durchlaufzeit in Stunden und Minuten gemessen. Ausschußquote und Termintreue sind dagegen relative Kennzahlen. Die Termintreue ist der Anteil der pünktlich ausgeführten Lieferungen in Prozent der Gesamtzahl der Lieferungen. Die Ausschußquote beziffert den prozentualen Anteil der Ausschußware an der Gesamtmenge.

Die Fertigungsplanung ist die längerfristige, auf das Fertigungsprogramm bezogene Grundlagenarbeit. Sie legt fest, welche Tätigkeiten bei der Fertigung eines Produktes anfallen, bestimmt die einzelnen Arbeitsgänge und die Durchführung des Arbeitsablaufs. Zu ihren Aufgaben gehören die Gestaltung der Erzeugnisse, die Erstellung der Stücklisten, die Planung der Arbeitsgänge und Arbeitsabläufe, die Bestimmung der Durchlaufzeiten, die Gestaltung des Materialflusses und die Ermittlung des Personal-, Material- und Betriebsmittelbedarfs.

Bei der Festlegung der Soll-Durchlaufzeiten etwa müssen außer der eigentlichen Bearbeitungszeit auch technisch und persönlich bedingte Stau- und Wartezeiten berücksichtigt werdem. Die Durchlaufzeitenplanung erleichtert die spätere Terminplanung der Kundenaufträge.

Am Ende der Fertigungsplanung steht der Arbeitsplan, der die Grundlage für die Fertigungssteuerung ist.

Folgende Fragen klärt die Fertigungsplanung:

Was? Welche Produkte sind zu fertigen?
Wieviel? Welche Mengen kommen für die einzelnen Produkte in Betracht?
Wie? Nach welchen Fertigungsverfahren soll hergestellt werden?
Wo? In welchen betrieblichen Stellen soll gefertigt werden?
Womit? Mit welchen Maschinen und Werkzeugen soll gefertigt werden?
Wann? Planung der Termine (Fertigungsbeginn, -dauer und -ende)

Die Fertigungssteuerung sorgt dafür, daß die von der Fertigungsplanung vorgegebenen Zeitwerte auch tatsächlich erreicht werden. Sie plant, lenkt und überwacht die Fertigung der Aufträge, stimmt Arbeitskräfte, Maschinen, Werkzeuge und Material aufeinander ab. Nur die Fertigungssteuerung kann sagen, ob ein neuer Kundenauftrag noch bis zu einem kurzfristigen Termin erledigt werden kann. Diese Frage muß der Verkauf mit der Fertigungssteuerung klären, bevor er dem Kunden eine Zusage erteilt.

Folgende Fragen klärt die Fertigungssteuerung

- Sind die Maschinen optimal ausgelastet?
- Sind die Arbeiter richtig eingeteilt?
- Wird der Fertigungsablauf richtig überwacht?
- Erfolgt ein termingerechter Durchlauf der Aufträge?

Die Ziele der Fertigungssteuerung haben einen Bezug zur Kosten- und Ertragslage:

- klarer und übersichtlicher Fertigungsablauf,
- optimale Losgröße bei der Serien- und Sortenfertigung (s. u.),
- niedrige Materialdurchlaufzeiten,
- möglichst niedrige Lagerbestände durch Planung,
- gleichmäßige Maschinenbelegung und gute Kapazitätsauslastung,
- größtmögliche Termintreue (wichtiges Verkaufsargument).

Zur kostengünstigsten Auftragsmenge mit der optimalen Losgröße

Für Unternehmen, die nach der Sorten- und Serienfertigung herstellen, stellt sich die Frage, in welcher Auftragsmenge die einzelnen Produkte hergestellt werden sollen. Hier hilft die optimale Losgröße weiter: Sie beziffert die Fertigungsmenge mit den niedrigsten Stückkosten.

Sorten sind Produkte, die aus einem gleichen Rohstoff hergestellt werden, die sich aber in der Formgebung, in den Abmessungen unterscheiden, z. B. Bleche unterschiedlicher Stärke, Schrauben verschiedener Größe. Bei den Serien handelt es sich um Produkte, die sich aus einer Vielzahl verschiedener Einzelteile zusammensetzen, z. B. Buch A und Buch B, Elektromotor X und Y. Serien können hintereinander oder nebeneinander hergestellt werden.

Die optimale Losgröße oder wirtschaftliche Losgröße ist diejenige Fertigungsmenge eines Produkts (Stück, kg, t, hl), bei der die gesamten Auflagenkosten (Einrichtungs-, Lager- und Zinskosten) ein Minimum ergeben. Für die auflagenfixen Kosten pro Stück gilt, daß sie mit steigender Losgröße sinken. Die auflagenproportionalen Kosten, insbesondere Lager- und Zinskosten, steigen allerdings mit zunehmender Losgröße.

Die Kosten eines Loses setzen sich aus den

- auflagenfixen und den
- auflagenvariablen Kosten zusammen.

Die auflagenfixen Kosten fallen unabhängig von der Größe der Serie bzw. der Auflagenhöhe an. Sie entstehen dadurch, daß die Fertigungsanlagen nach der Herstellung eines Loses auf ein anderes Los wieder umgerüstet werden müssen (Sortenwechsel). Diese Rüstkosten sind insbesondere Lohn-, Material- und Werkzeugkosten, die durch die Umstellungsarbeiten anfallen. Abschreibungen, Miete und Zinsen während der Umrüstungszeit sind ebenfalls zu berücksichtigen. Die Rüstkosten sinken durch eine höhere Stückzahl des Loses (Auflage), weil die Maschinen nicht so oft umgestellt werden müssen. Die »Auflagendegression« ist eine besondere Form der Kostendegression.

Auflagenvariable Kosten sind abhängig von der Losgröße. Eine höhere Produktion führt zu größeren Lagerbeständen, was wiederum zu höheren Lagerkosten führt. Die Produkte müssen in der Zeit zwischen Fertigung und Verkauf gelagert werden, wodurch verschiedene Kosten anfallen:

- Zinsen für das in den Lagerbeständen investierte Kapital
- Versicherungskosten
- Personalkosten
- Verluste durch Beschädigungen, Diebstahl, Verderb
- Verluste durch Preissenkungen
- Energiekosten der Lagerräume

Gegenläufiger Einfluss: Rüstkosten und Lagerkosten

Bei der Ermittlung der optimalen Losgröße sind gegenläufige Tendenzen zu berücksichtigen. Einmal fallen die Rüstkosten an, unabhängig davon, wie hoch die hergestellte Menge ist. Diese fixen Kosten entstehen durch die Umstellung auf eine andere Serie. Die Lagerkosten dagegen sind variable Kosten, die umso höher sind, je größer die Losgröße ist.

Wann wird die optimale Losgröße erreicht?

Mit zunehmender Losgröße fallen die Rüstkosten pro Mengeneinheit; je größer also das Los ist, umso niedriger sind die auflagenfixen Kosten. Zins-, Abschreibungs- und Lagerungskosten weisen bei zunehmender Losgröße eine steigende Tendenz auf – ebenso erhöhen sich die Risiken des Veraltens und der Verschlechterung der Qualität. Das Optimum ist erreicht, wenn die Vorteile durch die Nachteile aufgehoben werden. Eine Kostenoptimierung der Losmenge wird erreicht, wenn die Summe aus auflagefixen und auflagevariablen Kosten pro Stück des Loses am geringsten ist.

Die optimale Auftragsgröße von Kundenaufträgen zeigt einen ähnlichen Sachverhalt. Ein besonderes Problem sind hier die Kleinaufträge. Sie leisten aber auch einen Beitrag zu Kapazitätsauslastung.

Rechnerische und grafische Bestimmung der optimalen Losgröße

Bei der rechnerischen Ermittlung der optimalen Losgröße geht man, ähnlich wie bei der optimalen Bestellmenge, davon aus, daß der durchschnittliche Lagerbestand der halben Herstellungsmenge entspricht (nimmt man eine kontinuierliche Entnahme an, ist das Lager am Beginn der Periode gefüllt und am Ende leer).

$$\text{Optimale Losgröße} = \sqrt{\frac{2 \times \text{Bedarf der Periode} \times \text{Rüstkosten}}{\text{Herstellungskosten pro Stück} \times \text{Lagerkostensatz}}}$$

K

oder in Kurzform:

$$x_m = \sqrt{\frac{2 \times M \times R_k}{k \times p}}$$

optimale Losgröße = x_m
Bedarf der Periode = M
Rüstkosten = R_k
Herstellungskosten pro Stück = k
Lager- und Zinskostensatz = p

Wenn die Daten erfaßt sind, können Sie das Diagramm leicht mit einem Tabellenkalkulationsprogramm erstellen. Die optimale Losgröße in der grafischen Darstellung entspricht dem Schnittpunkt von auflagenfixen und auflagenvariablen Kosten pro Stück bzw. von Rüstkosten und Lagerkosten. Das Kostenoptimum von auflagefixen und auflagevariablen Kosten liegt im Minimum der Gesamtkostenkurve. Da sich die optimale Losgröße zeichnerisch nur näherungsweise bestimmen läßt, empfiehlt sich eine genauere Berechnung mit der o. a. Formel.

Beispiel: Optimale Losgröße

Stück	*Rüstkosten*	*Lagerkosten*	*Gesamtkosten*
0			
500	5 600	500	6 100
1 000	2 800	1 000	3 800
1500	1 866,6	1 500	3 366,6
2 000	1 400	2 000	3 400
2 500	1 120	2 500	3 620
3000	933,3	3000	3933,3
3500	800	3500	4300
4000	700	4000	4700

Bedarf der Periode = 4 000; Rüstkosten = 700; Herstellungskosten pro Stück = 20; Lager- und Zinskostensatz = 10 %.

$$\text{Optimale Losgröße} = \sqrt{\frac{234000 \times 700}{20 \times 0{,}10}} = \sqrt{2\,800\,000} = 1673{,}32 \text{ Stück}$$

Gerundet ergibt die optimale Losgröße also 1 673 Stück.
Angenommen, es würde ein Lagerzinssatz von 12 % zugrunde gelegt, dann ergibt sich die Losgröße wie folgt:

$$\text{Optimale Losgröße} = \sqrt{\frac{2 \times 4\,000 \times 700}{20 \times 0{,}12}} = \sqrt{2\,333\,333{,}33} = 1\,527 \text{ Stück}$$

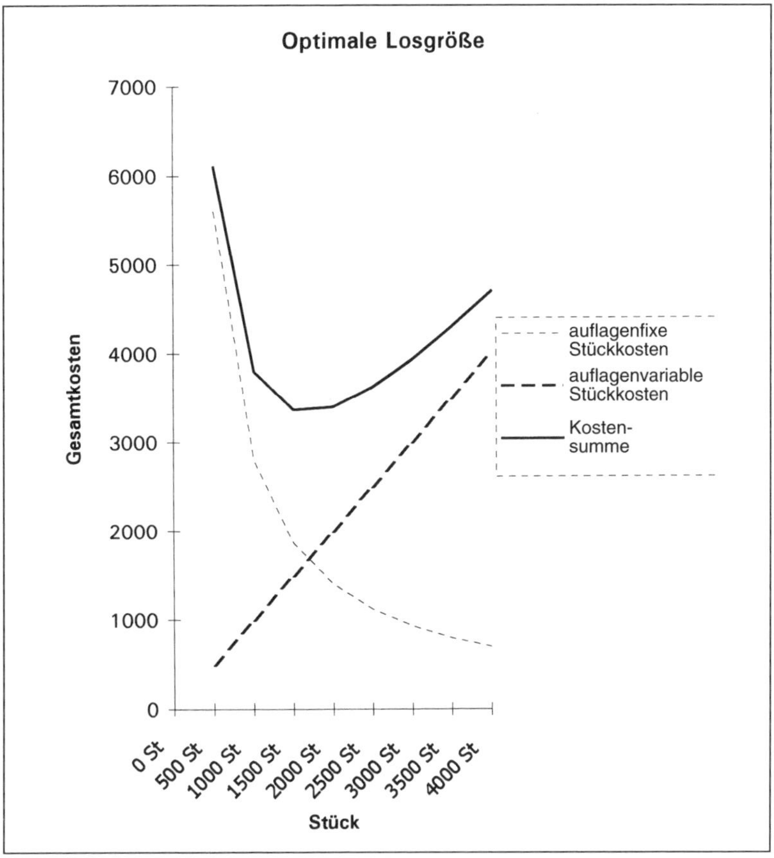

7.2 Die Effizienz der Produktion messen

Kapazität ausgelastet?

Die Kapazität ist das Produktions- und Leistungsvermögen eines Betriebes in einer Zeiteinheit (z. B. Tag, Monat, Quartal), also das quantitative Leistungsvermögen von Maschinen oder Fertigungsanlagen. Sie können den Begriff auch auf organisatorische Einheiten wie Abteilungen anwenden. Jede Änderung der Kapazitätsauslastung hat Auswirkungen auf Kosten, Erlöse und Gewinn. Erst ab einer bestimmten Schwelle des Kapazitäts- oder auch Beschäftigungsgrads fällt also ein Gewinn an. Je größer ein Unternehmen und je verschiedenartiger seine Produktgruppen und Leistungen sind, desto schwieriger ist die Ermittlung der Kapazität und der Kapazitätsauslastung.

Die Nutzung der Kapaziät kann in der Ausbringung

- Menge (Stück, kg, l) oder
- Wert (Umsatz in €)

erfaßt werden.

Während die Maximalkapazität das maximale Leistungsvermögen der Arbeitskräfte sowie der Maschinen und Anlagen darstellt, entspricht die Normalkapazität der durchschnittlichen Leistung der Arbeitskräfte bei normaler Beanspruchung der Betriebsmittel. Die Normalkapazität liegt in der Industrie zwischen 75 und 90 % der maximalen Kapazität. Ein Beschäftigungsgrad oder Kapazitätsauslastungsgrad von 100 % entspricht der vollen Auslastung. Der Beschäftigungsgrad oder Kapazitätsauslastungsgrad ist die Relation von tatsächlicher zu möglicher Ausbringungsmenge:

K $$\text{Kapazitätsauslastungsgrad} = \frac{\text{tatsächliche Ausbringungsmenge} \times 100\,\%}{\text{mögliche Ausbringungmenge (Kapazität)}}$$

Beträgt etwa die mögliche Ausbringungsmenge eines Betriebes in einer Woche 10 000 Stück eines bestimmten Produktes, werden aber nur 7 700 Stück gefertigt, dann entspricht dies einem Kapazitätsauslastungsgrad von 77 %.

Die folgenden Kennzahlen sind entsprechend anzuwenden:

K $$\text{Kapazitätsauslastungsgrad} = \frac{\text{Ist-Erzeugung} \times 100\,\%}{\text{Kapazität}}$$

K $$\text{Kapazitätsauslastungsgrad} = \frac{\text{Fertigungsstunden} \times 100\,\%}{\text{Kapazitätsstunden}}$$

Nutz- und Leerkosten

Die Begriffe Nutz- und Leerkosten erfassen den Tatbestand der Ausnutzung der betrieblichen Kapazitäten. Nutzkosten sind der Anteil der fixen Kosten, der sich auf die genutzte Kapazität bezieht. Wenn eine Maschine oder Anlage voll ausgelastet ist, dann betragen die Nutzkosten 100 % und die Leerkosten 0 %. Wäre die Anlage dagegen nur zur Hälfte ausgelastet, dann erreichten die Nutzkosten 50 % und die Leerkosten 50 %.

Es gilt folglich:

fixe Gesamtkosten = Nutzkosten + Leerkosten

$$K_f \quad = \quad K_{fN} \quad + \quad K_{fL}$$

Nicht unerheblich ist natürlich die Frage, ob durch Outsourcing nicht zu viele der vorhandenen betrieblichen Kapazitäten brach liegen. Die fixen Bereitschaftskosten sollten ja immer möglichst niedrig sein. Andererseits kann eine Verlagerung von Tätigkeiten nach außen auch Kosten sparen, wenn die Dienstleister sie kostengünstiger anbieten. Da ein Kapazitätsaufbau zu höheren fixen Kosten und Gemeinkosten führt, ist stets zu prüfen, ob der Fremdbezug nicht wirtschaftlicher und damit sinnvoller ist.

Dazu ist zunächst der Break-even-Punkt zu bestimmen (ab Seite 236).

Wie sich der Kapazitätsauslastungsgrad auf die einzelnen Kostenarten auswirkt

Die fixen Kosten

Fixe Kosten sind unabhängig von der Kapazitätsauslastung, variable Kosten hingegen sind von ihr abhängig. Die Kosten, die nicht auf Produkte zurechenbar sind, werden als Gemeinkosten oder indirekte Kosten bezeichnet. Einzelkosten oder direkte Kosten sind hingegen auf die Produkte beziehbar. Unabhängig von der Auslastung der Kapazität sind die sog. »absolut fixen Kosten« immer gleich hoch. Sie bleiben so lange konstant, wie die Kapazität unverändert bleibt. Ihr Abbau kann oft nur durch schwerwiegende Entscheidungen erfolgen, z. B. Schließung oder Verkauf bestimmter Fertigungsabteilungen. Bei manchen fixen Kosten ist die Flexibilität größer. So können Werbekosten und die Ausgaben für Forschung und Entwicklung leichter abgebaut werden.

Ein Teil der fixen Kosten sind die sogenannten »sprungfixen Kosten«, die sich ändern können: Hat beispielsweise ein Handelsunternehmen mehrere Läden gemietet, dann sind zunächst die Mietkosten fix. Werden neue Läden angemietet, dann erhöhen sich die Mietkosten mit jedem neuen Laden um eine weitere Stufe. Entsprechend verhält es sich bei einem Industrieunternehmen, wenn es eine zusätzliche Werkzeugmaschine anschafft – dann steigen die fixen Kosten auf ein höheres Niveau.

Proportionale, progressive und degressive Kosten

Kostenarten, die sich mit dem Beschäftigungsgrad verändern, heißen variable Kosten. Mit der Auslastung der Kapazität können sich die variablen Kosten wie folgt verändern:

- im gleichen Verhältnis (= proportionale Kosten, z. B. Materialkosten),
- stärker (= progressive Kosten, z. B. Überstundenzuschläge),
- schwächer (= degressive Kosten, z. B. bei Mengenrabatten).

Das folgende Beispiel zeigt Ihnen, wie sich die unterschiedlichen variablen Kosten entwickeln, wenn der Beschäftigungsgrad ansteigt.

Beispiel

Menge × variable Stückkosten = variable Gesamtkosten

Tabelle 1: Proportionale Kosten

Menge (m)	*Variable Stückkosten (€)*	*Variable Gesamtkosten (€)*
100	20	2 000
200	20	4 000
300	20	6 000
400	20	8 000

Tabelle 2: Progressive Kosten

Menge (m)	*Variable Stückkosten (€)*	*Variable Gesamtkosten (€)*
100	20	2 000
200	21	4 200
300	23	6 900
400	26	10 400

Tabelle 3: Degressive Kosten

Menge (m)	*Variable Stückkosten (€)*	*Variable Gesamtkosten (€)*
100	20	2 000
200	19	3 800
300	17,50	5 250
400	15	6 000

Die folgende Übersicht zeigt Ihnen die Auswirkungen einer steigenden Beschäftigung auf die Kosten insgesamt und die Kosten pro Stück.

Fixe und variable Kosten bei steigender Kapazitätsauslastung		
	Kosten insgesamt	**Kosten pro Stück**
Fixe Kosten	bleiben konstant	nehmen mit steigendem Fertigungsvolumen ab
Variable proportionale Kosten	steigen parallel zum Fertigungsvolumen	bleiben konstant
Variable überproportionale Kosten	steigen überproportional an	steigen progressiv an
Variable unterproportionale Kosten	steigen unterproportional an	steigen degressiv an

Die fixen Kosten pro Stück werden um so kleiner, je mehr die Ausbringungsmenge zunimmt. Da sich die variablen Gesamtkosten meist in gleicher Weise wie die Ausbringung verändern, bleiben die variablen Kosten pro Stück konstant.

$$\text{Stückkosten} = \text{variable Stückkosten} + \frac{\text{Fixkosten}}{\text{Menge}}$$

K

$$k = kv + \frac{Kf}{m}$$

Die gesamten Stückkosten fallen infolge der Fixkostendegression mit zunehmender Ausbringungsmenge. Dieser Sachverhalt der Kostendegression wird als das Gesetz der Massenproduktion bezeichnet.

Übersicht über einzelne Kostenarten				
Fixe Kosten	**Größtenteils fixe Kosten**	**Fixe und variable Kosten**	**Größtenteils variable Kosten**	**Variabale Kosten**
– kalkulatorische Abschreibungen auf Gebäude, Anlagen, Maschinen – kalkulatorische Zinsen – kalkulatorischer Unternehmerlohn – kalkulatorische Wagnisse – Gehälter und gesetzliche Sozialkosten – Anlagen– und Raummiete – Grundsteuer – Versicherungsprämien, Gebühren	– Entwicklungs- und Versuchskosten – Werbekosten – Reisekosten – Beratungskosten – Heizungskosten – Beleuchtungskosten – Reinigungskosten – freiwillige Sozialkosten	– Hilfslöhne – Sachkosten und Raumkosten – Instandsetzungsmaterial – Gewerbesteuer	– Brenn- und Treibstoffe – Büromaterial, Postkosten – Fertigungslöhne – Finanzspesen	– Fertigungsmaterial – Hilfsstoffe – Verpackungsmaterial – Sondereinzelkosten der Fertigung – Ausgangsfrachten – Sondereinzelkosten des Vertriebs – Abschreibungen nach Leistungseinheiten – Fertigungsstücklizenzen

Break-even-Analyse: die Gewinnschwelle erkennen

Die Gewinnschwelle oder Nutzenschwelle, in den USA als Break-even-point bezeichnet, ist eine wichtige Zahl im Controlling. In der Break-even-Analyse lassen sich die Beziehungen zwischen Umsatzerlösen, Kosten und Gewinn übersichtlich darstellen. Dieses Instrument dient vor allem der Entscheidungsfindung im kurzfristigen Bereich, läßt sich aber auch in der Erfolgsplanung und -kontrolle einsetzen.

> Der Break-even-Punkt bezeichnet den Wert, in dem die Summe der fixen Kosten und der variablen Kosten gleich dem Gesamterlös ist.

Im Break-even-point fällt weder Gewinn noch Verlust an; man spricht deshalb auch vom »toten Punkt«. Ab dieser Kapazitätsauslastung gibt es Gewinn, davor liegt der Verlustbereich. Diese Kapazitätsauslastung ist notwendig, um die anfallenden Kosten decken zu können. Wird ein linearer Kostenverlauf vorausgesetzt, dann liegt das Gewinnmaximum an der Kapazitätsgrenze.

Bestimmen den Break-even-Punkt: Gesamtkosten- und Erlösgerade

Die Kostengerade (K) schneidet im Break-even-point die Erlösgerade (E). Es gilt also: K = E.

Die Kostengerade umfaßt die fixen Kosten und die gesamten variablen Kosten:

$K = K_f + K_v$

Die Gesamtkosten sind mathematisch eine Funktion der Fertigungsmenge. Die Kosten (y) sind die abhängige Variable, während die Fertigungsmenge (m) die unabhängige Variable ist – solche unabhängigen Variablen können z. B. die Laufzeit der Maschinen, die verkauften Produkte, die Arbeitsstunden der Mitarbeiter sein. Die fixen Kosten finden in der Konstanten (b) ihren Niederschlag.

Die Gesamtkosten (y) als lineare Funktion des Fertigungsvolumens (m) lautet dann:

$y = a \times m + b$

Angenommen, die Fertigungslöhne der Arbeiter erhöhen sich, dann steigen auch die variablen Stückkosten (a). Die variablen Gesamtkosten ($a \times m$) steigen dann ebenfalls stärker an.

Daneben bestimmt die Erlösgerade den Break-even-Punkt. Die Verkaufserlöse (E) werden vom Verkaufspreis (p) und der abgesetzten Menge (m) bestimmt. Die Erlösfunktion ist eine Gerade, wenn die Verkaufspreise je Einheit konstant bleiben:

$E = m \times p$

Grafische Darstellung des Break-even-Punktes

Kosten, Erlöse und Break-even-point

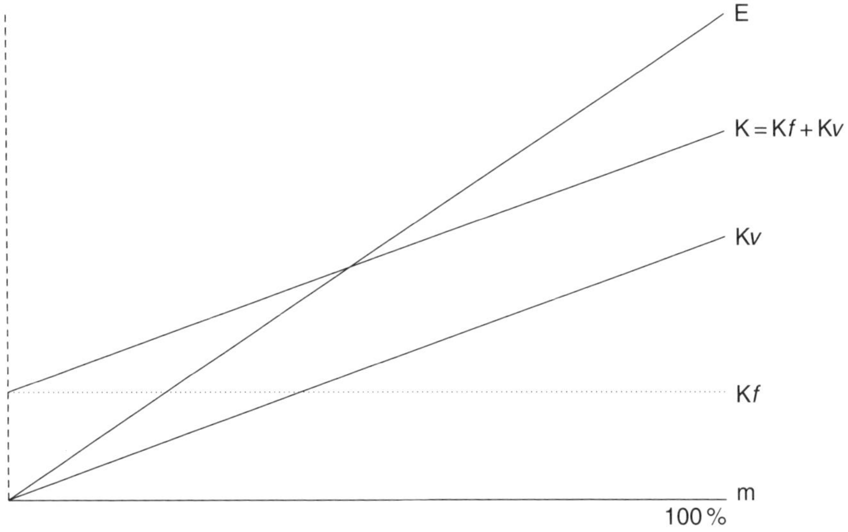

E = Erlösgerade
K = Gesamtkosten
Kv = Variable Gesamtkosten
Kf = Fixe Kosten
m = Menge (Kapazitätsauslastung)
100 % = volle Kapazitätsauslastung

DEN BREAK-EVEN-PUNKT SENKEN

Wenn die Kostengerade sinkt, dann liegt der Break-even-point bei einer niedrigeren Kapazitätsauslastung. Dies kann erreicht werden durch:

- Abbau von fixen Kosten,
- sinkende variable Stückkosten, was wiederum zu niedrigeren variablen Gesamtkosten führt.

Jede der beiden Maßnahmen führt bei unverändertem Umsatz zu einer Verbesserung des Betriebsergebnisses.

Stückkosten und Stückerlöse in der Break-even-Analyse

Der Stückerlös (p) ist der Verkaufspreis pro Einheit. Werden alle Produkte zum gleichen Verkaufspreis abgesetzt, dann ist der Stückpreis eine Parallele zur x-Achse.

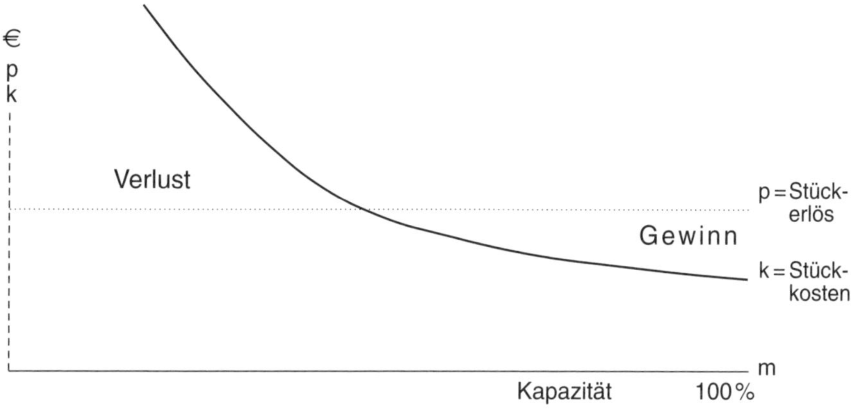

Break-even-point

Erlöse = Preise × Menge

$E = p \times m$

Ein höherer Verkaufspreis führt zu einer Erhöhung der Verkaufserlöse. Dies bewirkt, daß die Erlösgerade (E) steiler verläuft. Die neue Erlösgerade E1 erreicht den Break-even-Punkt folglich früher, schon bei einer niedrigeren Kapazitätsauslastung

Wird eine lineare Kostenfunktion zugrunde gelegt und von konstanten Verkaufspreisen ausgegangen, dann läßt sich für ein Einproduktunternehmen eine Gewinnschwelle und ein Gewinnmaximum ermitteln; letzteres wird an der Kapazitätsgrenze erreicht.

Den Break-even-point mit Formeln berechnen

Der Gewinn ist die Differenz zwischen den Gesamterlösen und den Gesamtkosten. Die produzierte bzw. verkaufte Menge bestimmt die Höhe des Gewinns bzw. Verlustes.

$$\text{Gewinn (bzw. Verlust)} = \text{Gesamterlös} - \text{Gesamtkosten}$$

An der Gewinnschwelle (Nutzenschwelle) sind Gesamtkosten und Gesamterlöse gleich hoch. Im Break-even-point gilt folglich:

$$\text{Erlöse (E)} = \text{Kosten (K)}$$

Da die Erlöse sich aus dem Stückpreis (p) multipliziert mit der verkauften Menge (m) ergeben, die Kosten sich aus fixen Kosten (K_f) und variablen Kosten (K_v) zusammensetzen, gilt auch:

$$m \times p = K_f + K_v$$

Die variablen Gesamtkosten ergeben sich aus den variablen Stückkosten (k_v) und der Menge (m). Vorige Gleichung läßt sich dann, wie folgt, zum Break-even-Punkt auflösen:

$$m \times p = K_f + k_v \times m$$

$$m \times p - k_v \times m = K_f$$

$$m\,(p - k_v) = K_f$$

$$m = \frac{K_f}{p - k_v}$$

K

$$\text{Break-even-Punkt} = \frac{\text{fixe Kosten}}{\text{Stückerlös} - \text{variable Stückkosten}}$$

Diese Formel ist insofern wichtig, weil die Differenz von Stückerlös und variablen Stückkosten dem Deckungsbeitrag pro Stück entspricht. Die Formel kann deshalb auch folgendermaßen geschrieben werden:

$$\text{Nutzenschwelle (Break-even-point)} = \frac{\text{fixe Kosten}}{\text{Deckungsbeitrag}}$$ K

Das folgende Zahlenbeispiel zeigt die Zusammenhänge zwischen Kosten, Erlösen, Gewinnschwelle und Gewinnmaximum.

Beispiel: Verkaufserlöse, Kosten, Deckungsbeiträge, Gewinn/Verlust

Ein Profit-Center hat fixe Kosten von 60 000 €, die variablen Kosten liegen bei 25 € pro Stück und die Verkaufserlöse bei 40 €.

$$\textit{Break-even-point} = \frac{60\,000\ €}{40\ €/\text{Stück} - 25\ €/\text{Stück}} = 4\,000\ \text{Stück}$$ K

Menge (m)	*Verkaufs-erlöse 40 € × m*	*Variable Kosten 25 € × m*	*Deckungs-beitrag (DB) 15 € × m*	*fixe Kosten*	*Gewinn/ Verlust*
0	0	0	0	60 000	– 60 000
1 000	40 000	25 000	15 000	60 000	– 45 000
2 000	80 000	50 000	30 000	60 000	– 30 000
3 000	120 000	75 000	45 000	60 000	– 15 000
4 000	160 000	100 000	60 000	60 000	0
5 000	200 000	125 000	75 000	60 000	+ 15 000
6 000	240 000	150 000	90 000	60 000	+ 30 000
7 000	280 000	175 000	105 000	60 000	+ 45 000

Das Unternehmen erzielt einen Verlust, wenn die Verkäufe unter den Break-even-Punkt von 4 000 Stück fallen. Oberhalb davon befindet sich das Unternehmen im Gewinnbereich. Das Gewinnmaximum liegt bei der Kapazitätsgrenze von 7 000 Stück und beträgt 45 000 €.

Finanzieller Break-even-Punkt

Der wirtschaftliche Break-even-Punkt beinhaltet sämtliche Kosten. Anders der finanzielle Break-even-point, der nur die ausgabenwirksamen Kosten berücksichtigt, z. B. Löhne und Gehälter, Ausgaben für Einkäufe. Abschreibungen werden beispielsweise nicht erfaßt, da sie keine Ausgaben verursachen. Kalkulatorische Zinsen, kalkulatorischer Unternehmerlohn und kalkulatorische Miete führen ebenfalls zu keinen Ausgaben, sind damit ebenfalls keine ausgabenwirksamen Kosten. Diese Beträge sind von der Summe der fixen Kosten abzuziehen. Der finanzielle Break-even-Punkt liegt damit bei einer niedrigeren Kapazitätsauslastung als der wirtschaftliche Break-even-Punkt.

K

$$\text{Finanzieller Break-even-point} = \frac{\text{fixe Kosten (ausgabenwirksam)}}{\text{Deckungsbeitrag}}$$

Die nicht ausgabenwirksamen Kosten wären im vorigen Beispiel von der Summe der fixen Kosten in Höhe von 60 000 € abzuziehen. Angenommen, die ausgabenwirksamen Kosten betrügen im besprochenen Beispiel 40 000 €, dann ergibt sich der finanzielle Break-even-Punkt wie folgt:

$$\text{Finanzieller Break-even-point} = \frac{40\,000}{15} = 2\,666{,}67 \text{ Stück}$$

Gekrümmte Kostenkurve im oberen Bereich der Kapazität

Werden eine lineare Kostenfunktion und konstante Verkaufspreise vorausgesetzt, dann erreicht das Unternehmen das Gewinnmaximum an der Kapazitätsgrenze. Hier hat der Betrieb auch die niedrigsten Stückkosten. In der betrieblichen Praxis stellt man aber fest, daß ab einer bestimmten Kapazitätsauslastung verschiedene Kostenarten überproportional ansteigen. Wenn dieser Sachverhalt zugrunde gelegt wird, dann liegen Ausbringungsmenge mit maximalem Gewinn und optimaler Kostenpunkt vor der Kapazitätsgrenze und bei verschiedenen Beschäftigungsgraden. Möglich ist dann auch, daß es noch einen oberen Break-even-Punkt vor der Kapazitätsgrenze gibt.

Bis zum Break-even-Punkt befindet sich das Unternehmen in der Verlustzone. Im optimalen Kostenpunkt arbeitet das Unternehmen mit den niedrigsten Kosten, während im Gewinnmaximum der höchste Gewinn erzielt wird. Break-even-point, optimaler Kostenpunkt und Gewinnmaximum sind wichtige Instrumente des Controllings im Rahmen der Erfolgsplanung und -kontrolle.

Wie Sie das Ergebnis verbessern können

Ergebnisverbesserungen sind durch verschiedene Maßnahmen möglich:

- Erhöhung der Verkaufsmenge: Sie führt zu einer Zunahme der Verkaufserlöse und des Deckungsbeitrages, wodurch das Betriebsergebnis verbessert wird.
- Senkung der fixen Kosten: Eine Reduzierung der fixen Kosten ermöglicht bei unverändertem Umsatz eine entsprechende Verbesserung des Betriebsergebnisses.
- Senkung der variablen Kosten pro Stück: Eine Verminderung der variablen Stückkosten bewirkt eine Abnahme der variablen Gesamtkosten und damit eine entsprechende Erhöhung des Deckungsbeitrages.
- Erhöhung des Verkaufspreises pro Stück: Eine Erhöhung des Verkaufspreises pro Stück führt bei unveränderten Gesamtkosten zu einer Zunahme der Verkaufserlöse.

Weitere Kennzahlen um den Braek-even-Punkt

Die Aufwendungen und Erträge der Gewinn- und Verlustrechnung werden außerhalb der Buchführung statistisch in der Abgrenzungstabelle für die Kosten- und Leistungsrechnung umgeformt und ergänzt. Die neutralen (=nicht betriebsbedingten) Aufwendungen und Erträge sind von den betriebsbedingten Aufwendungen (=Kosten) und den Erträgen (=Leistungen) zu trennen.

Die betriebsbedingten Aufwendungen (=Grundkosten) sind in einem zweiten Schritt in fixe und variable Kosten zu trennen. Die fixen Kosten lassen sich wiederum in ausgabenwirksame und nicht ausgabenwirksame aufspalten. Damit ist die Verbindung zwischen der Break-even-Analyse und der zweistufigen Deckungsbeitragsrechnung hergestellt.

$$\text{Gesamtdeckungsbeitrag} = \text{gesamte Umsatzerlöse} - \text{gesamte variable Kosten}$$

K

$$\text{Deckungsbeitrag pro Stück} = \frac{\text{Gesamtdeckungsbeitrag}}{\text{Menge}}$$

Wenn Sie die Umsatzerlöse bzw. die Betriebsleistung (Umsatzerlöse) mit 100 % ansetzen, dann können Sie die Aufwendungen bzw. Kosten auf diese Größe beziehen und erhalten so wichtige Kennzahlen. Die Differenz zwischen den Umsatzerlösen und den variablen Kosten ergibt den Deckungsbeitrag I.

Beispiel: Zweistufige Deckungsbeitragsrechnung

Umsatzerlöse (Betriebsleistung)	10 000 000 €	100 %
– variable Kosten	5 200 000 €	52 %
= Deckungsbeitrag I	4 800 000 €	48 %
– fixe Kosten, ausgabenwirksam	1 800 000 €	18 %
= Deckungsbeitrag II (Cashflow)	3 000 000 €	30 %
– fixe Kosten, nicht ausgabenwirksam	1 600 000 €	16 %
= Gewinn vor Ertragssteuern	**1 400 000 €**	**14 %**

Sie können auch die Deckungsbeitragsrate ermitteln, die den Deckungsbeitrag in Prozent des Umsatzes (Betriebsleistung) angibt:

K

$$\text{Deckungsbeitragsrate} = \frac{\text{Deckungsbeitrag} \times 100}{\text{Umsatzerlöse}}$$

Den Break-even-Umsatz können Sie mit der folgenden Formel berechnen, wenn die Umsatzerlöse, die fixen Kosten und die variablen Kosten bekannt sind.

K

$$\text{Break-even-Umsatz} = \frac{\text{fixe Kosten}}{1 - \dfrac{\text{variable Kosten}}{\text{Umsatzerlöse}}}$$

Im Nenner des Bruches erscheint der Prozentsatz des Deckungsbeitrags. Daraus ergibt sich die folgende Formel.

K

$$\text{Break-even-Umsatz} = \frac{\text{fixe Kosten}}{\text{Deckungsbeitrag in Prozent}}$$

Der Beschäftigungsgrad für den Break-even-Umsatz errechnet sich aus der Gegenüberstellung von Break-even-Umsatz und den gesamten Umsatzerlösen.

K

$$\begin{array}{l}\text{Beschäftigungsgrad}\\ \text{Break-even-point}\end{array} = \frac{\text{Break-even-Umsatz} \times 100}{\text{Umsatzerlöse insgesamt}}$$

Sicherheitsstrecke und Sicherheitsgrad

Zwischen der Deckungsbeitragsrechnung und der Break-even-Analyse gibt es noch weitere Verbindungen, die sich in den Kennzahlen Sicherheitsstrecke und Sicherheitsgrad zeigen. Beide informieren darüber, ab wann eine mögliche negative Entwicklung der Umsätze zu Verlusten führt.

Die Sicherheitsstrecke gibt an, um wieviel € der Umsatz fallen kann, bis der Break-even-Punkt erreicht wird. Die Differenz zwischen den derzeitigen Umsatzerlösen und dem Break-even-Umsatz wird als Sicherheitsstrecke bezeichnet.

$$\text{Sicherheitsstrecke} = \text{Umsatzerlöse} - \text{Break-even-Umsatz}$$ K

Der Sicherheitsgrad zeigt Ihnen an, um wieviel Prozent der Umsatz fallen kann, bevor der Mindestumsatz, der Break-even-point, erreicht wird. Der Sicherheitsgrad ist das Verhältnis von Sicherheitsstrecke und Umsatzerlösen. Sie sehen, wie groß die Reserve für das Unternehmen bei einem bestimmten Umsatz und gegebenen fixen und variablen Kosten ist.

$$\text{Sicherheitsgrad} = \frac{(\text{Umsatzerlöse} - \text{Break-even-Umsatz}) \times 100}{\text{Umsatzerlöse}}$$ K

Nicht nur die absolute Höhe des Gewinns ist wichtig, sondern auch, mit welcher Sicherheit er erreicht wird.

Wenn Sie den Sicherheitsgrad und die Deckungsbeitragsrate kennen, dann können Sie die Umsatzrendite berechnen.

$$\text{Umsatzrendite} = \text{Sicherheitsgrad} \times \text{Deckungsbeitragsrate}$$ K

Beispiel

Wenn die Daten des letzten Beispiels und ein Break-even-Umsatz von 7 083 333 € zugrunde gelegt werden, ergibt sich:

Sicherheitsstrecke = 10000000 – 7 083 333 = 2 916 667 €

$$\textit{Sicherheitsgrad} = \frac{10\,000\,000 - 7\,083\,333 \times 100}{10\,000\,000} = 29{,}17\,\%$$

Umsatzrendite = 29,17 × 0,48 = 14 %

Make-or-buy-Analyse

Die Frage »Make or buy?« gehört als langfristige Optimierungsaufgabe in den strategischen Bereich: Soll sich ein Unternehmen auf seine Kernkompetenzen bzw. sein Haupttätigkeitsgebiet konzentrieren und alle anderen Aufgaben auslagern? Diese Strategie würde bedeuten, daß bestimmte Unternehmensteile und -geschäfte auf- oder abgegeben, neue dagegen aber auch erworben werden.

Diese Frage stellt sich häufig in Industriebetrieben und betrifft meist den Sachverhalt, ob einzelne Teile eines zusammengesetzten Endprodukts vom Unternehmen selbst hergestellt oder von Dritten gekauft werden sollen. Die Auslagerung betrieblicher Aktivitäten an Dritte durch Outsourcing kann sich aber auch auf Aktivitäten der Verwaltung und interne Dienstleistungen beziehen.

Die Herstellung von einzelnen Teilen eines komplexen Produkts oder eines ganzen Erzeugnisses erfordert entsprechende Fertigungskapazitäten im Unternehmen. Hierzu benötigt man Maschinen, technische Anlagen sowie Personal. Ein Kapazitätsaufbau führt zu höheren Fixkosten, wodurch sich der Break-even-Punkt nach oben verschiebt. Die Gewinnschwelle wird also erst bei einer höheren Ausbringungsmenge erreicht. Dies bedeutet für ein Unternehmen auch einen Verlust an Flexibilität.

Beispiel: Eigenproduktion oder Fremdbezug

Eine bestimmte Komponente zu einem Produkt des Unternehmens A könnte in Eigenproduktion gefertigt oder von einem Lieferanten bezogen werden. Folgende Daten sind zu berücksichtigen:

Eigenfertigung: Fixe Kosten im Jahr: 350 000 €; variable Stückkosten: 0,90 €
Fremdbezug: Einstandspreis pro Stück: 7 €

Der Break-even-point, ab dem die Eigenfertigung kostengünstiger als der Fremdbezug ist, errechnet sich wie folgt: $7x = 0{,}9x + 350\,000$; $x = 57\,377$. *Die Eigenproduktion ist aus Kostenüberlegungen erst sinnvoll, wenn die Fertigungsmenge über 57 377 Stück liegt. Wenn sie darunter liegt, dann ist es günstiger, die Eigenfertigung aufzugeben und bei Dritten einzukaufen.*

So leicht ist eine klare Antwort auf die Frage »Make or buy« nicht zu bekommen. Die endgültige Entscheidung hängt nämlich nicht nur von den kostenmäßigen Faktoren ab, eine Rolle spielt auch die verfügbare Fertigungskapazität, die Qualität der gekauften Produkte und die Einhaltung der Liefertermine durch die fremden Hersteller. Berücksichtigen Sie bei Ihrer Entscheidung also auch solche qualitativen Aspekte. Zumindest, wenn andere Unternehmen einzelne Komponenten, Aggregate oder Dienstleistungen billiger oder besser herstellen können, dann werden diese eher eingekauft werden. Kostenargumente treten dann aber in den Hintergrund, wenn durch den Fremdbezug von Produkten und Dienstleistungen eine Gefahr für das eigene Know-how oder Spezialkenntnisse besteht.

Wo ansetzen?

Wenn Sie Make-or-buy-Entscheidungen treffen: Ziehen Sie alle möglichen Dienstleistungen in die Analyse ein. Überlegen Sie, ob Marktuntersuchungen und Werbeaufgaben besser vom eigenen Unternehmen oder von Marktforschungsinstituten und Werbeagenturen wahrgenommen werden können. Im Bereich der Verwaltung stellt sich die Frage: eigene Rechtsabteilung oder fremder Rechtsanwalt, eigene EDV-Anlage oder fremdes Rechenzentrum? Bei den Werkstätten des Unternehmens müssen Sie prüfen, ob die eigenen Mitarbeiter teurer als Fremdhandwerker sind.

Die Leistungen messen durch Produktivität und Wirtschaftlichkeit

Produktivität und Wirtschaftlichkeit sind harte betriebswirtschaftliche Kennzahlen, die vor allem die Effizienz der Fertigung offenlegen.

Produktivitätskennzahlen

Die Produktivität stellt als rein technische Meßzahl den Leistungseinsatz (=Input) und das Leistungsergebnis (=Output) einander mengenmäßig gegenüber:

$$\text{Produktivität} = \frac{\text{Ausbringungsmenge (Output)}}{\text{Faktoreinsatzmenge (Input)}}$$

K

Der Leistungseinsatz umfaßt z. B. Arbeitsstunden und Materialverbrauch, das Leistungsergebnis drückt sich etwa in der Stückzahl aus.

K

$$\text{Produktivität} = \frac{\text{Produktionsleistung (Ausbringung in Stück, m, kg, l)}}{\text{Einsatz von Materialmenge, Arbeitszeit, Sachkapital}}$$

Produktivitätskennzahlen sind rein technische Meßgrößen.

Die Arbeitsproduktivität, auch als Arbeitszeitproduktivität bezeichnet, ist das Verhältnis von Leistungsmenge und Zahl der Arbeiter bzw. Beschäftigten. Die Kennzahl wird aussagefähiger, wenn die Ausbringungsmenge einer Periode auf die geleisteten Arbeitsstunden bezogen wird. Krankheiten und Überstunden der Mitarbeiter sind dann ebenso wie Kalenderunregelmäßigkeiten automatisch herausgerechnet.

K

$$\text{Arbeitsproduktivität} = \frac{\text{Ausbringung (z. B. Monat)}}{\text{geleistete Arbeitsstunden (im Monat)}}$$

Die Ausbringung eines Monats wird durch die gesamten Arbeitsstunden in diesem Zeitraum dividiert. Die Arbeitsproduktivität läßt sich leicht mit früheren Monaten vergleichen.

Eine Zunahme oder Abnahme der Arbeitszeitproduktivität kann verschiedene Ursachen haben; die Motivation der Mitarbeiter hat sich geändert, die Mitarbeiter sind qualifizierter als früher, die Ablauforganisation hat sich verbessert, oder es wurden ganz einfach leistungsfähigere Maschinen eingesetzt.

Die Kennzahl Arbeitsproduktivität kann zur Beurteilung von Rationalisierungsmaßnahmen herangezogen werden, die in der Regel zu einem höheren Wert führen. Auch Investitionsmaßnahmen haben Auswirkungen auf die Arbeitsproduktivität.

Anlagenproduktivität und Kapitalproduktivität

Mit zunehmender Mechanisierung und Automatisierung gewinnt die folgende Produktivitätskennzahl, die Anlagenproduktivität, an Aussagekraft.

$$\text{Anlagenproduktivität} = \frac{\text{Ausbringungsmenge}}{\text{gefahrene Maschinenstunden}}$$ K

Die Ergiebigkeit des Kapitaleinsatzes wird in der Kapitalproduktivität gemessen, welche die Ausbringungsmenge zu Sachkapital, z. B. Stück zu Kapitaleinsatz, in Beziehung setzt.

$$\text{Kapitalproduktivität} = \frac{\text{Ausbringungsmenge}}{\text{Sachkapital}}$$ K

Beispiel: Arbeitszeit- und Kapitalproduktivität

Die Hilser GmbH, Ulm, fertigte im Juni in 15 428 Arbeitsstunden und einem Kapitaleinsatz von 6 000 000 € insgesamt 112 543 Stück. Das Unternehmen realisierte eine Rationalisierungs- und Erweiterungsinvestition von 1 000 000 €. Bei unveränderter Beschäftigtenzahl wurden im Juli 128 758 Stück in 15 236 Arbeitsstunden gefertigt.

Die Arbeitszeitproduktivität errechnet sich als Quotient der Ausbringungsmenge durch die geleisteten Arbeitsstunden.

Juni

$$\textit{Arbeitszeitproduktivität} = \frac{112\,543}{15\,428} = 7{,}29$$

$$\textit{Kapitalproduktivität} = \frac{112\,543}{6\,000\,000} = 0{,}018757$$

Juli

$$\textit{Arbeitszeitproduktivität} = \frac{128\,758}{15\,236} = 8{,}45$$

$$\textit{Kapitalproduktivität} = \frac{128\,758}{7\,000\,000} = 0{,}018394$$

Die Investitionsmaßnahme hat damit zu einer deutlichen Erhöhung der Arbeitszeitproduktivität pro Stunde geführt, von 7,29 auf 8,45 Stück je Stunde. Dies entspricht einer Steigerung von 16 %. Die Kapitalproduktivität hat sich dagegen geringfügig verschlechtert.

Die Kennzahlen zur Wirtschaftlichkeit

Die Wirtschaftlichkeit errechnet sich aus dem Verhältnis von Erträgen zu Aufwendungen bzw. Leistungen zu Kosten.

K

$$\text{Wirtschaftlichkeit} = \frac{\text{Erträge}}{\text{Aufwendungen}}$$

Eine Unternehmung arbeitet rationell, wenn die Erträge größer als die Aufwendungen sind; die Kennzahl muß also über 1 liegen. Sind die Erträge hingegen kleiner als die Aufwendungen (Kennzahl unter 1), sollten rasch sinnvolle Maßnahmen ergriffen werden, die die Wirtschaftlichkeit wieder erhöhen. Die Daten erhalten Sie übrigens aus der Geschäfts- oder Finanzbuchhaltung, die die Höhe der Aufwendungen und Erträge ermittelt. Die Kostenrechnung liefert die Zahlen über die Leistungen und Kosten.

Die Kennzahl »Wirtschaftlichkeit« diagnostiziert die technische Wirtschaftlichkeit oder Produktivität im Sinne der technischen Ergiebigkeit, Arbeitsleistung der Mitarbeiter oder Kapazitätsauslastung. Weil in ihr aber die Preise auf den Beschaffungs- und Absatzmärkten berücksichtigt werden, erfaßt sie auch Preisveränderungen.

Die Kennzahl der Wirtschaftlichkeit des Betriebes heißt Betriebskoeffizient. Hierbei werden all jene Aufwendungen und Erträge aus der Geschäftsbuchhaltung herausgefiltert, die für die Beurteilung des eigentlichen Betriebszweckes unwichtig sind:

K

$$\text{Wirtschaftlichkeit des Betriebes} = \frac{\text{Leistungen (Betriebserträge)}}{\text{Kosten}}$$

Zunächst sind einmal die außerordentlichen, periodenfremden und betriebsfremden Aufwendungen und Erträge von den »normalen« Aufwendungen und Erträgen abzugrenzen. Damit bestimmen Sie den gewöhnlichen Erfolg, der ohne Sondereinflüsse entstanden ist. Alle Vorgänge, die nicht unmittelbar damit in Verbindung stehen, sind herauszurechnen. Sie sehen dann, wie erfolgreich das Unternehmen auf seinem eigentlichen Betätigungsfeld arbeitet. Das folgende Schaubild zeigt Ihnen, was alles herauszufiltern ist.

Betriebsfremde und außerordentliche Aufwendungen/Erträge			
Betriebsfremde Aufwendungen	**Betriebsfremde Erträge**	**Betriebliche außerordendliche Aufwendungen**	**Betriebliche außerordentliche Erträge**
• Verluste aus Wertpapierverkäufen • Hochwasserschäden • Bürgschaftsverluste • Verluste aus Wechselkursänderungen • Spenden	• Kursgewinne beim Verkauf von Aktien • empfangene Schenkungen • Erträge aus Vermietung und Verpachtung • Gewinne aus Beteiligungen	• Buchverluste beim Verkauf von Anlagegütern • außergewöhnliche Forderungsausfälle • größere Kassendifferenzen • Brandschäden, nicht durch Versicherungen gedeckt	• Buchgewinne aus Anlageverkäufen • Erträge aus der Auflösung von Rücklagen und Rückstellungen

Solche betriebsfremden Aufwendungen und Erträge sind etwa »Zinsaufwendungen« sowie »Haus- und Grundstücksaufwendungen«. Dies gilt auch für die betriebsfremden Erträge, das Gegenstück zu den betriebsfremden Aufwendungen.

Die betrieblichen außerordentlichen Aufwendungen und Erträge sind zwar durch betriebliche Vorgänge verursacht, die Vorfälle stehen aber in keiner sachlichen und zeitlichen Verbindung zur Leistungserstellung. Sie fallen unregelmäßig an, können sich auch auf einen bereits abgeschlossenen, zurückliegenden Zeitraum beziehen.

Während die Produktivität nur die technische Ergiebigkeit des Fertigungsprozesses erfaßt, fließen in die Wirtschaftlichkeit auch die Preise auf den Märkten ein. Produktivität und Wirtschaftlichkeit müssen sich deshalb nicht zwingend parallel entwickeln.

Beispiel: Wirtschaftlichkeit und Arbeitszeitproduktivität

Angenommen, die Hilser GmbH fertigte im November und Dezember in jeweils 16 000 Arbeitsstunden und Kosten von 4 500 000 € 120 000 Stück. Der Nettoverkaufspreis wäre aber von 45 €/Stück im November auf 40 €/Stück im Dezember zurückgegangen.

Die Arbeitszeitproduktivität errechnet sich wieder als Quotient der Ausbringungsmenge durch die geleisteten Arbeitsstunden.

November

$$\textit{Arbeitszeitproduktivität} = \frac{120\,000}{16\,000} = 7{,}5$$

$$\textit{Wirtschaftlichkeit} = \frac{120\,000 \times 45}{4\,500\,000} = 1{,}2$$

Dezember

$$\textit{Arbeitszeitproduktivität} = \frac{120\,000}{16\,000} = 7{,}5$$

$$\textit{Wirtschaftlichkeit} = \frac{120\,000 \times 40}{4\,500\,000} = 1{,}067$$

Die Arbeitszeitproduktivität war im Dezember gegenüber dem November unverändert geblieben. Die Wirtschaftlichkeit ist dagegen von 1,2 auf 1,067 stark zurückgegangen, eine Folge des Rückgangs des Verkaufspreises von 45 € auf 40 €.

7.3 Qualität messen

Qualität ist mehr als Fehlerfreiheit

Kunden und Gesetzgeber stellen die Führung der Unternehmen vor neue Herausforderungen, gleichgültig, ob sie Hersteller von Erzeugnissen oder Anbieter von Waren und Dienstleistungen sind. Dazu gehören erhöhte Anforderungen an Qualität, Umweltverträglichkeit und Sicherheit.

Daß die Dimension von Qualität weit über die Eigenschaft »ohne Mängel« hinausreicht, dürfte in Zeiten von Kaizen, Total Quality Management und Benchmarking jeder Führungskraft klar sein. Qualität ist die Beschaffenheit, die ein Produkt oder eine Dienstleistung im Hinblick auf vorgegebene Anforderungen erfüllen sollte. Qualitätseigenschaften müssen in der Regel anhand mehrerer Kriterien bestimmt werden. Im allgemeinen ist es der Verwendungszweck des Kunden (Kundennutzen), der die Qualitätsanforderungen bestimmt. Qualität an sich kann demnach auch kein absoluter Maßstab sein, sondern muß immer in Abhängigkeit von den Anforderungen an das jeweilige Produkt und den Service beurteilt werden.

Beispiel: Am Qualitätsbedarf vorbei?

Ein Hotel bietet nicht nur einen Weckdienst an, sondern führt ihn auch immer dann aus, wenn der betreffende Gast kurz vor Aufhebung des Frühstückbuffets noch nicht erschienen ist. Doch wird jeder Gast diesen Service als besonderes Qualitätsmerkmal einstufen?

Als besondere, kostenlose Serviceleistung legt ein Autovermieter kleine, verpackte Duftkissen mit verschiedenen Geruchsnuancen in jeden Mietwagen, bevor dieser dem Kunden übergeben wird. Erst, als sich mehrere Kunden beschweren, weil sie den Duft von Lavendel oder Orangenschalen gerade nicht bevorzugen, bietet er am Empfang verschiedene Duftkissen an, zwischen denen die Kunden, wenn sie wollen, eines auswählen können.

Ein Flaschenhersteller entwickelt einen Flaschenverschluß aus Kunststoff, der den Luftaustausch bei Weinflaschen viel besser verhindert als ein Naturkorken. Der Verschluß ist aufwendiger hergestellt als ein Kronkorken, läßt sich aber mit einem einfachen Flaschenöffner entfernen; außerdem wird er umweltfreundlich produziert und ist völlig geschmacksneutral. In Tests erweist sich jedoch, daß 80 Prozent der Weintrinker nie zu einem Wein mit einem Kunststoffverschluß greifen würden, weil sie den Naturkorkverschluß nie als Qualitätsmangel, eher im Gegenteil: als Qualitätsmerkmal, betrachtet haben.

Welche Dimensionen Qualität hat

Die Beurteilungskriterien für Qualität hängen wohl enger als jeder andere Maßstab mit der Art der Produkte oder Dienstleistungen zusammen. Demnach können Kennzahlen zur Qualität auch wieder nur über weiche Messungen (per Befragung, Tests, etc.) ermittelt werden. Dennoch gibt es einige Faktoren, die bei Qualitätsmessungen immer wieder entscheidend sind.

Zu den wichtigsten Dimensionen der Qualität zählen:

- Fehlerfreiheit/Präzision,
- Sicherheit,
- Vollständigkeit,
- Konformität,
- Innovation bzw. Originalität,
- Klasse.

Wenn eine festgelegte Forderung nicht erfüllt wird, spricht man von Fehlern. Sind gewisse Abweichungen zulässig, spricht man von Toleranz. In der Betriebspraxis wird es kaum eine Qualitätsvorgabe geben, die solche Toleranzen nicht zulassen würde – im Prinzip ist dies letztendlich auch ein Problem, was überhaupt noch meßbar ist. Qualitätsfehler liegen jedenfalls erst dann vor, wenn der ermittelte Wert außerhalb der Toleranzgrenze liegt.

Wenn Fehler auftreten, müssen Sie genau untersucht werden:

- Fehlerart: Was für ein Fehler? Welche Bedeutung hat der Fehler?
- Fehlerort: Wo ist der Fehler aufgetreten? Welche Kostenstelle ist betroffen?
- Fehlerursache: Warum ist der Fehler entstanden?
- Fehlerhäufigkeit
- Fehlerkosten

Sicherheit bedeutet risikolose Bedienung und Gebrauch; in diesem Rahmen setzen TÜV- und andere Zertifizierungen entsprechende Maßstäbe. Diese Dimension ist bei Kinderspielzeug z. B. besonders relevant. Die Dimension der Vollständigkeit dürfte noch am einfachsten zu beurteilen sein. Konformität bedeutet, inwieweit das Produkt oder die Leistung mit vorgegebenen Standards übereinstimmt; Kriterien könnten sein: »erfüllt/erfüllt nicht Mindeststandard«, »entspricht/entspricht nicht dem Standard«, »übersteigt Standard«.

Wie innovativ oder originell ein Produkt oder ein Service ist, läßt sich nur im Vergleich mit ähnlichen Leistungen beurteilen; hier sind natürlich auch subjektive Bewertungen gefragt. Auch gilt die Originalität als Qualitätsmerkmal natürlich nur für bestimmte Produkte/Leistungen. Bei anderen hingegen ist überhaupt keine Kreativität gefragt: Stellen Sie sich ein Taxiunternehmen vor, das seine Fahrgäste äußerst kreativ immer wieder über neue Umwege zum gewünschten Ziel bringt, nicht aber auf die Präzision, also die kürzeste Fahrtroute, achtet.

Die Dimension der »Klasse« ist auch schwer objektivierbar. Hier spielen Vorstellungen von Statussymbolik, Ästhetik, Design, Stil und Mode hinein – für die Schneiderin oder den Autoproduzenten sicher ein wichtiges Kriterium.

Bei jeder Beurteilung der Qualität Ihrer Produkte oder Dienstleistungen müssen Sie fragen, welche der verschiedenen Dimensionen entscheidend sind und wie sie gewichtet werden, damit die Gesamtqualität gemessen werden kann. Im folgenden Beispiel finden Sie eine Tabelle; wenn Sie anstatt der unterschiedlichen Produkte zwei vergleichbare Leistungen einsetzen, haben Sie gleich eine Vorlage für einen Qualitätsvergleich, z. B. für eines Ihrer Produkte mit dem Konkurrenzprodukt.

Beispiel: Qualitätsanforderungen

Vergleichen Sie doch einmal, welche Qualitätsanforderungen Sie an eine Anzeige im Hochglanzmagazin und welche Sie an Wasserfarben, die Sie Ihrem Kind schenken wollen, stellen würden.

Qualitäts-dimension	***Kinderwasserfarben***			***Anzeige in einer Zeitschrift***		
	Relevanz	*Gewichtung*	*Punkte*	*Relevanz*	*Gewichtung*	*Punkte*
Fehlerfreiheit/ Präzision	*ja (Deckel soll schließen etc.)*	30		*ja (Text- und Bildqualität)*	30	
Sicherheit	*ja (Ungiftigkeit, keine scharfen Kanten etc.)*	40		*nein*	0	
Vollständigkeit	*ja (mit Pinsel, Deckweiß etc.)*	20		*nein*	0	
Konformität	*ja (wie üblich 10 unterschiedliche Farben)*	10		*nein*	0	
Innovation/ Originalität	*nein*	0		*ja (Werbeaussage)*	50	
Klasse	*nein*	0		*ja (Stil, Ästhetik)*	20	

Wie Qualität quantitativ gemessen werden kann: Materialabfall, Ausschußquote und Ausschußstruktur

Die Kennzahl Materialabfall stellt Abfallmenge und Materialeinsatzmenge einander gegenüber; zeigt also, wieviel Prozent des Materials »für den Müll« verarbeitet wurde:

K

$$\text{Materialabfall} = \frac{\text{Abfallmenge} \times 100}{\text{Materialeinsatzmenge}}$$

Die Ausschußquote gibt den prozentualen Anteil des Ausschusses an der gesamten Produktion wieder. Im Zähler des Bruches steht der Ausschuß, z. B. in Stück, kg, t. Im Nenner wird dann die ausgebrachte Menge in Stück, kg oder t eingesetzt. Möglich ist auch, daß Sie im Nenner des Bruches nur die mängelfreie Produktion einsetzen.

K

$$\text{Ausschußquote} = \frac{\text{Ausschuß} \times 100}{\text{Gesamte Produktion}}$$

Ausschuß und ausgebrachte Menge können Sie auch wertmäßig erfassen.

Die Ausschußstruktur unterrichtet über den prozentualen Anteil der einzelnen Ausschußursachen am Gesamtausschuß:

K

$$\text{Ausschußstruktur} = \frac{\text{Ausschuß von} \ldots \times 100}{\text{Gesamte Produktion}}$$

Während im Nenner des Bruches wieder die ausgebrachte Menge in Stück, kg oder t eingesetzt wird, erscheinen im Zähler Material-, Arbeits-, Betriebsmittel- oder Konstruktionsfehler. Möglich ist auch hier, daß Sie in Zähler und Nenner des Bruches die entsprechenden Werte einsetzen.

QUALITÄTSMANAGEMENT

Qualitätsmanagement hat zum Ziel, daß die Qualitätsanforderungen nicht nur eingehalten werden, sondern auch Verbesserungen vorangetrieben werden. Was in der Qualitätsplanung vorgegeben wird (quantitative und qualitative Qualitätsmerkmale), wird in der Qualitätsprüfung mit den Ist-Vorgaben verglichen. Hier wird festgestellt, inwieweit die Produkte oder Tätigkeiten die geforderten Anforderungen erbringen. Die Daten dazu sollten in allen Prozeßstufen gesammelt und in ihrem jeweiligen Ursprungsort erstellt werden. Ein Weg zur Null-Fehler-Fertigung kann die Einführung einer statistischen Qualitäts- und Fertigungskontrolle sein, in deren Rahmen die Meßwerte regelmäßig erhoben und ausgewertet werden.

Qualitätsvorgaben durch Normen und Standards

In kleineren Unternehmen können die Belange von Qualität, Umwelt und Sicherheit meist nur vom allgemeinen Management wahrgenommen werden; größere Unternehmen hingegen können gezieltes Qualitäts- und Umweltmanagement einsetzen. Verantwortung für diese Bereiche übernehmen der Qualitätsleiter, der Umweltbeauftragte oder Sicherheitsverantwortliche. Viele Unternehmen haben das Qualitätsmanagement auf der Grundlage der ISO-Normenreihe 9000 und das Umweltmanagement auf der ISO-Normenreihe 14 000 aufgebaut.

ISO-Zertifizierungen

Die Normenreihe ISO 9000 ist ein Konzept des Qualitätsmanagements, das anhand eines Kataloges von 20 Punkten feste Standards für die Qualität aller Bereiche vorgibt (z. B. Verantwortung der Leitung, Qualitätsmanagementsystem, Vertragsprüfung, Beschaffung, Prozeßlenkung, Prüfungen, Qualitätsaudit, Wartung/Kundendienst). Industrieunternehmen, die von der Produktidee bis zum Verkauf alles abdecken, müssen nach ISO 9001 alle 20 Punkte der Normforderungen erfüllen. Wer nur nach Kundenzeichnungen fertigt, fällt unter ISO 9002 und muß nur einen Teil des 20-Punkte-Kataloges erfüllen. Unternehmen der verschiedensten Wirtschaftszweige ordnen ihr Qualitätsmanagementsystem inzwischen nach dem internationalen Normensystem

ISO 9000. Wer das Zertifikat erhält, hat bewiesen, daß er über ein gut funktionierendes Qualitätsmanagementsystem verfügt und Produkte von gleichbleibender Qualität entwickeln und liefern kann. Das Zertifikat muß später wieder bestätigt werden.

Wer die ISO-Qualitätsnorm erfüllen will, muß auch eine periodische Bewertung des Führungssystems vornehmen. Dies erfolgt durch ein Audit, das die Aktivitäten und Ergebnisse der Qualität hinsichtlich der Produkte und Verfahren beurteilt.

Umweltmanagement nach ISO-Normenreihe 14 000

Gesetze und technische Vorschriften regeln bislang den Umweltschutz. Aus mehreren Gründen werden Umweltfragen in Zukunft für die Unternehmen wichtiger:

- Kunden, Mitarbeiter und Öffentlichkeit legen mehr Wert auf die Umwelt.
- Stärkere Anwendung des Verursacherprinzips im Umweltschutz.
- Hersteller muß die Produktverantwortung für die ganze Lebensdauer des Produktes übernehmen, ferner mehr Produkthaftpflicht.
- In Zukunft sind höhere Energie- und Rohstoffpreise als heute zu erwarten, Entsorgungskosten werden hoch bleiben.

Ein umfassendes Umweltmanagement beinhaltet Planung, Umsetzung und Durchsetzung sowie Kontrolle und Verbesserung. Die Normenreihe ISO 14 000 initiiert ein Umweltführungssystem und beinhaltet wie das Qualitätsmanagement eine Vielzahl von Einzelnormen. Das Umweltmanagementsystem will im Unternehmen Verbesserungen erreichen; alle Tätigkeiten, Produkte und Dienstleistungen werden dabei im Hinblick auf Umweltverträglichkeit geprüft und bewertet: Ressourcenverbrauch (Rohstoffe, Wasser, Energie) und Emissionen (Luft, Wasser, Boden, Abfälle, Lärm) wären allen voran zu nennen. Vor allem Gefahrenstoffe und Störfälle erfordern eine besondere Analyse.

Vom European Quality Award zum Total Quality Management

Qualitätsmanagement messen und bewerten

Die European Foundation for Quality Management entwickelte ein Modell, das die Leistungen des Qualitätsmanagements umfassend meßbar macht. Das Modell des European Quality Award berücksichtigt Kundenzufriedenheit, Mitarbeiterzufriedenheit, Fertigungsprozesse und Geschäftsergebnisse sowie gesellschaftliche Verantwortung. Das Modell geht von 1 000 Punkten (100 %) aus und verteilt diese entsprechend zur Hälfte auf Potentiale (5 Kriterien) und Ergebnisse (4 Kriterien). Die Potentiale sind die Grundlage für das Unternehmen, während das Geschäftsergebnis als Endresultat finanzielle Ergebnisse, zum anderen aber auch Meßgrößen wie Lieferbereitschaft, Durchlaufzeiten und Kundenreklamationen erfaßt.

Modell des European Quality Award für umfassendes Qualitätsmanagement			
	Potentiale		
1	Führung	100 Punkte	10 %
2	Politik und Strategie	80 Punkte	8 %
3	Mitarbeiterorientierung	90 Punkte	9 %
4	Ressourcen	90 Punkte	9 %
5	Prozesse	140 Punkte	14 %
		500 Punkte	50 %
	Ergebnisse		
6	Kundenzufriedenheit	200 Punkte	20 %
7	Mitarbeiterzufriedenheit	90 Punkte	9 %
8	gesellschaftliche Verantwortung	60 Punkte	6 %
9	Geschäftsergebnis	150 Punkte	15 %
		500 Punkte	50 %

Auch die Sicherheit einbeziehen

Ergänzend zu Messungen der Qualität und Umweltverträglichkeit ist die Arbeitssicherheit ein wichtiger Faktor, um ein Unternehmen umfassend beurteilen zu können. Auch hierfür hat sich ein Führungssystems entwickelt, das

- die Mitarbeiter über die Arbeitssicherheit unterrichtet,
- Mitarbeiter vor Gefahren am Arbeitsplatz schützt,
- für allgemeinen Gesundheitsschutz sorgt,
- Berufskrankheiten verhüten soll.

Folgende harte Kennzahlen zur Arbeitssicherheit können Sie bilden:

- Anzahl der Unfälle in Beziehung zu den geleisteten Stunden
- Erkrankungen in Relation zu den geleisteten Stunden.

Damit lassen sich dann die verlorenen Arbeitstage und die entstandenen Kosten ermitteln.

Was Total Quality Management (TQM) bedeutet

Ein Unternehmen kann ein Qualitätsmanagementsystem aufbauen, dann ein Umweltmanagementsystem einrichten und später die Arbeitssicherheit aufnehmen. Damit ist es auf dem besten Wege zum umfassenden »Total Quality Management«, das sämtliche Anspruchsgruppen zu befriedigen versucht. Umfassend bedeutet, daß bei allen Prozessen, Produkten und Leistungen im Unternehmen Qualität, Umweltschutz und Arbeitssicherheit unter Einhaltung wirtschaftlicher Kriterien berücksichtigt und permanent verbessert werden. Bezugsbasis ist ein Referenzmodell, an dem die Stärken und Verbesserungsmöglichkeiten gemessen werden. Dies wird in einem Assessment durchgeführt, wobei Mitarbeiter des Unternehmens und externe Personen teilnehmen sollten. Dieses Verfahren ermöglicht eine Leistungsdiagnose des Unternehmens.

7.4 Kernkompetenzen bestimmen

Kundenorientierung und das Kundenmanagement sind bei vielen Unternehmen oberstes Ziel; dafür wird eine Menge an finanziellen, personellen und materiellen Ressourcen bereitgestellt. Umso wichtiger, Kundennutzen und Kernkompetenzen richtig zu erkennen, will ein Unternehmen seine Wettbewerbspositionen auf- und ausbauen. Ein Unternehmen, das die Kundenbedürfnisse und -wünsche besser erfüllen kann als die Konkurrenz, ist dieser jedenfalls um eine Nasenlänge voraus. Besser als die anderen die Kundenanforderungen erfüllen zu können, ermöglicht dies eine führende Position im Wettbewerb. Das Unternehmen kann seine Ressourcen Wissen, Erfahrung und Technologie besser kombinieren und auf den Markt ausrichten.

Während Standardfähigkeiten im Wirtschaftsleben häufig vorkommen, sind Schlüsselfähigkeiten oder gar Kernkompetenzen seltener.

Kernkompetenzen

- können in einem überschaubaren Zeitraum von der Konkurrenz nicht kopiert werden,
- sind nicht durch eine andere Technologie zu ersetzen,
- spielen eine wichtige Rolle im Unternehmen.

Sie entstehen z. B. durch die Kombination von ausgereifter Technik und einem dem Produkt entsprechenden Design. Allerdings verlieren auch sie im Laufe der Zeit an Wert, ihr Vorsprung geht verloren, sie werden zu Schlüssel- und Standardfähigkeiten.

Wenn ein Unternehmen erfolgreich bleiben will, dann darf es sich nicht auf dem einmal errungenen Vorsprung ausruhen, sondern muß seine Kernkompetenzen permanent weiterentwickeln.

Checkliste: So kann ein Unternehmen Kernkompetenzen entwickeln

- Welche Anforderungen stellen Markt und Kunden (Kundenanforderungen und -bedürfnisse)?
- Hat das Unternehmen eine Vision, Grundsätze und Leitbilder entwickelt?
- Besteht ein Bezug zum Kundennutzen?
- Ist der Rahmen der Kernkompetenzfelder bestimmt?
- Sind die Kernkompetenzen definiert?
- Werden genügend Ressourcen für die Kernkompetenzen bereit gestellt?
- Werden die Kernkompetenzen eingesetzt?
- Werden auch neue Kernkompetenzen für neue Bereiche entwickelt?

Was die vorgestellten Kennzahlen leisten

Die besprochenen Kennzahlen zur Leistungserstellung haben die Aufgabe, die technische Effektivität und die Wirtschaftlichkeit der Fertigungsabläufe festzustellen. Produktivität, Wirtschaftlichkeit und Rentabilität sind wichtige Instrumente, die Sie darüber informieren, ob eine effektive Fertigung erfolgt ist und – etwa im Zuge von Rationalisierungsmaßnahmen – Verbesserungen eingetreten sind.

Die Meßzahlen zur Leistungsbeurteilung, insbesondere zur Qualität der Produkte und Prozesse, haben eher prospektiven Charakter. Verschlechtert sich die Qualität, findet nicht unbedingt gleichzeitig auch eine finanzielle Verschlechterung statt – aber ein zukünftiger Einbruch wird wahrscheinlicher. Leistungsmessungen sollten daher im innerbetrieblichen Zeitvergleich regelmäßig eingesetzt werden. Wichtiger sind sie jedoch noch als Meßlatte im zwischenbetrieblichen Vergleich. Denn Position und Perspektiven eines Unternehmens hängen wesentlich vom Marktgeschehen, also dem Kundenverhalten und der Wettbewerbsfähigkeit der Konkurrenz, ab.

8 Das Innovationspotential messen

Erfolgreich kann heute nur sein, wer frühzeitig Marktveränderungen erkennt und sie rasch in neue Produkte umzusetzen weiß. Voraussetzungen dazu sind nicht nur Kreativität und eine sorgfältige Problemanalyse, sondern natürlich auch Innovationsbereitschaft. Mit Kennzahlen zur Entwicklungsperspektive, deren Berücksichtigung die Balanced Scorecard fordert (Seite 47 ff.), können Sie das Innovationspotential Ihres Unternehmens besser abschätzen, Forschungs- und Entwicklungsanstrengungen und deren Erfolge meßbar machen.

Im folgenden soll es allerdings um das Innovationspotential im engeren Sinn gehen. Die Entwicklungsperspektive beinhaltet vor allem auch das Potential, das von allen Mitarbeitern in das Unternehmen eingebracht wird (Motivationsfaktor, Mitarbeiterzufriedenheit etc.).

8.1 Was Forschung und Entwicklung leisten

Während die vorwiegend an Universitäten und Forschungsinstituten betriebene Grundlagenforschung den Wissensbestand zu vergrößern sucht, zielt die angewandte, stark praxisorientierte Forschung im Unternehmen darauf, mit wissenschaftlichen Methoden den Weg für Innovationen freizumachen. Die Entwicklung, die der angewandten Forschung folgt, betreibt die wirtschaftliche Nutzbarmachung der erzielten Ergebnisse. Ergebnisse sollen dabei marktreife neue Erzeugnisse und verfahrenstechnische Verbesserungen sein. Doch wenn sich die Neuentwicklungen nicht verkaufen lassen, nützt der ganze Innovationsaufwand nichts. Aktivitäten in Forschung und Entwicklung (F&E) sollen natürlich indirekt zu mehr Umsatz und Gewinn führen.

Die F&E entwickelt Neuprodukte, wenn eine entsprechende Nachfrage erwartet wird. Sie konzentriert sich aber nicht nur auf »echte Innovationen«, sondern betreibt auch die Weiterentwicklung von Werkstoffen und Erzeugnissen, für die bereits ein Markt besteht. Außerdem gelten ihre Bemühungen neuen und effizienteren Herstellungsverfahren – sei es die Konstruktion einzelner Maschinen und Roboter oder die Konzeption kompletter Fertigungsanlagen.

In der Entwicklungsphase werden die Ideen auf ihre Umsetzung und technischen Anforderungen hin überprüft, z. B. neue Materialien auf ihre Belastbarkeit oder Reißfestigkeit. Daneben werden für bestehende Produkte neue

Anwendungsgebiete erschlossen. Hier fällt auch die Entscheidung über das Produktdesign, das, insbesondere wenn sich die Produkte in Qualität und Preis nur noch wenig unterscheiden, ein kaufentscheidender Faktor sein kann; die professionelle Produktgestaltung wird immer wieder als Möglichkeit gesehen, sich von Konkurrenten abzugrenzen. In manchen Unternehmen wird die F&E durch eine gesonderte Abteilung »Anwendungstechnik« unterstützt, die auch Serviceleistungen für Kunden erbringt und Schulungsmaßnahmen übernimmt. In der Kundenberatung findet sich ein weiterer Ideenlieferant, dort wird nicht nur ständig der Kontakt zu den Kunden gepflegt, sondern mit ihnen gemeinsam auch nach konkreten Problemlösungen gesucht – individuelle Kundenanforderungen waren schon oft Ausgangspunkt für eine Produktverbesserung oder Neuentwicklung.

Drei Viertel aller Forschungs- und Entwicklungsausgaben in Deutschland finanziert die Wirtschaft. Fast 90% davon entfallen auf die Chemische und Pharmazeutische Industrie, Stahl-, Maschinen- und Fahrzeugbau sowie Elektrotechnik und Feinmechanik/Optik. Weil bei der industriellen Forschung die kommerzielle Verwertbarkeit im Mittelpunkt steht, agiert sie kurzfristiger und rationeller als die unabhängige Forschung. Die heutigen Marktbedingungen zwingen die F&E-Abteilungen geradezu, immer rascher konkrete Ergebnisse vorzuweisen.

Wie Innovationen gefördert werden

Forschungskosten können als Forschungs- und Entwicklungswagnisse in die Preise einkalkuliert werden. So finanzieren bestehende die neuen Produkte. Die Finanzierung der F&E-Kosten kann auch aus dem Gewinn oder aus privaten Mitteln der Gesellschafter erfolgen. Vor allem im technischen Bereich schafft schließlich auch der Staat durch seine Fördermaßnahmen innovationsfreundliche Rahmenbedingungen. Dies reicht von Steuererleichterungen über Subventionen bis zur Gewährung von Forschungsaufträgen.

Doch der Staat fördert insbesondere die Erforschung von Technologien, deren Bedeutung über das einzelne Unternehmen oder die Branche hinausgeht: die sogenannten Schlüsseltechnologien, die für die Wettbewerbsfähigkeit eines Landes von zentralem Interesse sind. Klar, daß davon vor allem Großunternehmen profitieren. Ein anderes Hauptziel der staatlichen Forschungs- und Technologiepolitik ist daher der Wissens- und Technologietransfer in mittelständische und kleinere Unternehmen, die in der Regel und im Gegensatz zu den großen von vornherein über keine eigenen Kapazitäten für Forschung und Entwicklung verfügen. Wie neue Erkenntnisse der Wissenschaft in die Betriebspraxis umgesetzt werden, ist nicht zuletzt ein Kommunikationsproblem; daher muß ein leichter Zugang zu bereits vorhandenem technologischen Wissen bei Forschungsinstituten, Hochschulen, freien Erfindern und Dokumentationsstellen möglich sein.

Die Förderung der externen Vertragsforschung kommt besonders kleinen und mittleren Unternehmen zugute. Die Max-Planck-Gesellschaft und die Fraunhofer-Gesellschaft können zur Lösung technischer Probleme herangezogen werden. Kleine und mittlere Unternehmen können auch Fachinformationen bei den Industrie- und Handelkammern bzw. Handwerkskammern einholen; diese können auch Unternehmensberater vermitteln.

8.2 Forschungs- und Entwicklungsanstrengungen beurteilen

Das Potential der Kreativen

In welchem Umfang ein Unternehmen über Forschungs- und Entwicklungskapazitäten verfügt, können Sie ersehen anhand absoluter Zahlen wie

- der Zahl der Beschäftigten im F&E-Bereich,
- der Höhe der laufenden Kosten
- und der Kosten für Investitionen.

Welche Bedeutung ein Unternehmen der Forschung und Entwicklung beimißt, läßt sich auch durch den Anteil der F&E-Mitarbeiter an der gesamten Belegschaft erkennen; allerdings spielt natürlich hier auch die Branche eine entscheidende Rolle.

$$\frac{\text{Beschäftigte in Forschung und Entwicklung} \times 100}{\text{Gesamtbelegschaft}} = \%$$

K

Beispiel: Beschäftigte in Forschung und Entwicklung

Jahr	*Gesamtbelegschaft*	*Beschäftigte in Forschung und Entwicklung*	*%*
1999	6 460	294	4,6
2000	6 570	312	4,7
2001	6 620	342	5.2
2002	6 810	348	5,1

Auch die Kompetenz der in den Laboratorien und Entwicklungsabteilungen beschäftigten Mitarbeitern ist ein Indikator für die Entwicklungsperspektive. So können Sie prüfen, wie hoch der Anteil derer ist, die ein naturwissenschaftliches Studium absolviert haben; mit dieser Zahl bestimmen Sie das Forschungspotential des Unternehmens. In Großunternehmen, etwa der chemisch-pharmazeutischen Industrie, kann auch relevant sein, wie sich die Mitarbeiter auf die einzelnen Profit-Center verteilen, z. B. pharmazeutische Forschung, Pflanzenschutzforschung, Metallforschung.

In diesem Zusammenhang sei auch noch einmal auf die Messungen im Personalbereich verwiesen. Kennzahlen wie Weiterbildungsstunden oder die Fluktuationsrate beeinflussen das globale Entwicklungspotential eines Unternehmens ganz erheblich.

Aufwendungen für Forschung und Entwicklung

Die immer komplexer und anspruchsvoller werdenden Produkte erfordern mehr Forschungs- und Entwicklungsarbeit. Die Forschungsintensität eines Unternehmens wird in der Relation Forschungsbudget zu Jahresumsatz gemessen. Diese Kennziffer sollte jährlich erhoben werden.

K

$$\frac{\text{Aufwendungen für Forschung und Entwicklung} \times 100}{\text{Jahresumsatz}} = \quad \%$$

Die Industrie wendet im Durchschnitt 3 % ihres Umsatzes für Forschung und Entwicklung auf. Manche Unternehmen erreichen Spitzenwerte von 15 bis 20 % der Umsatzerlöse. Wichtig ist, wie sich die Aufwendungen für Forschung und Entwicklung auf die einzelnen Bereiche verteilen; für jeden sollte die Kennzahl eigens gemessen werden.

Der Prozentsatz der Forschungskosten am Umsatz ist für pharmazeutische Produkte besonders hoch, während er für Konsumartikel niedrig ist.

Die Auswertung empirischer Untersuchungen über die Forschungs- und Entwicklungstätigkeit von Unternehmen unterschiedlicher Größenordnung zeigt, daß kleine und mittlere Unternehmen in großem Umfang Forschungs- und Entwicklungsarbeit leisten, wenn der technische Fortschritt in einer Wirtschaftsbranche bestimmend ist, z. B. in der Chemie, der Elektrotechnik, im Maschinenbau. Solange die Forschung nicht in einer Wirtschaftsbranche entscheidend ist, Beispiel Nahrungsmittelindustrie, besitzen kleine und mittlere Unternehmen jedoch selten eigene Forschungs- und Entwicklungsabteilungen.

Außer den laufenden Kosten für Forschung, Entwicklung und Anwendungstechnik sind die Investitionen zu berücksichtigen. In forschungsintensiven Branchen wie der Pharmaindustrie kann bis zu einem Drittel der Investitionen auf den Bereich F&E entfallen.

Ideen, Ideen!

Jede Innovation beginnt als Idee. Für Forschung, Entwicklung und Erprobung braucht man um so mehr Zeit, je komplizierter und aufwendiger das anvisierte Verfahren oder Neuprodukt ist. Ein effektives Innovationsmanagement achtet darauf, daß F&E-Mitarbeiter genügend Freiraum für die innovative, kreative Gestaltung ihrer Arbeit besitzen. Spezialisten der verschiedenen Fachrichtungen sollten vor allem in Teamarbeit und in kreativen Sitzungen ihr Wissen und Know-how austauschen können.

Die Entwicklung neuer Ideen kann durch bestimmte Methoden gefördert werden; im Kasten finden Sie eine Übersicht über die wichtigsten Kreativitätstechniken.

W-Fragen	Osborn-Frage-katalog	Brain-storming	Morpho-logische Methode	Synthetik
Was? Wie? Warum? Wo? Wer?	Anregungen werden durch Anpassungen an Personen, Sachen oder die Natur gefunden. Kombinationen, Änderungen, Vermehrungen und Verminderungen liefern ebenfalls Ideen.	Verfahren der Ideenfindung in Gruppen durch Beiträge der Teilnehmer; vorgetragene Ideen ausbauen, auch ausgefallene Ideen sollen eingebracht werden. Sonderform: Methode 635	Das zu lösende Problem wird in Teilprobleme zerlegt. Für diese werden einzelne Lösungsalternativen gesucht. Die Teillösungen werden ins übergeordnete Problem eingebracht.	Verfahren zur Suche von Alternativen für die Lösung eines Problems. Dabei werden Methoden der Verfremdung und der stufenweisen Durchdringung angewandt.

Den Erfindungsreichtum Ihrer Mitarbeiter sollten Sie in die Analyse Ihres Innovationspotentials einbeziehen. Mit entsprechenden Verhältniszahlen lassen sich Meßlatten für Ihr Ideenmanagement festlegen. Denkbar wären hier z. B. Kennzahlen wie:

- eingebrachte Ideen (insgesamt, pro Mitarbeiter, pro Team),
- verwirklichte Ideen (insgesamt, pro Mitarbeiter, pro Mitarbeiter in F&E),
- Anzahl der Versuchsmodelle bzw. Prototypen,
- Anteil der verwirklichten Prototypen.

Für die Beurteilung des operativen Ablaufs können Sie auch die Wirksamkeit der eingesetzten Techniken überprüfen. Auch für die Bildung von Kennzahlen gilt: Der Phantasie sind keine Grenzen gesetzt!

Produktideen erhält ein Unternehmen zwar von den eigenen Mitarbeitern. Viel wichtiger sind aber zumindest für mittelständische Betriebe die Anstöße von außen, etwa von Kunden, Lieferanten und Konkurrenten.

Erfolgsmessungen im Forschungs- und Entwicklungsbereich

Innovativ zu sein bedeutet, neue Produkte, aber auch neue Verfahren auf allen Ebenen und in allen Bereichen des Unternehmens zu entwickeln. Neuprodukte werden vor allem durch Modeänderungen und Geschmackswandel, Erfindungen und Verbesserungen in der Technologie, Werbung, Märkte mit Sättigungserscheinungen oder eine Vergrößerung des Aktionsradius des Unternehmens angeregt.

Die Anwendung und Auswertung der folgenden Kennzahlen gibt Ihnen Aufschluß über die meßbaren Erfolge der F&E:

- Umsatzanteil der neuen oder verbesserten Produkte (in Prozent),
- Gewinnanteil der neuen oder verbesserten Produkte (in Prozent),
- Einnahmen aus dem Verkauf von Patenten,
- erhaltene Lizenzgebühren.

Denken Sie daran, die absoluten Zahlen regelmäßig zu beobachten und ihre Entwicklung mit einem Index zu verfolgen (siehe Seite 188). Innovationen innerhalb des Unternehmens müssen mit anderen Messungen überprüft werden (Prozesse, Leistungstreiber).

9 Investitionen richtig einschätzen

Investitionen haben für ein Unternehmen langfristige Auswirkungen. Sie verursachen zunächst erhebliche Ausgaben, die in Erwartung höherer zukünftiger Einnahmen gemacht werden. Gleichzeitig sind sie mit einer langfristigen Kapitalbindung verbunden, was die unternehmerische Flexibilität einschränkt und das Risiko erhöht – und je länger Investitionen vorausgeplant werden müssen, umso schwieriger und ungenauer wird die unternehmerische Planung.

Investitionen verdienen schon deshalb die besondere Aufmerksamkeit der Unternehmensleitung, weil sie einen nachhaltigen Einfluß auf das Unternehmenswachstum und die Eigenkapitalrendite haben. Im Rahmen der Planung, Realisierung und Kontrolle von Investitionsvorhaben können Sie jedoch Kennzahlen einsetzen, die Ihnen bei Ihrer Entscheidungsfindung helfen. Mit Hilfe von Investitionsrechnungen oder Investitionsrechenverfahren können Sie ferner die Ein- und Auszahlungsvorgänge verschiedener Investitionsalternativen mit dem Ziel prüfen, das Investitionsprojekt auszuwählen, das dem Unternehmensziel am besten entspricht.

Investitionsplanungen und -entscheidungen werden von den Unternehmen individuell und selbständig getroffen. Die Preise auf den Märkten und die Ertragslage entscheiden maßgebend über den Umfang und die Art der Investitionen. Daneben kann auch der Staat die Investitionsentscheidungen beeinflussen: indirekt durch geeignete Rahmenbedingungen und direkt durch Vergünstigungen wie Investitionszuschüsse, Steuervergünstigungen und Kreditverbilligungen.

Die Umwandlung von flüssigen Mitteln in Sachgüter, Dienstleistungen und Forderungen ist Investition im weiteren Sinne. Die flüssigen Mittel können aus Finanzierungsvorgängen oder aus dem Cashflow stammen. Spricht man von Investition im engeren Sinne, meint man den Einsatz finanzieller Mittel im materiellen Anlagevermögen.

INVESTITIONSARTEN

- Bruttoinvestitionen sind die Summe aller in einer Periode durchgeführten Investitionen.
- Wenn von den Bruttoinvestitionen die Abschreibungen abgezogen werden, dann erhalten Sie die Nettoinvestitionen.
- Anlageinvestitionen sind Investitionen im Anlagevermögen (Fabrikhallen, Maschinen), während Vorratsinvestitionen zu einer Erhöhung der Lagerbestände an Roh-, Hilfs- und Betriebsstoffen sowie fertigen und unfertigen Erzeugnissen führen.
- Ersatzinvestition ist der Austausch einer verbrauchten Anlage durch eine neue gleichartige Anlage. Die betriebliche Kapazität bleibt bei den reinen Ersatzinvestitionen unverändert.
- Rationalisierungsinvestition bedeutet, eine noch funktionierende Anlage durch eine bessere zu ersetzen, sei es, um Kosten einzusparen oder qualitativ hochwertigere Produkte herstellen zu können. Die neuen Maschinen können zu einer Vergrößerung der Kapazität und zu niedrigeren Kosten, insbesondere Personalkosten, führen. Die Produktivität des Unternehmens wird durch Rationalisierungsinvestitionen erhöht.
- Eine Erweiterungsinvestition ermöglicht eine Ausweitung der betrieblichen Kapazität, das Leistungspotential wird quantitativ vergrößert. Die Investitionstätigkeit der Unternehmen in Deutschland hat sich mehr und mehr von den Erweiterungsinvestitionen zu den Ersatzinvestitionen und den Rationalisierungsinvestitionen verlagert.

9.1 Mit Kennzahlen Investitionen planen und steuern

Investitionsquote und Investitionsdeckung

Um Ihre Investitionsmaßnahmen regelmäßig zu messen, können Sie folgende Kennzahlen einsetzen:

- Investitionsquote in Relation zum Anlagevermögen oder den Umsatzerlösen,

- Investitionsstruktur,
- Investition pro Mitarbeiter/Abteilung/Profit Center,
- Investitionsdeckung.

Die Investitionsquote stellt eine Beziehung zwischen den Investitionen und dem Anlagevermögen bzw. den Umsatzerlösen her. Die Zugänge im Anlagevermögen während eines Geschäftsjahres ergeben die Höhe der Investitionen:

K

$$\text{Investitionsquote} = \frac{\text{Investitionen} \times 100}{\text{Anlagevermögen}}$$

Wenn Sie die Investitionsquote durch eine Gegenüberstellung der Investitionen mit den Umsatzerlösen ermitteln, dann erscheinen die Umsatzerlöse im Nenner des Bruchs:

K

$$\text{Investitionsquote} = \frac{\text{Investitionen} \times 100}{\text{Umsatzerlöse}}$$

Einen weiteren Einblick vermittelt die Kennzahl Investitionsstruktur, die den Anteil der einzelnen Investitionsarten an den gesamten Investitionen zeigt. Hier können Sie etwa die Investitionen wie Ersatzbeschaffung, Rationalisierung und Kapazitätserweiterung im Zähler des Bruchs einsetzen, während im Nenner die gesamten Investitionen erscheinen:

K

$$\text{Investitionsstruktur} = \frac{\text{Investitionen für} \,\ldots\ldots\ldots \times 100}{\text{gesamte Investitionen}}$$

Beispiel: Ersatzbeschaffung und Kapazitätserweiterung

Die Zugänge bei den Sachanlagen eines Unternehmens betrugen im Geschäftsjahr 2001 73 000 €, die sich wie folgt verteilten:

	€	%
Ersatzbeschaffung (einschließlich Rationalisierung)	38 000	52,1
Kapazitätserweiterung	26 000	35,6
Sonstige Vorhaben	9 000	12,3
Investitionen insgesamt	73 000	100,0

Wenn Sie die Investitionen pro Arbeitnehmer ermitteln wollen, dann ist die gesamte Investitionssumme durch die Zahl der geschaffenen bzw. gesicherten Arbeitsplätze zu dividieren:

$$\text{Investitionen je Arbeitnehmer} = \frac{\text{Investitionen}}{\text{Zahl der Arbeitnehmer}}$$ K

Die Kennzahl Investitionsdeckung stellt eine Verbindung zwischen den Abschreibungen auf Anlagevermögen und den Investitionen im Anlagevermögen her:

$$\text{Investitionsdeckung} = \frac{\text{Abschreibungen und Abgänge auf Sachanlagen} \times 100}{\text{Investitionen (Sachanlagen)}}$$ K

Die Kennzahl zeigt Ihnen, zu wieviel Prozent die Investitionen durch Abschreibungen finanziert werden. Ein Wert von 100 % bedeutet, daß die Abschreibungen einschließlich Anlagenabgängen gleich hoch sind wie die Investitionen. Ein Prozentsatz von über 100 % wird erreicht, wenn das Abschreibungsvolumen höher als die Investitionssumme ist.

Für die mittel- und langfristige Unternehmenspolitik ist es wichtig, daß die jährliche Investitionssumme die Abschreibungen übersteigt.

Wachstumsraten

Die Anlagenzugänge (brutto) sollten größer sein als die Anlagenabgänge plus Abschreibungen. Dies bedeutet: Auch die jährlichen Nettoanschaffungen müssen über den Abschreibungen liegen. Dazu müssen Sie die Zunahme des Anlagevermögens in Beziehung zur Größe des Anlagevermögens setzen. So messen Sie die Kennzahl »jährliche Wachstumsrate des Anlagevermögens«:

$$\begin{array}{l}\text{Jährl. Wachstumsrate}\\ \text{d. Anlagevermögens}\end{array} = \frac{\text{jährl. Zunahme d. Anlagevermögens} \times 100}{\text{Anlagevermögen}}$$ K

Da das Anlagevermögen mit Eigenkapital (bzw. langfristigem Fremdkapital) finanziert werden muß, ist auch das Wachstum des Eigenkapitals zu beachten.

K

$$\text{Jährliche Wachstumsrate des Eigenkapitals} = \frac{\text{jährliche Zunahme des Eigenkapitals} \times 100}{\text{Eigenkapital}}$$

Wachstum des Anlagevermögens und des Eigenkapitals sind die Voraussetzungen für das künftige Wachstum des Umsatzes.

K

$$\text{Jährlicher Wachstumsrate des Umsatzes} = \frac{\text{jährliche Umsatzzunahme} \times 100}{\text{Jahresumsatz}}$$

9.2 Mit Investitionsrechnungen die richtige Alternative finden

Neben den Investitionskennzahlen können Sie Ihre Investitionen auch mit ausführlicheren Berechnungen beurteilen. Im folgenden sollen nur einige Methoden der Investitionsrechnung vorgestellt werden, die Ihnen helfen, zwischen verschiedenen Investitionsvorhaben die kostengünstigste, die gewinnversprechendste oder die rentabelste auszuwählen. Weitere Berechnungen finden Sie im Band »Kaufmännisches Rechnen von A–Z« von Manfred Weber (siehe Literaturliste).

Welche Investition ist die kostengünstigste?

Manchmal steht ein Unternehmen vor der Notwendigkeit, zwischen zwei Investitionsvorhaben eines auswählen zu müssen – sei es aus allgemeinen Kosten-, sei es aus Zielkonfliktgründen. Hier hilft die Kostenvergleichsrechnung weiter, in der Sie die jeweiligen Kosten zweier oder mehrerer Investitionen einander gegenüberstellen. Dabei lassen sich sowohl ein Periodenkostenvergleich als auch ein Stückkostenvergleich durchführen. Die Entscheidung wird dann für das Investitionsprojekt mit den niedrigsten Kosten ausfallen.

Die Kostenvergleichsrechnung als statisches Verfahren setzt gleiche Ausgangsdaten für die gesamte Nutzungsdauer zugrunde. Beim Periodenkostenvergleich wird ein Jahr der Nutzungsdauer rechnerisch erfaßt und als typisch für die gesamte Nutzungsdauer betrachtet. Es wird also mit periodenbezogenen Durchschnittswerten gearbeitet. Das Entscheidungskriterium sind die Kosten, es werden deshalb bei allen Investitionsvorhaben die gleichen Erlöse angesetzt. Die Verhältnisse während der Nutzungsdauer der Objekte verändern sich auch nicht, während der gesamten Investitionslaufzeit bleiben die Kosten- und Erlösstrukturen gleich.

Hinsichtlich der Auslastung der Kapazität des Unternehmens bzw. der jeweiligen Anlagen sollten Sie von einer durchschnittlichen Kapazitätsauslastung und nicht von ständiger Vollbeschäftigung ausgehen. Wenn Sie eine Auslastung von 80 % annehmen, dann ist dies realistischer und bietet noch Reserven.

Bei der Periodenkostenvergleichsrechnung müssen Sie fixe und variable Kosten einbeziehen. Als fixe Kosten sind die kalkulatorischen Abschreibungen für die Wertminderung der Anlagen und die kalkulatorischen Zinsen für das Kapital zu erfassen. Variable Kosten fallen als Material-, Personal-, Raum-, Energie- und Werkzeugkosten an.

Die Höhe der kalkulatorischen Abschreibungen erhalten Sie aus dem Anschaffungswert und der Nutzungsdauer:

$$\text{Kalkulatorische Abschreibungen} = \frac{\text{Anschaffungskosten (A)}}{\text{Laufzeit der Anlage (n)}}$$ K

Bei der Ermittlung der kalkulatorischen Zinsen wird die Hälfte des durchschnittlich gebundenen Kapitals errechnet und verzinst.

$$\text{Kalkulatorische Zinsen} = \frac{\text{Anschaffungskosten (A)}}{2} \times p$$ K

Die Kostenvergleichsrechnung wird bevorzugt angewandt, wenn eine Ersatzinvestition zu tätigen ist. Unter vergleichbaren Investitionsprojekten wählt der Investor dasjenige mit den geringsten Kosten aus. Da die Kosten das alleinige Entscheidungskriterium sind, sollten Sie beachten, daß die Erlöse bei allen Investitionsprojekten gleich hoch sind.

Den Kostenvergleich pro Periode können Sie in einem tabellarischen Kostenvergleich oder mit mathematischen Kostenfunktionen durchführen. Der folgende Beispielfall zeigt Ihnen, wie eine solche Berechnung erfolgen kann.

Beispielfall Kostenvergleich

Die Moxter KG, Köln, ist Hersteller von hochwertigen Konsumgütern. Sie verfügt in einem Profit Center derzeit über eine Kapazität von 8 000 Stück im Jahr. Die fixen Kosten betragen 160 000 € und die variablen Stückkosten 52 €. Die Unternehmensleitung plant die Einführung eines kapitalintensiveren Fertigungsverfahrens, um später über eine Senkung des Verkaufpreises neue Käuferschichten zu erreichen. Es stehen zwei Alternativen zur Auswahl.

Die 1. Alternative (A1) würde Investitionen von 1 000 000 € erfordern und die Kapazität um 4 000 Stück erhöhen. Die Umrüstung der Fertigung würde einen Anstieg der fixen Kosten um 60 000 € bewirken, während sich die variablen Kosten um 12 € ermäßigen.

Die 2. Alternative (A2) erfordert Investitionen in Höhe von 880 000 € und führt zu einem Kapazitätsanstieg von 2 000 Stück. Hier erhöhen sich die fixen Kosten um 40 000 €, die variablen Stückkosten ermäßigen sich um 15 % gegenüber der Ausgangssituation (A0).

Aus der tabellarischen Übersicht ersehen Sie die derzeitige Kostenstruktur und die der zwei Investitionsalternativen. Die fixen Kosten von A0, A1 und A2 sind weiter aufgegliedert nach der kalkulatorischen Abschreibung, den kalkulatorischen Zinsen sowie den sonstigen fixen Kosten (insbesondere Raumkosten, Instandhaltungskosten, Gehälter einschließlich Sozialkosten). Die variablen Kosten sind in Löhne, Materialkosten und sonstige variable Kosten aufgeschlüsselt.

Investitionkostenvergleich			
	Ausgangs-situation A0	*Investitions-vorhaben A1*	*Investitions-vorhaben A2*
Anschaffungskosten		1 000 000 €	880 000 €
Nutzungsdauer		8 Jahre	8 Jahre
Auslastung	8 000 Stück	10 000 Stück	10 000 Stück
Zinssatz	10%	10%	10%
Fixe Kosten			
– Kalk. Abschreibungen	95 000 €	125 000 €	110 000 €
– Kalk. Zinsen	35 000 €	50 000 €	44 000 €
– Sonstige fixe Kosten	30 000 €	45 000 €	46 000 €
Fixe Kosten gesamt	160 000 €	220 000 €	200 000 €
Fixe Kosten pro Stück	20 €	22 €	20 €
Variable Kosten			
– Löhne	205 000 €	170 000 €	195 000 €
– Materialkosten	155 000 €	180 000 €	192 000 €
– Sonstige variable Kosten	56 000 €	50 000 €	55 000 €
Variable Kosten gesamt	416 000 €	400 000 €	442 000 €
Variable Kosten Stück	52 €	40 €	44,2 €
Gesamtkosten	570 000 €	620 000 €	642 000 €
Kosten je Stück	72 €	62 €	64,2 €

Während der Ausgangssituation eine Kapazität von 8 000 Stück zugrunde liegt, beträgt die Kapazität von A1 und A2 10 000 Stück. Die in der Tabelle aufgeführten Kosten fallen damit für A0 für 8 000 Stück an, für A1 und A2 dagegen für 10 000 Stück. Aus der Tabelle können Sie ersehen, daß A1 und A2 mit niedrigeren Stückkosten als das derzeitige Fertigungsverfahren arbeiten. Bei einer Kapazität von 10 000 Stück hat A1 Stückkosten von 62 € und A2 von 64,20 €. A1 ist die günstigste Investitionsalternative. A1 hat noch einen weiteren Vorteil: Es erreicht eine maximale Kapazität von 12 000 Stück, ermöglicht also bei einem entsprechenden Absatz ein größeres Fertigungsvolumen.

Vergleichen mit der Kostenfunktion

Mit Hilfe der mathematischen Kostenfunktionen können Sie feststellen, ab welcher Ausbringungsmenge die beiden Investitionsalternativen günstiger sind als das derzeitige Verfahren. Die mathematische Funktionsgleichung lautet allgemein:

y = mx + b

m = kv

b = fixe Kosten

Die Kostenfunktion für AO (bisheriges Fertigungsverfahren) lautet dann: y = 52x + 160 000

Kostenfunktion für A1: y = 40x + 220 000

Kostenfunktion für A2: y = 44,2x + 200 000

Die vorliegenden Daten erlauben es Ihnen, die kritische Menge von A0 und A1 zu berechnen. Die beiden Funktionen werden dann gleichgesetzt. Ab einer Auslastung von 5 000 Stück ist A1 günstiger als A0, davor ist A0 kostengünstiger.

52x + 160 000 = 40x + 220 000

12x = 60 000

x = 5 000 (kritische Menge)

Dieses Verfahren läßt sich auch zur Ermittlung der kritischen Menge zwischen A0 und A2 anwenden. A2 ist ab 5 128 Stück der Vorzug zu geben.

52x + 160 000 = 44,2x + 200 000

7,8x = 40 000

x = 5128,20

Fazit: Die Variante A1 ist ab einer produzierten Menge von 5 000 Stück günstiger als das derzeitige Verfahren. Die Variante A2 ist erst ab 5 128 Stück günstiger als die Variante A0. Der Betrieb sollte sich also für A1 entscheiden, da er mit dieser Investition am rationellsten arbeiten kann. Sie ist dann auch deutlich günstiger als A2. Nur bis zu einer Produktionsmenge von 5 000 Stück ist AO am günstigsten.

Setzen Sie zusätzlich die Break-even-Analyse ein. So können Sie feststellen, ab wann (ab welcher Stückzahl) bei den verschiedenen Investitionsalternativen der Gewinnbereich beginnt.

Gewinnchancen und Rentabilität der Investition abschätzen

Die Kostenabschätzung der Investitionsvorhaben sollten Sie ausdehen auf die Gewinnaussichten: Mit der Gewinnvergleichsrechnung lassen sich für die verschiedenen Investitionsprojekte die entsprechenden Gewinne für eine

»typische« Periode ermitteln. Die Investition mit dem höchsten Gewinn pro Leistungseinheit gilt als optimal. Während die Kostenvergleichsrechnung von gleichen Verkaufspreisen ausgeht, kann die Gewinnvergleichsrechnung auch den Tatbestand erfassen, daß der Verkauf von größeren Mengen zusätzliche Verkaufsanstrengungen erfordert, z. B. niedrigere Verkaufspreise, höhere Provisionen.

Die Gewinnchancen zweier Investitionsvorhaben können Sie in dieser Berechnung aber erst vergleichen, wenn Sie die gleichen Anschaffungskosten und gleichen Laufzeiten zugrundelegen. Wenn diese Voraussetzungen nicht bestehen, dann müssen Sie die Daten im Vorfeld der Berechnungen vergleichbar machen.

Beispiel: Gewinnvergleichsrechnung

Die Moxter KG plant, bei dem Investitionsvorhaben über eine Senkung des Verkaufspreises von 800 € auf 700 € neue Käuferschichten zu erreichen. Es stehen zwei Alternativen zur Auswahl:

Ausgangsdaten

	A0	*A1*	*A2*
Kapazität	8 000	12 000	10 000
fixe Kosten	160 000	220 000	200 000
variable Stückkosten	52	40	44,2
Verkaufspreis pro Stück	80	70	70

Gesamtkosten, Gesamterlöse und Gewinn:

	Stück	*Preis*	*variable Stückk.*	*fixe Kosten*	*variable Gesamtk.*	*Gesamtkosten*	*Umsatz*	*Gewinn*
A0	8 000	80	52	160 000	416 000	576 000	640 000	64 000
A1	12 000	70	40	220 000	480 000	700 000	840 000	140 000
A2	10 000	70	44,2	200 000	442 000	642 000	700 000	58 000

Stückkosten, Stückerlöse, Deckungsbeitrag pro Stück und Stückgewinn

	Stück	Preis	variable Stückkosten	Stückkosten	Stückgewinn	Deckungsbeitrag pro Stück
A0	8 000	80	520	72	8	28
A1	12 000	70	400	58,33	11,67	30
A2	10 000	70	442	64,2	5,8	25,8

Die Gewinnvergleichsrechnung zeigt deutlich, daß A1 den größten Gesamtgewinn und den höchsten Stückgewinn erzielt.

Und nun können Sie auch feststellen, wie rentabel jede der anstehenden Investition sein wird, indem Sie die gewonnenen Daten in die Rentabilitätsvergleichsrechnung (Rentabilitätsrechnung) einsetzen. Bei der Rentabilität wird der durchschnittlich erzielte Jahresgewinn ins Verhältnis zum durchschnittlich eingesetzten Kapital gesetzt. Dazu müssen Sie den errechneten Gewinn der Investition heranziehen und ihn den Gesamtkosten der Investition gegenüberstellen:

K

$$\text{Rentabilität der Investition} = \frac{\text{Gewinn der Investition}}{\text{Gesamtkosten der Investition}}$$

So lassen sich die unterschiedlich hohen Kapitaleinsätze der verschiedenen Investitionsprojekte erfassen. Sie sollten sich dann für das Investitionsprojekt mit der höchsten Rentabilität entscheiden. Die Rentabilitätsvergleichsrechnung eignet sich auch dafür, festzustellen, inwieweit einzelne Investitionsvorhaben eine vorgegebene Mindestrendite erreichen. Auch die Kennzahl Return on Investment ermöglicht – mit den entsprechenden Investitionsraten – eine weitere Analyse der Rentabilität.

Mit Hilfe der Rentabilitätsrechnung können Sie auch ein einzelnes Investitionsvorhaben beurteilen, inwieweit es die vorgegebene Zielgröße hinsichtlich der Rentabilität erreicht.

Berücksichtigt das Investitionsrisiko: Amortisationssrechnung

Bei der Amortisationsrechnung (= Pay back- oder Pay off-Methode) wird mit Ein- und Auszahlungen gearbeitet und nicht mit Rechengrößen aus der

Kosten- und Leistungsrechnung. Die Amortisationszeit ist das Entscheidungskriterium, nach welcher Zeit das eingesetzte Kapital über die Umsatzerlöse wieder ins Unternehmen zurückfließt. Wenn Sie die Amortisationsrechnung anwenden, dann wissen Sie, nach wie vielen Jahren die Summe der Einnahmen die Summe der Ausgaben übertrifft.

Die Amortisationsrechnung ist eine Kapitalrückflußrechnung und erfaßt außer der Ertragskraft das Kapitalrisiko. Dieses ist normalerweise um so niedriger, je kürzer die Amortisationszeit ist.

Die Amortisationszeit erhalten Sie, wenn Sie den Investitionsbetrag durch den jährlichen Rückfluß des Kapitals (Einnahmeüberschuß = Cashflow) dividieren. Das Investitionsvorhaben mit der kürzesten Amortisationszeit gilt als das vorteilhafteste. Eine kurze Amortisationszeit bedeutet normalerweise ein geringeres Investitionsrisiko, der Rückfluß des eingesetzten Kapitals ist kürzer.

$$\text{Amortisationszeit} = \frac{\text{ursprünglicher Kapitaleinsatz}}{\text{durchschnittlicher Rückfluß einer Periode}}$$ K

Da der durchschnittliche Rückfluß einer Periode dem Cashflow entspricht, können Sie die Formel auch in der folgenden Form anwenden. Der Cashflow ergibt sich vereinfacht aus dem Gewinn eines Jahres und den jährlichen Abschreibungen:

$$\text{Amortisationszeit} = \frac{\text{Kapitaleinsatz}}{\text{durchschnittlicher Gewinn + Abschreibungen}}$$ K

Beispiel: Amortisationsdauer ermitteln

Ausgangsdaten

	Maschine 1	*Maschine 2*
Kapitaleinsatz	*30 000 €*	*40 000 €*
Nutzungsdauer	4 Jahre	5 Jahre
durchschnittl. Gewinn	1 500 €	2 000 €
Abschreibungen	7 500 €	8 000 €

K $$\text{Amortisationszeit Maschine 1} = \frac{30\,000}{1\,500 + 7\,500} = 3{,}33 \text{ Jahre}$$

K $$\text{Amortisationszeit Maschine 2} = \frac{40\,000}{2\,000 + 8\,000} = 4 \text{ Jahre}$$

Ein Nachteil der Amortisationsrechnung ist, daß sie keine Angaben zur erwarteten Rentabilität macht. Außerdem kann sie nicht erfassen, daß auch Investitionen mit einer langen Amortisationsdauer ein geringes Risiko aufweisen können. Deshalb sollten Sie bei Ihren Analysen zusätzlich noch Berechnungen zur Rentabilität durchführen.

Anhang

Literaturverzeichnis

Boutellier, R.: Beschaffungslogistik: Mit praxiserprobten Konzepten zum Erfolg. München, Wien 1997

Brown, M. G.: Kennzahlen. Harte und weiche Faktoren erkennen, messen und bewerten. München, Wien 1997

Bühner, R.: Mitarbeiter mit Kennzahlen führen. 3. Aufl., Landsberg/Lech 1997

Capul, J.-Y./Garnier, O.: L'Economie et les sciences sociales de A à Z. Paris 1996

Cattan, M./Idrissi, N./Knockaert, P.: Maîtriser les processus de l'entreprise, guide opérationel. Paris 1998

Charreaux, G.: Finance d'entreprise. Caen 1997

Commarmond, G./Exiga, A.: Manager par les objectifs. Les techniques essentielles du management: fixer les objectifs, apprécier les résultats. Paris 1998

Deutsch, K.: Gewinnen mit Kernkompetenzen. Die Spielregeln des Marktes neu definieren. München, Wien 1996

Friedag, H. R. / Schmidt, W.: Balanced Scorecard. Mehr als ein Kennzahlensystem. 3. Aufl., Freiburg 2001

Friedag, H. R. / Schmidt, W.: My Balanced Scorecard. 2. Aufl. 2001, mit CD-ROM, Freiburg 2001

Friedag, H. R. / Schmidt, W.: e-Controlling. Der Controlling-Berater zum e-Business in zukunftsorientierten Unternehmen. Mit CD-ROM, Freiburg i. Br. 2001

Gootnick, M.,/Gootnick, D.: Action Tools for Effective Managers. A Guide for Solving Day-to-Day Problems on the Job. New York 1999

Kamiske, G./Brauer, J.: ABC des Qualitätsmanagements. München, Wien 1996

Kaplan, R. S./Norton, D. P.: The Balanced Scorecard: Translating strategy into action. Harvard business school, Boston 1996

Kaplan, R. S./Norton, D. P.: Balanced Scorecard. Strategien erfolgreich umsetzen. Übers. von P. Horváth, Stuttgart 1997

Kaplan, R. S./Norton, D. P.: Die strategiefokussierte Organisation. Führen mit der Balanced Scorecard. Stuttgart 2001

Keller, P./Müller, R.: Personal optimal. Mitarbeiter erhalten mehr Macht und Verantwortung. Zürich 1997

Kinserdal, A.: Financial Accounting. An International Perspecitive. London 1995

Kralicek, P.: Kennzahlen für Geschäftsführer. 3. Aufl., Wien 1995

Mann, R./Mayer, E.: Controlling für Einsteiger. 6. Aufl., Freiburg 1993

Mentzel, W.: Praxiswissen BWL. Crash-Kurs für Führungskräfte. Planegg 1999

Mentzel, W./Dürr, Ch.: Lexikon der Personalpraxis. Planegg 1997

Meyer, C.: Betriebswirtschaftliche Kennzahlen und Kennzahlensysteme. 2. Aufl., Stuttgart 1994

Meyer/Davidson: Offensives Marketing. Gewinnen mit POISE. Freiburg 2001

Notger, C.: Unternehmensführung: Moderne Theorien, Methoden und Instrumente. Landsberg/Lech 1996

Oeldorf, G.: Materialwirtschaft. 7. Aufl., Ludwigshafen 1995

Olfert, K.: Investition. 6. Aufl., Ludwigshafen 1995

Rappaport, A.: Shareholder Value. Wertsteigerung als Maßstab für die Unternehmensführung. Übers. von Wolfgang Klien, Stuttgart 1995

Schröder, H.: Praxiswissen Unternehmensfinanzierung: Grundlagen, Instrumente, Strategeien. Planegg 1997

Schröder, H.: Marketing erfolgreich planen und praktizieren. Planegg 1990

Seghezzi, H. D./Caduff, D.: Aufbau integrierter Führungssysteme. Credit Suisse, Zürich 1997

Sihn, W.: Unternehmensmanagement im Wandel. Erfolg durch Kunden-, Mitarbeiter- und Prozeßorientierung. München Wien 1995

Sommerhoff, B.: Mitarbeiterbeurteilung – Leistung messen, Mitarbeiter fördern, Personal entwickeln. Landsberg/Lech 1999

Spalink, H.: Werkzeuge für das Change-Management. Prozesse erfolgreich optimieren und implementieren. Frankfurt 1998

Thommen, J. P.: Betriebswirtschaftslehre. Band 1 bis 3; 4. Aufl., Zürich 1996

Vollmuth, H. J.: Controlling-Instrumente von A–Z. 4. Aufl., Planegg 1998

Weber, M.: Bilanzen lesen, 2. überarb. Aufl., Freiburg i. Br. 2002

Weber, M.: Kaufmännische Buchführung von A–Z. 6. Aufl., Planegg 2002

Weber, M.: Kaufmännisches Rechnen von A–Z. 6. Aufl., Planegg 2000

Glossar

Die wichtigsten Begriffe rund um Kennzahlen: deutsch – englisch

Absatz	sales
Abschreibung	depreciation, amortization
Abschreibungssatz	rate of depreciation
Aktie im Nennwert	share par value
Aktien	shares, equities, stocks
Aktienindex	share index
Aktienkapital	stock capital, share capital
Aktienkurs	share price
Aktiva	assets
Anlagekapazitäten	production capacity
Anlagen (in der Fertigung)	plants
Anlagerendite	performance
Anlagevermögen	fixed assets
Anschaffungskosten	purchase price, acquisition cost
Arbeitssicherheit	occupational safety
Aufwendungen	expenses
betriebliche –	operating expenses
betriebsfremde –	non-operating expenses
Ausschüttung	dividend paid, payout
Außenfinanzierung	external financing
Bankregel, goldene	golden rules of banking
Bardividende	cash dividend
Barwert	cash value
Berichtswesen	business reporting
Beschäftigung	employment
Beteiligungsanteil	paricipating share
Betriebsergebnis	operating result, profit from operations
Bilanz	balance sheet
Bilanzanalyse	balance sheet analysis
Bilanzstruktur	balance sheet structure
Bilanzsumme	total assets
Börsenwert	market value
Branche	sector
Bruttoeinkommen je Arbeitnehmer	compensation per employee

Bruttoertrag	gross income
Bruttorendite	gross yield
Cashflow	Cashflow
– in % vom Umsatz	Cashflow as % of revenue
– je Aktie	Cashflow per share
Diagnostische Kennzahlen	diagnostic measures
Dividende	dividend
Dividendenrendite	dividend yield
Durchschnittsrendite	average yield
Eigenfinanzierung	self-financing
Eigenkapital	stockholders' equity
Eigenkapitalquote	equity coverage
Eigenkaptialrendite	return on equity
Einkommen pro Mitarbeiter	revenue per employee
Einzelkosten	direct costs
Energieverbrauch	energy consumption
Erfolg	success, result
Ergebnis	earnings
– der Betriebstätigkeit	income from operations
– nach Steuern	net income after taxes
– vor Ertragssteuern	profit before taxes
Ergebniskennzahlen	outcome measures
Ertrag	income
– pro Mitarbeiter	revenue per employee
Ertragskraft	earning power
Ertragslage	earnings
Ertragswachstum	revenue growth
Ertragswert	capitalised value
Eventualverbindlichkeiten	guarantees on behalf of third parties
Exportquote	export share
Fähigkeiten der Mitarbeiter	skills of empolyees
Finanzbedarf	financial requirement
Finanzergebnis	non-operating result, financial performance
– finanzielle Meßgrößen	financial metrics
Finanzierung	financing
– kurzfristige	short-term financing
– langfristige	long-term financing
Finanzkennzahlen	financial measures, financial accounting measures
Finanzwirtschaftliche Perspektive	financial perspective

Firmenwert	goodwill
fixe Kosten	fixed costs
flüssige Mittel	liquid assets
Forderung	claim, account receivable
Forschung und Entwicklung	research and development
Forschungskosten	research and development expenses
Fort- und Weiterbildung	career advancement and training
Fremdkapital	liabilities
langfristiges –	... long-term debts, long-term loans
Frühindikatoren	lead indicators
Gesamtkapital	balance sheet total, total capital
Gesamtkapitalrendite	return on assets
Geschäftsausstattung	equipments
Geschäftsbereiche	sectors, business groups
Geschäftseinheit	business unit
Geschäftsjahr	fiscal year, financial year
Gewinn	earnings
– je Aktie	profit per share, earnings per share
– nach Steuern	income after taxes
– vor Ertragssteuern	income before income taxes
Gewinnschwelle	break-even-point
Gewinnverwendung	distribution of the profit, appropriation of profit
Gewinn- und Verlustrechnung	profit and loss account, income and loss statement
Grundkapital	capital stock
Hauptprozesse	key business processes
Hebel	level
Herstellkosten	cost price
– der verkauften Erzeugnisse	cost of sales
Illiquidität	illiquidity
Immobilienvermögen	real estate
indirekte Kosten	indirect expenses
Innenfinanzierung	internal financing
Interne Geschäftsprozesse	internal business process
Investition in Prozent des Umsatzes	investment percentage of sales
– nach Arbeitsgebieten	capital expenditures by operations
Jahresabschluß	annual statement of accounts, financial statements
Jahresdurchschnitt	annual average

Jahresfehlbetrag	loss for the financial year, net loss
Jahresgewinn	annual profit, year's profit
Jahresüberschuß	net income, income after taxes
Kapazitäten	capacities
Kapitalanlagen	investments
Kapitalmarktzinsen	long term interest rates
Kapitalrendite	capital ratio, return-on-investment (ROI)
Kapitalstruktur	capital structure
Kapitalwert	capitalized value
Kennzahlen	key figures, ratios, measures
– zur finanziellen Sicherheit	key financial ratios
– zur Teamleistung	measures of team performance
Kennzahlen-Ansatz	measurement approach
Kennzahlensystem	measurement system
Kerngeschäft	core business
Kernkompetenzen	core competencies
Konzerngewinn	group net income
Kosten, allgemeine	general expenses
Kostenreduzierung	cost reduction
Kostenstelle	cost center
Kostenträger	cost unit
Kundenakquisition	customer acquisition
Kundenbeziehungen	customer relationships
Kundenkennzahlen	customer measures
Kundenorientierung	client focus
Kundenperspektive	customer perspective
Kundenrentabilität	customer profitability
Kundensegmentierung	customer segmentation
Kundentreue	customer loyality, customer retention
Kundenwunsch	customer need
Kundenziele	customer objectives
Kundenzufriedenheit	customer satisfaction
Kurs (einer Aktie)	price
Lagerdauer	days inventory
Lagerumschlag	rate of stock return, inventory turnover
Leistungsmessung	measurement
Leistungstreiber	performance drivers
Lernen und Entwicklung	learning and growth
Lernende Organisationen	learning organizations
Lieferanten	suppliers
liquide Mittel	cash and cash items, liquid assets, liquid funds

Liquidität	cash, liquidity
Löhne und Gehälter	wages and salaries
Marktanteil	market share
Marktentwicklung	market development
Marktposition	market position
Marktpreis	market price
Marktsegmentierung	market segmentation
Marktwachstum	market growth
Marktwert	market value
Materialaufwendungen	material costs, cost of materials
Materialwirtschaft	logistics
Mehrwert	value-added
Mengenentwicklung	volume trend
Mitarbeiterfähigkeiten	employee skills
Mitarbeiterführung	human resource management
Mitarbeiterproduktivität	employee productivity
Mitarbeitertreue	employee rentention
Mitarbeiterzufriedenheit	employee satisfaction
Nettorendite	net yield
Nettorendite der Wertpapieranlage	net portfolio yield
Nominalwert Obligationen	par value of bonds
Nullfehler	no defects
Obligatonenrendite	bond yield
Optionsscheinkurs	warrant price
Personalaufwand	personnel expenses, staff costs
Personalbestand	staff
Personalentwicklung	personnel development
Personalkosten	personnel costs, staff costs
Personalproduktivität	staff productivity
Personalqualifikationen	staff competencies
Produkteigenschaften	product attributes
Produktentwicklung	new product developments
Produktqualität	product quality
Produktivität	productivity
Produktivitätsmessung	productivity measurements
Qualität	Quality
Qualitätsmessung	quality measurements
Qualitätsniveau	level of quality

Reingewinn	net profit earnings
Reingewinn pro Aktie	earnings per share
Rendite	yield
Rentabilität	profitability, return
Roh-, Hilfs- und Betriebsstoffe	raw materials and supplies
Rohstoffkosten	raw material prices
Rücklage	reserve
– freie	general reserve
– gesetzliche	legal reserve
– Sonderrücklage	special reserve
Rückstellungen	provisions
– für Pensionen	pension reserve, pension provision
Sachanlagen	tangible assets
Sozialabgaben	social security charges
Spätindikatoren	lag indicators
Stille Reserven	secret reserves
Strategische Kennzahlen	strategic measures, strategic measurements
Substanzwert	intrinsic value, true value
Umlaufvermögen	current assets
Umschlagsdauer von Forderungen	days receivable
– von Verbindlichkeiten	days payable
Umsatz	sales, net sales
– aus neuen Produkten	new product revenue
– nach Produktgruppen	operating revenues per product
– pro Kunden	sales per customer
– pro Verkäufer	sales per salesperson
Umsatzraten	sales growth rates
Umsatzrendite	return on sales
Umsatzvolumen	trading volume
Umsatzwachstum	sales growth, revenue growth
Umweltschutz	environmental protection
Umweltverträglichkeit	environmental comptability
Variable Kosten	variable costs
Veränderung gegenüber Vorjahr in Prozent	percentage changes from previous year
Verbesserungsvorschläge pro Mitarbeiter	number of suggestions per employee
Verbindlichkeiten	liabilities
– aus Lieferungen und Leistungen	accounts payable – trade
– gegenüber Banken	liabilities to banks
– gegenüber Kreditinstituten	liabilities to credit institutions

– kurzfristig	current liabilities
– langfristig	long-term debts
Verbraucherpreise	consumer prices
Verhältnis Umlaufvermögen zu kurzfristigen Verbindlichkeiten	ratio of current assets to short-term liabilities
Verkauf in Prozent	percentage of sales
Verlust	loss
Vermögens- und Kapitalstruktur	asset and capital structure
Vermögensdeckung, langfristige –	long-term financing ratio
Verschuldung	indebtedness
Vertriebskosten	selling expenses, distribution costs
Verwaltungskosten, allgemeine	general administration expense
Vision	vision
Vorgaben	targets
Vorjahr	previous year
Vorräte	inventories
Wachstum	growth
Weiterbildung	reskilling
Werbungskosten	advertising expenses
Wertentwicklung	change in value
Wertpapiere	securities
– des Anlagevermögens	long-term securities
– des Umlaufvermögens	securities
Wert	value
wertschöpfende Beziehungen	value-adding relationships
Wertschöpfung	added value, value-added
langfristige –	creating future economic value
Wirtschaftlichkeit	commercial efficiency
Zahlungsfähigkeit	solvency, ability to pay
Zahlungsmittel	means of payment
Zahlungsunfähigkeit	insolvency
Ziele	goals, objectives
meßbare –	measurable objectives
Zielgruppen	target markets
Zielkunden	customer objectives
Zielmärkte	target markets
Zielsegment	target segment
Zielsetzung	target setting
Zielvorgaben	targets
Zinsbelastung	interest expense
Zinssätze	interest rates

Die wichtigsten Begriffe rund um Kennzahlen: deutsch – französisch

Absatz	vente, distribution
Abschreibung	amortissement, amortisation
Abschreibungssatz	taux d'amortissement
Aktie im Nennwert	action d'une valeur
Aktienindex	indice boursier, indice des actions
Aktienkurs	cours de l'action
Aktiva	actifs
Anlagekapazitäten	capacités de production
Anlagen (in der Fertigung)	unités de production
Anlagerendite	rendement global, performance, rendement d'un placement
Anlagevermögen	actif immobilisé, immobilisations
Anschaffungskosten	valeur d'acquisition
Arbeitssicherheit	sécurité du travail
Aufwand	charges
Ausgaben, Auszahlungen	dépenses
Ausschüttung	dividendes, répartition
Ausschüttungsrendite	rendement à la répartition
Außenfinanzierung	financement externe
Bankregel, goldene	règle d'or de la liquidité bancaire
Barreserve	réserve en espèces
Barwert	valeur actuelle
Betriebsergebnis	résultat d'exploitation
Betriebsertrag	produits d'exploitation
Bilanz	bilan
Bilanzanalyse	analyse du bilan
Bilanzstruktur	structure de bilan
Bilanzsumme	total du bilan
Börsenkurs, Börsenwert	valeur boursière
Branchenindices	indices sectoriels
Bruttorendite	rendement brut
Buchwert, Bilanzwert	valeur comptable
Cashflow	Cashflow
– je Aktie	Cashflow par action
–, brutto	Cashflow brut
–, netto	Cashflow net
Controlling	contrôle de gestion

Diskontsatz	taux d'escompte
Dividende	dividende
Dividendenrendite	rentabilité du dividende
Durchschnittsrenditen	rendements moyens
Eigenfinanzierung	autofinancement
Eigenkapital	capitaux propres
Eigenkapitalquote	part des capitaux propres
Eigenkapitalrendite	rendement des capitaux propres
Erfolg	succès
Ergebnis	résultat
– der Betriebstätigkeit	résultat d'exploitation
– der gewöhnlichen Geschäftstätigkeit vor Steuern	résultat courant avant impôts
– nach Steuern	résultat après impôts
– vor Ertragssteuern	résultat avant impôt sur le revenue
– vor Steuern	résultat avant impôts
Erlös	chiffres d'affaires, produits
Ertragskraft	capacité bénéficiaire, capacité de rendement
Ertragslage	rendement, revenus
Erträge, betriebliche	produits d'exploitation
–, betriebsfremde	produits hors d'exploitation
Eventualverbindlichkeiten	engagement conditionnel
Exportquote	taux d'exportation
Fertigungskosten	charge de production
Finanzergebnis	résultat financier
Finanzierung	financement
– , kurzfristige	financement à court terme
–, langfristig	financement à long terme
Finanzschulden	dettes financières
Finanzstruktur	structure financière
Firmenwert	fonds de commerce
Fixkosten	frais fixes
flüssige Mittel	disponibilités
Forderungen	créances, clients
Forschung und Entwicklung	recherche et développement
Forschungsaufwendungen	frais de recherche
Fort- und Weiterbildung	formation permanente
Fremdkapital	capitaux de tiers
langfristiges –	capitaux externes à long terme
Gemeinkosten	frais indirects, frais géneraux
Gesamtkapital	capital gobal, capital total

Gesamtkapitalrendite	rendement du capital global
Geschäftsausstattung	matériels et mobiliers
Geschäftsbereiche	secteurs, divisions
Geschäftsentwicklung	évolution des affaires
Gewinn	bénéfice
– je Aktie	bénéfice par action
Gewinnbeteiligung der Mitarbeiter	participation du personnel aux bénéfices
Gewinnmargen	marges bénéficiaires
Gewinnrücklagen	réserves de bénéfices
Gewinnschwelle	seuil de rentabilité
Gewinnverwendung	affectation du bénéfice
Gewinn- und Verlustrechnung	compte de profits et pertes
Herstellkosten	prix de revient, couts de production
Herstellung und Vertrieb	fabrication et distribution
Illiquidität	illiquidité
Immaterielle Anlagen	immobilisations incorporelles
Innenfinanzierung	financement interne
Jahresausschüttung	répartition annuelle
Jahresabschluß	états financiers, comptes annuels
Jahresbilanz	bilan annuel
Jahresfehlbetrag	déficit annuel
Jahresüberschuß	résultat de l'exercice, bénéfice net
– nach Steuern	bénéfice net après impôts
Kapazitäten	capacités
Kapital, langfristiges	capitaux permanents
Kapitalerhöhung	augmentation de capital
Kapitalflußrechnung	tableau de financement
Kapitalrendite	rendement du capital
Kapitalrücklage	prime d'émission
Kapitalstruktur	structure du capital
Kennzahlen	chiffres-cléfs, ratios, points de repère
– zur finanziellen Sicherheit	ratios indicateurs de la sécurité financière
Konzernbilanz	bilan consolidé
Konzerngewinn	bénéfice du groupe
Konzernumsatz	chiffre d'affaires consolidé
Kosten	couts
– allgemeine	frais généraux
– für Forschung und Entwicklung	frais de recherche et de développement
Kostenartenrechnung	compte de charges par nature

Kostenstellen	centres de charge
Kostenträger	support de coute
Kostenträgerrechnung	compte des unités d'imputation
Kurs (einer Aktie)	cours
– ohne Provision	cours sans commissions
Kurs/Gewinn-Verhältnis	ratio cours/bénéfice
Lagerumschlag	rotation des stocks
Liquide Mittel	liquidités, disponibilités
Liquidität	liquidité
– 1. Grades	1er niveau de liquidité
– 2. Grades	2e niveau de liquidité
– 3. Grades	3e niveau de liquidité
Marktanteil	part de marché
Marktpreis	cours du marché
Marktwert	valeur machande
Materialwirtschaft	logistique
Mehrwert	valeuer ajoutée
Nettoergebnis	résultat net
Nettorendite	rendement net
Nettovermögen	actifs nets
Obligationenrendite	rendement des obligations
Optionsscheinkurs	cours de l'option
Personalaufwand	frais de personnel
Price/Earning-Ratio	rapport cours/bénéfice
Produktionskapazitäten	capacités de production
Produktivität	productivité
Qualität	qualité
Reingewinn	bénéfice net
Rendite	rendement
Rentabilität	rentabilité
Roh-, Hilfs- und Betriebsstoffe	matières premières et fournitures
Rücklage	réserve
– freie	réserves libres
– gesetzliche	réserves légale
– Sonderrücklage	réserves indisponibles

Rückstellungen	provisions
– für Pensionen	provisions pour pensions
Selbstfinanzierung	autofinancement
Umlaufvermögen	actif circulant
Umsatz	chiffre d'affaires, ventes nettes
– nach Geschäftsbereichen	ventes par branche
– nach Regionen	chiffre d'affaires par régions
Umsatzrendite	rendement/rentabilité du chiffre d'affaires
Umweltschutz	protection de l'environnement
Unternehmensanalyse	analyse de l'entreprise
Variable Kosten	frais variables
Verbindlichkeiten	dettes, dettes financières
kurzfristige –	dettes à court terme
langfristige –	dettes à long terme
Verbraucherpreise	indice des prix à la consomation
Verluste	pertes
Vermögens- und Kapitalstruktur	structure de l'actif et des capitaux
Verwaltungskosten, allgemeine	frais généraux administratifs
Vorräte	stocks
Warenaufwand	charges de marchandises
Weiterbildung, betriebliche	formation professionnelle
Werbekosten	frais de publicités
Wertentwicklung	évaluation de la valeur
Wertschöpfung	plus-values, valeur ajoutée
Wettbewerbsfähigkeit	compétivité
Wettbewerbsposition	position concurrentielle
Wirtschaftlichkeitsverfahren	méthodes de rentabilité
Zahlungsfähigkeit	solvabilité
Zahlungsunfähigkeit	insolvabilité

Stichwortverzeichnis

Anmerkung: Wo die Seitenzahlen fett gedruckt sind, finden Sie die Berechnung der entsprechenden Kennzahl.

K

L